The Thoughts

and Evolution
of Western
Urban
Management

罗文恩 等 著

西方城市管理
思想与流变

社会科学文献出版社
SOCIAL SCIENCES ACADEMIC PRESS(CHINA)

目　录

序言 城市管理认知的历史激荡与窥望

马卫红

离开了城市生活和城市社会，人类文明的进步将不可想象。这是列斐伏尔在《空间与政治》一书中表达的意图，强调了城市对人类文明的重要影响。在人类历史长河中，城市经历了发展、衰败与复兴的循环。两次世界大战对城市的破坏极为严重，第二次世界大战后城市重建与扩张，又迅速成为人类生活舞台的中心。人类在城市继续缔造她伟大的成就，充分展现她的想象力，表达和释放她的创造力，以最深远而持久的方式重塑自然。[①] 21 世纪更加是城市的世纪，城市始终是反映时代并照耀未来的镜子。[②]

城市发展的速度在加快，城市被塑造的方式也不断改变。信息技术、空间、资本等都在对城市进行塑造。城市的时尚化、文化创意、环境更新、消费娱乐中心设计等，成为城市升级战略的重要内容。如今的城市看上去更具有创新精神、充满活力和创造力，但生活于其中的人们体验到的幸福感和归属感并没有因此而大增。尽管倡导城市发展多样性之声不绝，但无论是新兴城市建设还是旧城市更新，仍然是突出经济的功能。比如，文化创意虽然为城市添加了文化元素，但终究是为提升城市吸引力和城市形象服务，使城市更容易成为各种大型活动的首选之地。

技术的变革插上资本的翅膀，带来了城市组织的多样化，原来简单的自然秩序变成复杂的、需要理性对待的秩序，促进了城市社会的多元化发

---

① 〔美〕乔尔·科特金：《全球城市史》，王旭等译，社会科学文献出版社，2006，序言第 3 页。
② 〔日〕黑川纪章：《城市革命——从公有到共有》，徐苏宁、吕飞译，中国建筑工业出版社，2011，第 13 页。

展与分化，增强和扩大了自由的程度与范围。城市的这些变化对我们的生活带来了怎样的影响？未来我们的城市生活会更好吗？哈维提醒说，资本的推动给城市带来的不是福祉而是危机。城市走到今天，应该注意避免"时空修复"带来的伤害。①

如何避免这种伤害？现有的理论资源可否为我们提供答案？城市研究有着丰富的理论资源和经验素材，众多学科领域的最前沿议题都是围绕城市展开的，由此形成的各种对城市的概念认知反映在城市的实践中。同时，城市的实践又推动新的认知的发展。我们发现，这些对城市的概念和认知彼此是不相通的，任何一种单独的知识或观点都难以提供一个满意的答案。城市是一个多元的社会，需要良性秩序支持运转。这种秩序不会自然生成，因为，自由民主条件下盲目的自主决策会导致强制和不自由的环境，② 而管理则是促成经济和社会自由而有尊严地发展的催化剂。③ 我们当今的城市需要管理，这种管理必须扎根在社会价值、道德观念和理性问责之中。只有这样，才能获得社会和政治上的合法性。城市管理还需要探究城市进程的根源和本质。那么，哪些重要议题对此有帮助？这是本书尝试要探讨的事情。本书以较为综合的方式思考城市管理，汇集不同流派学者的观点，目的是重新推动对城市管理的思考，唤起城市管理研究的热情。

一　本书为何以城市管理为焦点

对于理解城市而言，城市管理十分重要。因为城市管理是城市良序运转的基础，城市管理的好坏，在很大程度上决定了城市的繁荣或衰败，甚至决定了一个国家能否延续发展。更为重要的原因是，城市以惊人的速度变化着（增长或是衰落），关于城市管理的理论也在不断地壮大，但是近年来出现了一些明显的趋势：其一，以"城市管理"为基本概念的理论的重要性逐步下降，这是因为对管理主义的批评，通盘否定了"管理"在城市

---

① 〔美〕大卫·哈维：《世界的逻辑》，周大昕译，中信出版集团，2017。
② 〔美〕大卫·哈维：《世界的逻辑》，周大昕译，中信出版集团，2017，第185页。
③ 〔美〕彼得·德鲁克：《人与绩效：德鲁克管理精华》，闾佳译，机械工业出版社，2015，第30页。

发展中的积极作用；其二，把城市作为现实的问题来分析，忽略了城市的历史性，缺乏基于知识利用的历史性分析；其三，对城市社会流动性的认识不足，尤其是对城乡之间的流动性的分析往往立足于城乡二元分野的视角，缺乏整体性和一体化的认知；其四，日益强调细碎化的基于个人身份的建构，缺乏对各种影响因素的综合理解（如行政过程的政治化、城市政府的回应性与邻避冲突扩散等）。由此带来的一个理论挑战是，在流动的后现代城市社会，城市管理以什么样的机制和方式进行更为有效？

此外，本书以此为题，也有意回应当前城市管理被城市治理取代的危机。很多学者提出论断，城市管理已经转向城市治理，并以城市治理的话语取代城市管理的思想。重塑政府的新公共管理思想为市政管理提供了公共管理的参考路径，但是公共管理不等于城市管理，治理理论的兴起也不足以取代管理理论，这是因为治理处理的是相应边界内多元主体协作的任务，管理还处理跨边界的任务。一个明显的例证是，治理理论中存在"元治理"问题，元治理本质上是对治理理论的反叛与否定。确切地说，传统偏向市政管理的城市管理要走向广义的城市管理，而不是让位于城市治理。城市管理有更为综合的视角和维度，包括政治、经济、社会等方面的管理。本书所收录的各种理论都是在上述方面拓展城市管理的内容。

从广义上说，城市管理比以往更为重要了，如建设创新型城市、创意城市、品牌化城市等理念流行，更加需要发挥城市管理的跨边界协调作用。当然，由于产业结构和社会结构的调整，城市管理的机制和方式确实已经发生了很多变化，但是这种变化并不能简单地以"治理"代替"管理"进行理论解释和指引城市实践。虽然听起来城市管理是极为老套和过时的概念，但是它的确在一定程度上抓住了城市的命脉。

最后，城市越来越复杂，全球性与地方性交互存在，社会和文化的多样性特点越来越突出，仅从一个视角思考城市管理是可行的，当今的城市管理需要从多种角度去理解。在长期的教学和研究过程中，我们深感城市管理方面缺乏系统综合地梳理多种相关理论的书籍。当然，从某一个角度研究的优秀著作或教材不胜枚举（如本书每章写作中所参考的专门书籍），但是这些研究并不利于我们全面了解和把握城市管理的根源和本质，也不利于帮助学习者形成该主题相关的理论谱系。

从前，我们过于强调从不同的侧面了解城市，现在我们需要综合。我们需要学会将这些不同理论观点看成打开同一建筑不同之门的钥匙，每一扇门都是进入这一建筑所必需的，而不是将之看成不同的学科、不同的观点，分而传授。正是在此种意义上，城市管理需要综合看待和处理不同侧面的议题。所以，本书就是从不同的角度对城市管理进行探讨。

二　本书选择各种理论的标准和原因

城市研究汇聚了庞大繁杂的学科门类，与城市管理直接和间接相关的理论有很多，而且在不断增多。我们在挑选与城市管理相关的理论时主要考虑关系最为密切的学科，如经济学、社会学、政治学、城市规划学、城市地理学等。本书的目的不在于汇总关于城市管理的理论，而在于将现今已经研究或者可用于研究城市管理的各种重要理论进行归纳综合。这是一个宽泛而宏大的问题，有很多可能的选择。但本书希望能有"一叶知秋"的效果，即通过本书选取的理论，对综合理解城市管理做出尝试性探索。

本书基于以下理由选取重要理论。首先，理论对与城市管理相关的诸多问题做出了重要的推进。即使创立者并没有明确地把他的理论与城市管理联系起来，但其理论对城市管理极有启发，值得进行讨论与挖掘，那么这样的理论不应该被遗忘。例如，新马克思主义城市学流派的理论在很大程度上并不解释城市管理，但是它讨论的现代城市兴起的形式及其根源对城市管理所产生的影响不可忽视；再如，一些理论探讨权力对城市管理有重要的影响，另一些理论讨论后现代性和流动性特征突出的社会框架对城市管理的影响越来越显著。虽然这些理论有明显不同的侧重点，但是它们有一个共同的兴趣，那就是揭示市场机制发挥关键作用的城市所具有的各种特征，而这些特征都预示着城市管理的需求及其变化。

其次，理论的深度。这些理论有助于理解一些重要的问题，在后面的内容中会详述。每一种理论流派都拥有一种知识路径，界定了一些核心概念，以及这些核心概念之间的关系。有些理论虽然并没有直接讨论城市管理的问题，但是对社会结构进行了深入的研究，而城市管理正是嵌入社会结构之中的。尽管理论本身没有给出城市管理的任何假设或命题，但是我们在这些理论的基础上完全可以提出切中要害的假设或命题。

最后，理论的相关思想仍然能激起学界对当代现实问题的分析兴趣。学者们在研究当代现实问题时，经常回到理论的经典文本，因为这些理论思想能够为我们今天的讨论提供有价值的信息。每一种理论范式都是一套思想观念和看待问题的方法，它们的价值在于其开放性和包容性。本书选择的理论对城市管理中一些重要问题和现象的分析有着重要的指引作用。例如，技术在城市管理乃至整个社会都是一个耀眼的"宠儿"。技术变革的作用不是一个新的问题，但是对于城市管理而言我们需要关注哪些问题才是值得重新思考的。选择就意味着取舍。本书并没有收录所有城市管理相关的理论，而是经过精挑细选的。我们首先选择多种经典译丛加以考察，判断这些翻译出版的城市研究著作是否符合本书的议题，因为经典译丛是同行学者经过一轮挑选的著作，值得信赖。我们从中挑选最有学术影响和实践影响的理论流派，即新马克思主义城市学流派、城市权力流派、城市正义流派、管理主义流派、城市治理流派、信息技术流派和生态城流派。当然，这些流派的理论有时候会有交叉，如新马克思主义城市学流派的理论与城市权力、城市正义流派的理论有不同程度的交叉。但是，这并不影响它们成为特色鲜明的独立派别。本书各位作者对某种理论进行详细的介绍，并提出他们自己的见解。因此，阅读本书时无须借助其他章节，读者便可以在一章中获得对某些理论的完整理解。

三 各种理论对城市管理的启发

为便于阅读者掌握本书所选取的各主要流派的核心观点，本节对后面各章的主要内容做简要介绍。

（一）新马克思主义城市学流派

马克思主义并没有专门研究城市的论述，即便有论及城市的内容，也是作为背景服务于马克思对资本主义生产关系的阐述。但是，马克思主义有关人类历史趋势的理论暗含着对城市产生和如何运作的理解。以列斐伏尔、哈维、卡斯泰尔为代表的新马克思主义城市学流派相继挖掘了马克思主义潜藏着的城市理论。卡茨纳尔逊在《马克思主义与城市》一书中对此进行了系统梳理，并进一步升华。

列斐伏尔首先打破了马克思主义在城市研究方面的沉默，开启了新马克思主义城市学的先河。列斐伏尔试图为后工业城市确立一个分析框架，不仅提供了一种城市编年，还进而发展出一个空间理论，将对国家的分析、政治在塑造人的城市意向中所起的作用通过飞机场、高速公路、郊区等对历史中心和集合城市的解构引入城市研究之中。这意味着列斐伏尔跨越社会进程－社会关系框架，赋予空间关系独立的决定性的中心地位。

哈维是新马克思主义城市学流派的集大成者，不仅继承了列斐伏尔的空间理论，并且以更深邃的思想发展了城市空间理论，他提出的城市意识、城市镜像等观点似一盏明灯，照耀着后来者前行的路。哈维的《社会正义与城市》是将资本主义社会进程和空间形式统一起来的行动指南。哈维强调，现代城市首先是一个资本主义城市，直抵资本主义生产方式的本质。空间发展的不平衡与不平等是资本积累和流动的首要条件，因此，必须结合资本的城市化来理解城市。资本主义创造了城市，也造就了一种折射其复杂现实的城市意识。然而，这种意识使人们的注意力偏离了支撑城市生产和功能的资本主义生产方式，以至于人们对资本主义生产方式的剥削性和不平等性失去了警惕。这是当今资本主义社会秩序的大秘密。

卡斯泰尔主要关注城市运动的研究。他认为，20世纪的新城市社会运动是城市空间与国家干预主义之间产生新关系的反映。城市运动成为一个强有力的、有前途的、反资本主义工人阶级斗争的场所。城市斗争是独立于特定阶级的组织，也有可能形成跨阶级同盟。消费成为资本主义的支点，以集体消费为基础的社会分工越来越摆脱传统的社会结构，成为一种独立的力量。卡斯泰尔的重要贡献在于，一方面，为已经衰退、趋于崩溃的传统工人阶级尝试寻找新的有力量的替代者；另一方面，指出新城市社会运动超越传统以阶级为基础的斗争，形成独立的社会力量。更重要的是，在对马克思主义的修正中，消费被赋予和生产同等的价值。

列斐伏尔、哈维和卡斯泰尔的思想展现了"走向重新空间化马克思主义"的三个主要风景区，这三个风景区实际上属于一个统一的风景地带。首先，三者之间是继承和发展的关系。列斐伏尔的思想是哈维和卡斯泰尔的思想的重要来源和灵感所在，哈维和卡斯泰尔的思想是对列斐伏尔思想的继承和发展。其次，三者之间特别是哈维和卡斯泰尔之间存在思想对话。卡斯泰尔的市民创造城市的观点就是对哈维城市意识的观点的回答。

卡茨纳尔逊通过提出三大谜题，重构了马克思主义城市理论。他从历史转型、历史主体、工人阶级衰退与重构为马克思主义城市研究寻找大历史观的理论基础，并明确了马克思主义城市研究的基本前提和基本方法。

新马克思主义城市学流派对城市进程的根源和本质进行了犀利而深刻的剖析，卡茨纳尔逊又帮助我们在历史的长河中对城市进行定位。卡茨纳尔逊认为城市在封建主义的灭亡和资本主义的兴起中具有关键作用，这种作用反映了 20 世纪后期的资本主义不是线性发展的，而是处于不断重构的过程之中。马克思主义的理论优势在于它拥有一系列关于历史发展主要道路的概念和假设，其理论核心是主张现代城市的核心组织元素是生产方式，并通过生产方式这个概念寻求塑造世界未来的道路。城市发展在时间上与从封建商业到工业资本主义的发展步调一致，今天的城市形态更是与金融贸易资本主义的发展紧密相连。

当然，卡茨纳尔逊的重构马克思主义城市理论也有值得商榷的地方。比如，他对第三大谜题"大多数西方工人阶级在资本主义中默许顺从"的解读，马克思主义认为资本主导的自由市场以貌似中立的方式控制城市，实则是在暗中运行的规则，很容易使人迷惑，所以才有卡茨纳尔逊所感受到的工人阶级认同感的降低。但是，从同期发生的另一个事实来看，工人阶级的非政治化不一定是因为资本家的收买或资本家改变了分配方式，更为可能的原因是，随着社会的进步和经济的发展，工人已经不再是传统的体力劳动者，而是受过高学历教育的知识工作者。他们并不觉得自己是无产者，也不认为自己受到资产阶级的剥削。可见，工人阶级自身属性的变化或许是更为根本的原因。

新马克思主义城市学流派的研究对城市管理的启示主要表现为资本创造了城市，却不能管理城市。资本主义生产方式的转变产生两种影响：其一，将工作场所和家分割开来；其二，将政治斗争从工作场所转移到居住场所。由于工作场所的生产特征逐步模糊，甚至在伦敦、纽约等大城市里已经消失，取而代之的是金融、贸易、服务等产业关系，并因为"大多数西方工人阶级对资本主义的默许顺从",工作场所的政治斗争已越来越不可能。但是,围绕居住场所形成的新的空间不平等、不正义逐渐成为主流的斗争领域。西方邻避运动以及各种都市运动的持续性和广泛性都对这一点做出了佐证,从而揭示了资本如何界定了政治和社会行动者在工作场所之外、在居住区内以消费为特征的新的群体认同。该理论对这些变化原因的解释,以及对斗争趋势的判断,可以使城市管理者明白冲突的根源以及产生领域,进而通过公共政策和政治协商进行调节。

(二) 城市权力流派

20 世纪 50~60 年代兴起的社区权力研究对城市政治学的发展起到重要深远的影响。它关注的核心问题是谁控制了城市以及采用什么方式。社区权力研究前后出现过两波研究高潮:第一波是精英主义与多元主义之争,第二波是增长机器论与城市机制论之辩。

亨特是把社区权力研究引入城市权力研究的第一人。他在《社区权力结构》一书中对亚特兰大的城市权力分配情况进行了详细研究。他发现,亚特兰大并不存在如当时人们所设想的那样有一个权力层级系统或权力金字塔结构,而是只有一小撮群体在亚特兰大掌权。亨特据此提出精英主义。与亨特不同,达尔确信权力的性质和控制形态发生了本质的变化,但对精英主义权力观不敢苟同。他考察了纽黑文的一系列复杂变革,发现当地存在一个多元分散的权力体系,纽黑文的上层阶级并不是以商界精英为基础,商界精英对政治权力比较冷漠,而政治权力在纽黑文仍然占据重要地位。达尔把这一权力体系特征概括为"从累积性不平等到分散性不平等"。

增长机器论认为空间形成与土地交易在"谁获得什么"这一问题上起关键作用,这一思想受到了马克思主义的影响,并且用"交换价值"和"使用价值"搭建的理论框架更加明显地体现了马克思主义的理论色彩。莫洛奇和罗根认同精英主义的基本观点,也认为城市中存在精英团体。城市就像一部机器,主要目标是自我服务,追求增长是其本性使然。土地开发商与房产经纪商、银行家、律师、大企业家等关键行动者组成的联盟影响城市发展的途径不是直接参与决策,而是营造一种意识形态,间接对城市决策产生影响。

城市机制论考察了城市所属区域的政府和市场，看到了增长机器中某两个群体之间的联合，如政府与商业集团的复杂关系。城市机制理论的出发点是试图填平精英主义和多元主义之间的理论沟壑。斯通认为，城市经济发展或城市分配中虽然有联盟在政策上起主导作用，但这些联盟的影响并不像精英主义所讲的那样，由上而下全面控制城市，那些不在联盟内的团体或成员，只要能够掌握议题并进行有效动员，也有相当宽广的空间可以反制联盟。所以，斯通认为城市机制更为重要，它可以在复杂社会中促使重要的任务得以完成。城市机制论不再局限于将权力看作一种单向的控制权，而是把它看成具有社会生产性的互动机制，这一转变为城市权力研究打开了新思路。

我们会发现，四个经典理论彼此之间的批评多于对话。这主要源自权力本身具有多面性，从而使四种理论没能在同一个问题上展开讨论。无论是亨特和达尔，还是莫洛奇和斯通，他们的研究发现并不具有可比性。亨特关注的根本点是谁对政策决议具有说"Yes"或"No"的权力，他不关心谁参与了具体决策过程；而达尔关注的焦点则是谁在具体决策过程中具有影响力。两者的差异在于，一个有权力的个人或团体不一定参与具体决策过程，同样，参与具体决策过程的个人或团体不一定有权力。

莫洛奇和罗根的贡献在于，为多元主义和精英主义主导的辩论带来新的视角，关注城市决策中谁得到了什么。但这一关注点受到较多批评，批评者认为，城市中存在"幸运一族"，他们的获益是源自别人的行动，而他们自身并没有有意为之。这群人不能算是"有权力者"，但他们是"获益者"。所以，从谁获益的角度去分析权力是不确切的。因此，斯通在考察城市权力时，又转向了城市联盟的合作问题。

社区权力理论争论的关键是在政府权力是否衰退、政府处于被动还是主动状态、权力是静态的还是动态的等方面。城市权力观的变化呈现权力演变的显著趋势——走向开放性，并且经历了复杂的发展过程，即从以政府权力为主的传统社会，到复杂性和差异性并存的现代社会；从以政治权力、经济权力为主，到多元权力主体之间相互依赖、相互制衡的权力格局。城市管理者要充分认识到这种开放性。

在一个更加开放多元的环境中，我们需要考虑人们为什么要在一起、为什么会受到某些影响,尤其是出于社会性的需要而凝聚在一起,比如安全感、经济福利、情感满足等,这类人们常常没有意识到的"社会性嵌入"因素对开放性环境中的权力再生产可能会产生重要影响。城市权力的向下渗透和向上兼容都是相对的,恰恰体现了权力的限度以及权力边界其实没有那么清晰,很难说哪个主体更有权或更无权。社会分工的精细化更加快了权力分化的进程,在这种情况下,"我们如何共同行动"就成为开放性社会中城市管理的一个重要问题。

(三) 城市正义流派

困扰都市人的诸多问题表明,城市化进程中人与自然、人与人、精神与物质之间各种关系是失调的。长期的失调,必然导致城市活力的丧失乃至文明的衰退。城市史研究提醒我们,一个没有道义约束或没有市民属性的城市即使富庶也注定萧条和衰退。正是在这个意义上,城市正义的讨论持续升温。城市正义讨论的核心点是两种城市对人们生活的影响,这两种城市分别是可见之城与隐形之城。城市正义是秩序的基础,如果没有正义,不公平感就是驱动所有人追求社会变革的最有力的因素。公共的正义观构成了一个良序的人类联合体的基本宪章,这是非书写的宪章,是人们心中的宪章,是最基本的价值观。诸多重要学者对正义做过经久不衰的论断。罗尔斯《正义论》的出版掀起当代西方政治哲学讨论正义的大浪潮。在此之后,几乎所有的政治哲学文献都是对罗尔斯的回应,参与论战的有新马克思主义者、自由主义者、社群主义者、后现代主义者等。

新马克思主义者因为把正义思想的讨论跟城市联系起来,所以成为城市正义讨论的主力军。新马克思主义深入正义问题背后,探究其后的物质生产根源与经济社会动因。以列斐伏尔、哈维、卡斯泰尔、索亚等人为代表的新马克思主义学者认为,没有空间正义,也就没有城市正义。城市正义是城市空间生产和空间资源配置中的正义性问题,是社会正义在城市空间和城市问题上的投射。城市的非正义,源于城市地理差异和空间资源配置的不平等。新马克思主义空间批判视角的引入,拓展了城市研究的视野,使对正义问题的思考和探究具有了空间维度。空间思维越来越多地介入有关人权、社会融合与社会排斥、公民权、民主、贫困、种族主义、经济增长和环境政策等重要公共话题的讨论。正义之城作为一个概念，引领了思考和处理城市问题的全新和必要的方向。

在城市正义探讨与城市管理实践结合方面，费恩斯坦是最佳代表。他于2010年出版《正义城市》一书，探讨以城市正义作为核心指标，对纽约、伦敦和阿姆斯特丹三座城市的公共政策制定及其效果进行了评估。费恩斯坦认为，在城市语境下，所谓的正义包含了平等、民主以及多元性三个要素，所要论证的是正义产生的影响以及正义应该如何推动公共政策的制定。在该书的结论部分，费恩斯坦提出了指导规划和政策的原则清单，以秉承公平、促进多元性和推进民主为原则，包括为低收入家庭提供住房、为满足公共利益的需要而进行的搬迁应基于自愿原则、保证低收入人群充分享受公共交通工具的权利、混合居住、公共空间共享、规划应有广泛的协商等内容。

总的来说，该流派的探讨提示城市管理者，城市正义是社会正义在城市空间和城市问题上的投射，是均衡统筹城市秩序与城市发展的一个重要的价值范畴。人们可能无法就绝对的正义达成共识，但对现实生活中的非正义现象却很容易感知。因此，城市管理可以从城市生活中显而易见的非正义现象入手。城市的非正义现象主要表现在贫困与社会排斥、城市开发的正当性危机、居住空间分异以及种族冲突等问题上。理性商谈和社会运动是走向正义之城的两种路径。如果不能通过理性商谈使非正义现象得到缓解，就会通过社会运动来实现。

（四）管理主义流派

管理主义是专门针对政府官僚体系改革的理论。从政治与行政二分开始，行政组织的管理效率就是一个重要的理论和实践问题。随着行政在一定程度上从政治中抽离出来，行政本身最重要的一项任务和目标便是制定更有效的执行政策。古典管理主义理论家泰勒的科学管理思想对整个管理学界产生了非常重要、深远的影响，而行政管理领域是滋养这一思想的土壤，行政组织的效率从一开始就是人们追求的重要目标。此后，伴随着新公共管理运动在西方国家的兴起，管理主义这一概念被提出，并以不同的名称出现，如"政府再造""企业化政府"等。尽管名称不同，但其核心均包括重视市场机制、主张公共物品供给的市场化、强调效率与效果、引用企业管理的方法到政府内部、政府行为以"顾客为导向"等。

管理主义注重行政理性，强调提高行政工作的效益、效能和效率，主张尽可能将公共产品与服务交由更有效率的市场来提供，从而减少政府的职能和财政开支，使政府变得更加精简和有效。以强调效率为核心的管理主义在增强政府的回应性、提高政府的管理效果和能力方面起到一定的积极作用，新公共管理强调的"顾客导向""成本与效果"理念在一定程度上适应了当时的情景要求，这也是它获得很多政府追捧的现实原因。然而，对市场的过分迷信使得一些公共物品的提供丧失了应有的公益性。对此，黑川纪章精辟地评价，当今官方改革的视角不应该是从公有到民有，而应该是从公有到共有。①

管理主义在城市社会的运用其实是市政学的当代表现。它的三个核心点是强调商业管理风格、顾客至上和市场竞争的改革取向，在城市管理实践中留下的产物是政府绩效评估和政府购买服务。管理主义在一定程度上提高了行政组织效率，也把作为城市管理主体的政府引向了新的危机。首先，管理主义将管理引向了服务，使服务替代了管理、效率替代了责任。这种操作的结果是，通过各种市场化服务机制使政府行政合法地脱责，但缺乏对管理、服务的认真思考。其次，对竞争机制的青睐，使同质性竞争大量存在，造成空间分割下的重复投资和浪费公共资源合法化。彼得斯曾经指出，竞争是以市场为基础的改革思想，但是，建立许多相互竞争的公共组织会带来难以协调和政府缺乏凝聚性等问题。② 最后，把对公共组织自身的管理等同于城市管理，这是错误的；把城市管制等同于城市管理，同样是错误的。官僚作风应该被批判不等于城市管理应该被否定。官僚作风是指忽视了公共机构存在的社会功能，它不是为了自己而存在，而是为了满足特定的社会目的而存在。此外，公私合作项目意味着风险由公共部门承担，也就是由纳税人承担，而私人部门获利。公众似乎对这种风险并不在乎，此类项

---

① 〔日〕黑川纪章：《城市革命——从公有到共有》，徐苏宁、吕飞译，中国建筑工业出版社，2011，第45页。

② 〔美〕B. 盖伊·彼得斯：《政府未来的治理模式》，吴爱明、夏宏图译，中国人民大学出版社，2013，中文版序言第2页。

目很容易获得民众支持，尽管这些项目的直接收益并不覆盖其所在的具体辖区。民众为何会这么容易就支持公私合作项目呢？人们对此的信心来自哪里？这需要引起重视和思考。

（五）城市治理流派

治理理论作为公共行政学的新思潮，兴起于 20 世纪 90 年代。治理理论的谱系发展主要有两条路径：一方面，20 世纪后期的大西洋福特主义和西方福利国家危机，以及全球化带来的种种变化与冲击，使西方国家出现了许多经济社会问题，在经历了市场失灵和政府失灵之后，他们试图寻找"第三条道路"来解决这一系列问题，而治理因其多主体协同合作的核心要义，不同于以政府或者以市场为主体的单一的管理方式，成为西方各国领导人新的选择；另一方面，由于全球化进程的加快及发展中国家日益成为世界发展的中坚力量，一些援助性的国际组织尝试以第三方组织的身份来促进或者援助这些国家的政治经济发展，他们以治理这一意识形态较弱的管理方式去帮助发展中国家进行社会改革，也使治理理论的实践得到较大发展。

治理被定义为个人和机构管理其共同事务的诸多方式的总和。它是使相互冲突或不同的利益得以调和并通过采取联合行动得以持续发展的过程。这既包括有权迫使人们服从的正式制度和规则，也包括各种人们同意或以为符合其利益的非正式的制度安排。它有四个特征：治理不是一整套规则，也不是一种活动，而是一个过程；治理过程的基础不是控制，而是协调；治理既涉及公共部门，也包括私人部门；治理不是一种正式的制度，而是持续的互动过程。

城市治理是治理理论在城市公共事务管理方面的应用。发达国家的城市政府改革方向是从强调城市管理向强调城市治理转变。从城市管理到城市治理既是城市政府职能的深化和发展，又是政府管理方式的巨大转变。传统的城市管理强调集权、服从、高效、强制和规范等传统官僚制的管理手段与理念，而城市治理则主张地方分权化改革、强调公私部门伙伴关系、实行多中心治理体制、注重城市治理法治化、推进市民参与民主治理等。

不少学者对城市治理的类别进行研究。比如，皮埃尔结合城市的制度维度，根据广泛多样的城市治理目标将城市治理归纳为四种模式，即管理模式、社团模式、支持增长模式和福利模式；埃兰德提出城市伙伴制治理模式；彼得斯在《未来的治理模式》中也提出了当代西方行政改革及公共管理实践中正在出现的四种治理模式，即市场模式、参与模式、弹性模式、解制模式。

城市的地位和重要性迅速上升，城市政府、城市中的社会组织和公民在城市发展的过程中发挥着越来越重要的作用。在此种情势下，不难看出，城市治理的兴起也得益于经济全球化进程的推动。城市治理内涵越来越宽泛，不仅是指城市内部政府、市场与社会等多方面的互动，也包括城市各级政府之间横纵向的协同合作，以求共同促进城市健康发展的过程。

（六）信息技术流派

信息技术不断改变着城市的物理样貌，也改变着城市人们的生活方式、改变着城市管理的思维和手段。信息技术如何改变时间、空间和人的行为，进而对城市管理产生深远影响是城市研究中的持续热点。早期学者们关注的是新兴科技如何影响城市的经济和社会结构，如卡斯泰尔的《信息化城市》、米切尔的《伊托邦》等，他们预言了一个基于全球互联网的"地球村"。随着移动互联技术的进一步发展，全球范围内不少城市都在尝试利用这些新技术在更深层次上和更大范围内改变城市与社区生活，于是"数字城市""智能城市""智慧城市"等概念应运而生。

信息技术革命与城市建设、城市管理融为一体，大概经历这样的发展路径，即信息产业—信息经济—信息空间集聚与分散—城市结构变化—信息交往与依赖—数字之城、智慧之城。在数字城市阶段，信息技术主要推动的是政府部门之间的信息化和互联互通，把部门内部管理平台和管理方式由传统模式转变为数字化模式，以提高政府管理效率。在智慧城市阶段，信息技术主要是推动政府作为一个整体在其内部和城市管理对象之间进行数字化和互联互通，整合企业和社会其他资源，使市民生活在信息化城市中更加便利。信息技术促使理念、手段和方式发生改变：理念上，从以城市管理者为中心，转变为以市民共管为中心；手段上，从以人的管理为主，转变为以制度、技术、数据的管理为主；方式上，从以事件驱动的城市管理，转变为以"事件+趋势"驱动的管理。信息技术对生活空间也产生了影响，即数字革命之后的住所将实现生活、工作一体化，人们有了更加灵活的工作安排和空间布局，同时也使雇主成为最大的受益者，但对于工会和政府来说，这使他们的监督更加困难。

在智慧城市方兴未艾之时，已有学者开始反思信息技术的强势崛起及其后果，尤其对智慧城市建设过程中的"技术至上主义"表示担忧。他们疑虑智慧城市建设在现阶段更像是由少数大型公司和部分地方政府一厢情愿推动的商业会演，过于强调各类新兴技术带来的美好后果，而忽视了市民作为主要"顾客"的真正需求以及城市在信息化过程中可能存在的弊端。

另一点需警惕的是，不少标榜自己"智慧"的城市，实际上连智慧城市的准确含义是什么也没搞清楚。荷兰兹认为"智慧城市"概念暗含着这样一种假设，即信息技术能够自动地给城市形态带来正面的影响，或者说看似非常和谐的高科技未来。然而，对一些所谓"智慧城市"案例的考察却表明，实际情况是优先考虑信息商业的利益，刻意掩盖了日益增长的社会分化的问题。荷兰兹由此认为，智慧城市的建设应该从人以及人力资本的平等着手，而非盲目相信信息技术本身能够自动地改变和提升城市。汤森也认为，在智慧城市建设中最重要的部分是应该留给与之联系最密切的公民。

此外，智慧城市面临着许多自身以及外界因素的挑战。一是关于智慧城市的漏洞。城市及其基础设施是人类建立的最为复杂的系统，一旦同样复杂的信息处理系统与它们交织在一起，只会成倍地增加产生漏洞的概率以及发生不可预知的相互作用。二是关于智慧城市的脆弱性。智慧城市所依赖的技术手段越多，那么它就越脆弱。三是关于智慧城市的监控问题。四是顶层设计适配问题。巨大的复杂性和风险性决定了智慧城市建设需要顶层设计，但是建设智慧城市过程中有许多不确定性因素。

信息技术的兴起对城市管理最大的挑战是信息分散化，信息被不同的个体和组织掌握，不同的个体和组织对何谓有价值的信息的认识存在差异，如何形成社会共识，是城市管理者面临的最大挑战，可能撼动城市管理者的合法性地位。信息技术的兴起对城市管理最大的启示是，今后的城市管理信息是最重要的，而控制将变得越来越不可能。在当今世界，数据很多、资料繁杂，但数据不等于信息。如果要让数据转变为有意义、有价值的信息，技术不是关键，专门的知识才是利剑。城市管理者需要思考的是如何获得有价值的信息、这些信息从哪里来、意味着什么、如何流动等，进而明白决策的重心所在，并能充分依赖专门的知识做出恰当的决策。

以信息为基础的组织需要自律，而且强调个人必须负起建立各种关系和沟通的责任。同时，信息的提供者就是责任人，相应的一线决策权也同时被授予。以信息作为管理渠道，而不是以控制作为工具，可以避免城市管理的"二传手"现象，履行管理职责。智慧城市的重要价值不在于公共服务的便利性，而在于使有价值的信息以适应新时代的方式流转，使城市管理更能适应个体化、流动性的新社会。这样，城市政府就不再是"成本控制中心"，而转变成为"成效评价中心"。这一转变倘若发生，也就破解了恒久的效率与公平正义之间的现实冲突和矛盾。

（七）生态城流派

英国城市规划师霍华德于1898年提出的"田园城市"思想被公认为现代生态城市的原型。莱特提出"广亩城市"概念，抛弃传统的城市聚集模式和结构形态，强调真正融入自然乡土环境中，实现一种"没有城市的城市"。现代生态城市的概念由苏联城市生态学家雅尼茨基于1984年首次提出，强调人与社会、环境的协调发展，建设可持续的、生态健康的、高效和谐的人居新环境应成为未来城市发展的方向。

当代生态城市发展可以分为三个阶段。第一阶段从20世纪80年代至90年代初，生态城市的实践还非常少。第二阶段以1992年联合国颁布的《地球宣言》为标志，形成了可持续发展行动计划。随后，一系列生态城市实践在此议程的影响下启动，比如巴西的库里提巴、德国的弗来堡、新西兰奥克兰地区的怀塔科里。第三阶段是在2000年后，随着气候变化问题和城市化问题越来越引起全球范围的关注，生态城市建设也逐渐成为实现全球可持续发展的主要途径。

在建设可持续发展城市的实践中，环境变量和指标变得越来越重要，而经济和社会变量没有得到足够重视。学者提醒，强调生态环境发展的同时还需要考虑社会公平，比如，为了保护环境而牺牲人的发展权显然不是真正意义上的可持续发展，而是一种新型的不公平。在快速增长的城市世界中，可持续发展城市不是以环境保护为理由限制城市，而是让更多的人分享城市进步。因此，可持续发展城市还应该提供更多样化的生活方式与生活内容，从而创造更多的就业机会，形成更多的产业集群，真正实现生态、经济与社会的和谐统一。

从"田园城市""广亩城市"概念到"绿色之城""生态之城"概念的变化，体现了城市精神和理念的变化。从城市意义上讲，霍华德的田园城市是对城市的逃避，广亩城市也是反城市的。如果说田园城市是有限聚集，那么广亩城市则是反聚集；田园城市仍在强调某种合作，而广亩城市则是主张彻底的解放和自由。这种思想理念引发欧美中产阶级的郊区化运动，形成了以小汽车为通勤工具，低密度、分散化的城市发展模式。"绿色之城"和"生态之城"则是贴近城市的，强调可持续的城市发展格局。绿色运动包含四大原则，即生态主义、负责任的社会、基层民主以及非暴力运动。可持续发展理念在实践上强调社会、经济与环境的可持续以及三者的统一，使生态之城从自然转向了对社会、政治、经济共生关系的关注。

21世纪的城市将是文化创造的城市，是生态之城、创意之城。这种文化是伴随环境建设的文化，是人与自然、科技等和谐共生的文化。① 在这种理念下，经济与文化不是对立的而是共生的。但是，理念好不等于实践就会好。由于经济的时效性和文化的长期性，在急于求成的城市管理者、追求经济目的的行动者以及城市间竞争加剧等各种压力之下，文化和经济的均态难以实现，最有可能的结果是文化被"经济"利用了，这对文化本身来说可能是一种摧残而不是传承和发扬。

（八）城市管理的重要命题

本书选取的几种理论流派都不同程度地切入了城市管理的三个基础性因素——权力、市场和社会规范——并对它们进行了细致的分析。因此，可以说城市管理的根本任务，就是分析权力、理性与市场、规范与传统等因素对于社会建构的影响。各种理论所展现的主要范式有：理性范式，关

---

① 〔日〕黑川纪章：《城市革命——从公有到共有》，徐苏宁、吕飞译，中国建筑工业出版社，2011。

注的是制度设计，如管理主义；整合范式，关注的是共识，如城市治理；支配范式，关注的是权力，如新马克思主义城市学、城市权力；公正范式，关注的是参与，如城市正义等。

这些范式触及了城市管理中一个重要命题，即结构与能动性命题。如何看待结构与能动之间的关系是整个社会理论中争议最多的问题之一。城市管理的相关理论对此也存在分歧，有的偏向于结构，有的偏向于能动，亦即有的理论强调个体行动者的能动性，而有的理论强调行动者的行为处在结构的制约之中。比如，新马克思主义城市学流派更强调结构的制约，而管理主义、治理理论更加强调能动的作用，更加关注个人创造对于社会现实的作用。当然，这种二元倾向和划分也不是绝对的，新马克思主义城市学流派也看到了结构与能动之间的紧张关系，并对此有明确的认知，这主要体现在以新马克思主义者为代表的城市正义的讨论中，这一命题实际上揭示了城市管理中的理性与自由的关系。

长期以来，工具理性主义行为主导着城市建设。城市政府必须在追求经济至上的各类主体之间寻求平衡，甚至它自身也追求经济目的。但是，政府的公共作用不能仅限于这种平衡角色，它还必须秉承公善与正义的公共价值去决定什么行为是适当的，更需要追求公共精神和共有精神。[①] 否则，城市将会走向彻底的拜金主义，城市政府也会因此失去它的社会合法性和合理性。

四　城市管理的变迁与机遇

本书各章意图帮助我们理解城市，理解城市管理的主导理念以及不同理念之间的潜在关联和张力。期待能够从中找到一些共同的脉络，以便为今后的知识积累、概念选择以及分析提供指导。

城市是一种历史现象，城市管理处于不断变化的状态中，挑战与机遇并存。城市社会的可控制性正在改变，最典型的表现就是技术使信息的流

---

① 〔日〕黑川纪章：《城市革命——从公有到共有》，徐苏宁、吕飞译，中国建筑工业出版社，2011，第11页。

动和占有呈现多种形式和渠道。城市管理必须改变控制性的机制和方式，取而代之以信息为中心的管理机制和形态。在日益流动和多元的趋势下，相对稳定的结构关系被动态的结构关系取代，现今的城市更像一种"流态"的容器，它不是尚未形成稳定的结构，而是变化中的均衡就是它今后的常态。城市政府职能的变革通常只局限在行政机构自身的变迁，而如果把它置于当代城市管理的中心来看，政府行政机构自身的变革不只是内部组织管理问题，更是一个城市管理的重要问题。城市政府官员如何平衡各种不同的价值观，其自身的思想观念在变革过程中发挥了重要的作用。城市政府虽然面临来自外界的各种各样的压力，但是它仍拥有自由裁量权。政府对自由裁量权如何运用、基于什么样的价值观念使用自由裁量权，这些都是实践和理论需要关注的问题。

此外，需要认识到城市管理并非一个零和过程，对复杂的多元互动共存关系的辨析，有益于对城市管理的理解。随着现代公共领域的出现，各志愿团体得以提出关乎自身利益的措施建议，也激励了学者努力搜寻各种社会问题的信息。其中有两个问题需重视：其一，国家和社会并非此消彼长的零和关系，而现有的不少研究恰恰在强化这一误导性的认知框架，这是有害无益的；其二，社会知识不只是社会主体的知识，还包含国家，因为国家本就是社会行动者之一，在互动过程中它一方面接收社会反馈，另一方面也在影响社会认知，从而形成新的社会知识。所以，社会知识不是单纯地对"社会"的强调，而是对"共同"的理解式呈现。只有注意到这些，我们才能够提出一个有关城市管理、社会治理、国家治理的更为贴切的解释。城市是双向嵌入的，既嵌入国家又嵌入社会。秉承历史和个体经验来思考城市管理，这不是政府政策和规划所能做到的，而是人们生活经验和体验的反馈与沉淀，这样的视角对于反思现行城市管理大有裨益。

本书对综合性的城市管理理论的梳理也只是一种探索和尝试，而且是多种可能性中的一种探索。本书的尝试只是一个起点，也许并不能准确地把各种理论链接在城市管理的主题上，可能有重要的遗漏，但就上述重要的问题而言，本书所选的理论流派是贴切的。本书的撰写者不做封闭式的结论性评价，而是把它作为一个自由开放的问题，由阅读者和思考者遵循自己心中的基本问题去寻求多种可能的答案。

即便如此，本书仍有一个不可否认的价值，即通过这种方式促进各种不同理论的交流。社会科学研究的一个真实状况是，各种学派的学者都在与过去的理论传统对话，而彼此缺乏交流。我们期望本书能促进不同流派之间的交流，同时期待阅读者通过阅读本书，能够对各种理论进行创造性的利用。事实上，呈现在读者面前的这本书正是作者们创造性地再理解各种经典理论的结晶。本书从管理学角度思考城市管理问题，管理的综合性更需要综合的视野，本书的作者们创造性地，同时也是探索性地将各种理论统一到管理学的路径上。

最后，我们以列斐伏尔式的语言作为序言的结语：尽管这些流派或观点之间存在着联系，但是，这个总体并不是一个封闭的系统或一种完整的综合。它通过反复的探索，在总体性的层面上，表明它们在城市管理理论和实践的时间和空间中处于什么样的位置。每一个流派就是一个瞬间，这一瞬间并不属于唯历史的思想或者关于危机的传统理论，变形与自我毁灭同样重要。在这一瞬间，现存生产关系的再生产停止了，新的关系被生产出来了。这样一些瞬间的可能性，都是建设性的或指示性的，而非确定性的。

我们希望由此开启读者更为广泛和深入的研究探讨，进行多样性的有益的尝试，犹如本书，这样的思考是自由的、纯粹的，正如跋中所言，本书是几位有着相近学术追求的同事所进行的一件不计报酬的、非功利性的工作。这件工作之所以能落成，得益于本书作者们所在的综合性的深圳大学管理学院在日常工作中给予他们的管理学的启示，我们衷心希望本书能引发同样自由的、纯粹的学术思考。

工人阶级集体行动的逻辑：卡茨纳尔逊的城市政治理论

杨龙芳

艾拉·卡茨纳尔逊曾任美国哥伦比亚大学政治科学与历史系教授，随后担任芝加哥大学教授，他还是社会科学研究协会国家与社会结构研究委员会成员。卡茨纳尔逊通向马克思主义城市研究之路，经历了一个学术思想的演化过程。

1976～1985 年是卡茨纳尔逊学术思想的形成阶段，他以美国和英国为对象进行比较研究，主要研究阶级不平等的起源问题。1973 年，卡茨纳尔逊出版《黑色男人、白色城市：种族、政治与移民，1900－1930 年的美国与 1948－1968 年间的英国》。1981 年，卡茨纳尔逊写出《城市战壕：都市政治与美国阶级的模式化过程》，提出了一个重要的学术观点，即美国产业工人阶级政治能力较低的原因在于其特定的国家因素。除了这两本著作外，1979 年卡茨纳尔逊和肯尼思·普鲁伊特曾联名发表过题为"宪政主义、阶级和美国外交政策的机会限制"一文，这篇文章论证了美国对拉丁美洲的政策如何部分地被美国联邦政府不均衡的能力所束缚，明确提出美国政府对外干预能力很强、对内规划能力缺失。

1985～2009 年，卡茨纳尔逊的学术思想进入一个大发展阶段，可以说是他学术思想的第二个阶段。在这个阶段，卡茨纳尔逊的学术研究主题有了较为明显的转变，主要研究英国和美国的社会政策与社会阶层问题。围绕这个问题，1985 年卡茨纳尔逊出版《为了所有人的学术：公共教育和美国的工人阶级》和《工人阶级的形成：西欧和北美的 19 世纪模式》。

　　从 2009 年至今，卡茨纳尔逊开始进入对自己学术思想反思的阶段，这是他学术思想的第三个阶段。这种学术反思集中体现在对早期著作《城市战壕》的思想观点的反思。2009 年卡茨纳尔逊发表重要论文《工人阶级的形成与国家——从美国视角看 19 世纪的英格兰》，"将其在《城市战壕》一书中有关国家的结论作了比较和分析性的拓展，"① 初步显示亲马克思主义的思想倾向。卡茨纳尔逊非常直截了当地采用了以国家为中心的变量，对工人阶级的政治倾向进行因果解释。这些变量包括与工业化有关的选举民主化的历史时机、民族国家行政架构的集权化和科层化模式、有利于或压制工作场所或居住社区中的工人阶级组织的法律环境。卡茨纳尔逊还分析了有关国家形成、国家结构和公共政策是如何影响产业工人作为政治行动者的集体认同和政党的组织运作。他解释了英国工人为何产生出一种全球性的阶级政治模式，将发生在工作场所和居住社区里的冲突与群体认同联系起来，而美国工人却同时发展出在工作场所以经济为中心的劳工斗争模式和在居住社区里进行民主化政治选举的种族动员战略。

　　正是出于对《城市战壕》思想观点的全面反思，卡茨纳尔逊最终通向了马克思主义，写出了《马克思主义与城市》这本集大成之作。卡茨纳尔逊在《马克思主义与城市》的"前言"中写道："在一定程度上，我处理马克思主义与城市这一明显特殊的主题是出于个人和学术的原因。当开始思考本书时，我已经完成了一卷论述美国城市和工人阶级形成的书。我不满意《城市战壕：都市政治与美国阶级的模式化过程》潜在的、未加考察但不是很显著的亲马克思主义品质。那本书间接地对有关马克思主义与城市的学术著作做出了贡献，并对那时流行的学者们在马克思主义框架内致力于城市的著作提出了具有同情理解的批评。然而，《城市战壕》的中心推动力是关于美国的阶级、政治和集体行动的问题，这些问题通常被浓缩到了'美国例外论'的标签之下，这样一聚焦点让我奢侈地间接涉及了马克思主义理论和城市研究的某些关键问题。"②

---

① 〔美〕彼得·埃文斯、〔美〕迪特里达·鲁施迈耶、〔美〕西达·斯考克波：《找回国家》，方力维等译，生活·读书·新知三联书店，2009，第 344 页。

② 〔美〕艾拉·卡茨纳尔逊：《马克思主义与城市》，王爱松译，江苏教育出版社，2013，第 2 页。

《城市战壕》隐含的"亲马克思主义品质"，以及苏联东欧剧变的大环境变化，为卡茨纳尔逊打开了一扇机会之窗，"受邀写作《马克思主义与城市》"。正是这个关键的学术机会为卡茨纳尔逊"提供了一个处理这些问题的机会，此时的马克思主义学术界正开始第一次在其思想和学术史将城市认真地当作社会理论的一个构成要素加以研究"。①《马克思主义与城市》不是"一本评述著作"，② 而是一本"有关马克思主义与城市的长篇大论、沉思的默想的论文"。③

在《马克思主义与城市》中，卡茨纳尔逊提出了马克思主义城市研究的理论传统和理论主题是什么、如何描述走向重新空间化的马克思主义的历史脉络、封建主义向资本主义世界和国家的转变问题、工人阶级形成的多元模式问题以及西方工人阶级在资本主义中默许顺从问题。围绕这些大问题，卡茨纳尔逊构建出一个系统化的马克思主义城市社会政治理论体系。

一　马克思主义城市研究的理论基础、理论转移和替代选择

在卡茨纳尔逊看来，马克思主义城市研究同马克思主义社会理论的主题极为相关。基于这种内在的联系，卡茨纳尔逊深入马克思主义精神，或者说马克思主义传统层面，提出了马克思主义城市研究的理论基础问题。展开来说，这个问题包括马克思主义精神传统的丰富性问题、理论转移问题和替代选择问题。

（一）马克思主义精神传统的丰富性问题

如何对待马克思主义精神？有一种可称为总体化的马克思主义，这是一种自给自足的、适合现代世界研究的马克思主义。总体化的马克思主义

---

① 〔美〕艾拉·卡茨纳尔逊：《马克思主义与城市》，王爱松译，江苏教育出版社，2013，第 2 页。

② 〔美〕艾拉·卡茨纳尔逊：《马克思主义与城市》，王爱松译，江苏教育出版社，2013，第 3 页。

③ 〔美〕艾拉·卡茨纳尔逊：《马克思主义与城市》，王爱松译，江苏教育出版社，2013，第 1 页。

有多种形态，一种是将马克思主义简化为一种毫无内容的方法，或者将马克思主义吸收并消解到西方思想的共同遗产之中；另一种是将马克思主义变成"一种封闭的学说，基于被认可的文本，受到意识形态祭司的保护，而且对马克思主义往往是单一因果的、还原论的、机械的、反历史的、非实证的、无能做出因果推断的普遍的抱怨一概持怀疑态度"。① 这种马克思主义是"'对马克思主义是什么'做了'一种漫画的和贫困化的阐述。……按照毫不妥协的必然论和决定论者的术语来定义马克思主义的、最严格的经济主义的术语"，也是"按照最简单的本质主义的术语来定义马克思主义的；并且随后因为是决定论者、经济学家、本质主义者而将马克思主义打发掉了"。②

同这种总体的马克思主义不同，卡茨纳尔逊提出了"一种较少整体化的马克思主义"。③ 这是一种开放的马克思主义。在这种马克思主义看来，马克思主义传统的开放性问题是马克思主义的思想活力度问题，绝不是"作为一个思想精确度问题"。④ "的确不只存在一个单一的马克思，或者拈出一个更时尚的数字；也不存在两个马克思。由于良好的文本保证，完全有可能建构个人自己所偏爱的马克思和马克思主义。应当断然地说，不存在任何'真正的'马克思，也不存在一种单一的'真正的'马克思主义"。⑤

卡茨纳尔逊所谓的开放的马克思主义"更关心这一传统的众多元素、挑战和问题，而不是界定我处于与之相关的什么地方"。⑥ 卡茨纳尔逊充分表明了自己对待马克思主义精神传统的基本态度——马克思主义是多元的、开放的。马克思主义传统自身没有闭关自守，而是对其他理论传统保持开

---

① 〔美〕艾拉·卡茨纳尔逊：《马克思主义与城市》，王爱松译，江苏教育出版社，2013，第42页。
② 〔美〕艾拉·卡茨纳尔逊：《马克思主义与城市》，王爱松译，江苏教育出版社，2013，第289页。
③ 〔美〕艾拉·卡茨纳尔逊：《马克思主义与城市》，王爱松译，江苏教育出版社，2013，第34页。
④ 〔美〕艾拉·卡茨纳尔逊：《马克思主义与城市》，王爱松译，江苏教育出版社，2013，第42页。
⑤ 〔美〕艾拉·卡茨纳尔逊：《马克思主义与城市》，王爱松译，江苏教育出版社，2013，第42页。
⑥ 〔美〕艾拉·卡茨纳尔逊：《马克思主义与城市》，王爱松译，江苏教育出版社，2013，第41页。

放。正是这种开放性，马克思主义同韦伯在对政治的处理上存在联姻关系，马克思主义同选择理论之间也存在联姻关系。

出于对马克思主义精神的多元性和开放性的充分认同，卡茨纳尔逊提出了一种介入策略。"我提出一种介入策略，在其中，马克思主义的著作被吸收到马克思主义的框架之中，而马克思主义的学术研究则被吸收到社会科学之中，以追求一种对大范围的社会进程的现代性特征的理解。"① 这就为马克思主义城市研究奠定了坚实的理论基石。

马克思有一个单一指向的、无所不包的目标，即在认识西方历史过程中创造一个可期望的后资本主义世界。马克思建构西方历史的宏大构想主要通过三个独特的、相互联系的理论工程来实现，这三个理论工程充分显示了马克思主义的多元性。

第一个理论工程是建构一种历史理论，以说明不同时代之间的变化。这近似于人们常说的历史唯物主义理论。这是一项分析性的工程，而不是编年性的工程。这一工程分析的关键单元是生产方式，特别是内在于特定生产方式的基本动力的规律，这些规律主宰着生产方式之间的转变。每种生产方式都包含其自身的转型规则、内在的危机和变化趋势。经济危机是结构性的，它们自身处于各种社会阶级冲突之中。这个工程最终说明了资本主义的根源和最终死亡的结局。

第二个理论工程是建构资本主义时代的经济模式。这个工程可称为逻辑－经济工程。这个工程重在确定经济增长的动力，特别强调资本积累的作用、危机趋势以及克服危机的机制，其目的重在模式建构，而不是历史建构。这个工程试图将资本主义生产方式独特的经济成分理论化，并考察资本主义的实际运作，也就是说它是一种经济结构理论。这是一个独立的理论工程，主要体现在《资本论》之中。这个工程不能以简单的方式纳入第一个工程之中，也就是说不能直接放入历史唯物主义理论之中，因为《资本论》实质上是对马克思历史唯物主义理论的超越。这一理论工程详细分析了作为一种生产方式的资本主义逻辑中的转型规则，将"转型规则"

---

① 〔美〕艾拉·卡茨纳尔逊：《马克思主义与城市》，王爱松译，江苏教育出版社，2013，第43页。

置于超越资本主义转变的预言之中，最终否定了乌托邦主义。在这个理论工程中，卡茨纳尔逊注意到了结构和能动性的关系。

在前两个工程的基础之上，马克思主义的第三个理论工程重在建构一种社会理论，这个工程可称为资本主义社会理论工程。这是一种基础性的历史分析，对历史变化、人类的能动性和偶然性异常敏感。主要分析经济"基础"和"上层建筑"之间的关系，充分显示马克思主义的张力。在第三个理论工程中，马克思主义尝试将结构和能动性的辩证关系理论化，并在《政治经济学批判导言》中提出了著名的基础与上层建筑的隐喻。这个隐喻既是一种对经济生产的极为狭义的理解，也为马克思主义城市研究打开了理论通道。

（二）马克思主义的理论转移

为了破解这一隐喻，批判的马克思主义和科学的马克思主义都致力于对马克思主义的决定论和唯意志论之间的紧张关系提出可替代的解决方案。批判的马克思主义拒绝基础与上层建筑的隐喻，赞成一种较少的严密界定的总体性。批判的马克思主义的提倡者是一群为了政治而规避经济分析的经济乌托邦主义者，他们的变化模式往往是自发的和灾难的。相比之下，科学的马克思主义者们的分析中含有更多经济学分析成分，他们更有可能是政治乌托邦主义者，乐意静等不可阻挡的经济规律自然到来，赋予向社会主义转变愿景较少启示录的色彩。

卡茨纳尔逊认为批判的马克思主义和科学的马克思主义之间的争论要么是错误的，要么是离题的，并将自己的理论目光转向意大利马克思主义者葛兰西。葛兰西拒绝在两者之间做出选择，尝试将理论工程和历史工程结合起来。

葛兰西的著作整合了国家与市民社会，并将它们当作马克思主义的分析对象。国家与市民社会在现代资本主义社会中都是高度分化的。葛兰西试图在一个开放的、偶然的马克思主义框架中弄清楚意大利的历史特殊性，尤其是天主教的作用和南北的分裂。葛兰西还创造了一系列独特的社会学和政治学概念，如"霸权"和"历史联合体"，建构了一种能够处理现代国家和市民社会的复杂冲突的社会学。在这种社会学中，基础与上层建筑的区分被葛兰西发展为一个复杂的关系网络，经济、政治和文化因素相互关联，而社会结构的历史性是其中心。政治冲突的内容和规则的变化、政治斗争结果的变化都是实际出现的变化。这些意味着葛兰西或隐或显地改变了马克思主义的基础与上层建筑理论。

沿着葛兰西的路径，出现三种可替代的理论转移形式，即拒绝基础与上层建筑公式、无限放大基础与上层建筑的内容和有条件地修正基础与上层建筑的内容。这三种形式都在一定程度上打破了传统马克思主义将基础狭义地理解为经济生产的理论的局限。"马克思主义给城市研究中的分化问题提供一种诱人的可替代选择的能力，取决于这些联系的特点和说服力。"①

拒绝基础与上层建筑公式主要关注 18 世纪和 19 世纪工人阶级的价值观和对政治、文化、法律、道德选择期望的意义，力图使马克思主义转向对资本主义的研究而不是对资本逻辑的研究，并最终与毫无希望的机械僵硬的基础与上层建筑公式决裂。在拒绝基础与上层建筑公式的理论转移形式中，有一个重要的观念，即"经验"。经验是处于社会存在与社会意识的耦合点上，它既涉及一系列对现实的主观感受，也涉及一种更活跃的对习得过程的感觉。在经验范围内，确定的经验和自我决定之间是不对称的关系。这个意义上的经验提供了一条将结构与能动性结合起来的新途径。拒绝基础与上层建筑公式还强调历史唯物主义要求的不是认识论上的独特性，而是其程序、假设、范畴和概念。历史唯物主义提供诸如剥削、阶级斗争、生产方式、霸权等概念，这些概念仅仅是构成期望，而不是构成所谓的历史规则。拒绝基础与上层建筑公式还体现在对法律的看法之上。法律具有自身的逻辑、规则和程序，它是不可还原的，不能归于主流的阶级，更不能归于统治阶级的法则。法律有它自身实质性的存在，甚至统治阶级对法律的使用也不得不适应并通过法律机构的意识形态。法治的真正存在是更普遍的斗争的结果，代表了阶级统治势力的显著减弱。

同拒绝基础与上层建筑公式不同，无限放大基础与上层建筑的内容的理论转移形式没有简单地拒绝马克思的基础与上层建筑公式，而是拓宽了

---

① 〔美〕艾拉·卡茨纳尔逊：《马克思主义与城市》，王爱松译，江苏教育出版社，2013，第68 页。

对基础的理解，多方面地解读基础和上层建筑之间存在的联系，并警惕"基础和上层建筑是天衣无缝的实体"的思维诱惑。它鼓励对基础重新进行思考，认为基础不能简化为生产方式，更不能简化为资本主义内在的资本运动规律。它强调基础不是一种固定的状态，而是一种进程。经济基础的观念远远超出资本主义经济关系的生产，扩大到对社会本身甚至是对人本身的生产。此外，无限放大基础与上层建筑的内容的理论转移形式还显著地扩充了传统马克思主义的经济基础的内容，尤其是霸权由物质生产出来，具有存在和意识。在这样一种对基础与上层建筑的总体态度上，关于决定因素的讨论显得相当重要。决定因素主要由设限的决定因素和施压的决定因素构成，前者是处于隐含行动领域之中的因素，能动性是一种重新引入的设限；后者是处于社会进程之内的因素，是一种外在的施压。特别需要指出的是，社会进程本身是一个结合体，既是一种积极的有意识的历史经验，也是一种消极的对象化的历史经验。

在拒绝基础与上层建筑公式的理论转移形式和无限放大基础与上层建筑的内容的理论转移形式之间，存在一种比较传统的方式，即有条件地修正基础与上层建筑的内容的理论转移形式。这种理论转移形式认为基础就是自然、工作、社会劳动和社会组织之间的一系列复杂的相互依赖关系，是隐藏于积累过程之下的种种机制。这种理论转移形式赋予经济生产的轨迹以特权地位，并将经济基础描绘成历史解释的基础。历史分析应当始于经济基础，并应穷尽经济基础的限制。生产方式被理解为生产力的技术层次与劳动力进行动员、部署和分配的社会安排相结合的综合体。这种中间形态的理论转移形式赞成偶然性和变化，认为历史上的所有非经济现象都可能来自特定的经济现象，而特殊的事件与日期并非同经济现象相关。这就是说上层建筑不只是经济制度的同义语，并且说明对基础与上层建筑的思考必须向因果解释领域开放。在基础与上层建筑问题上，马克思主义既不能拥有形式上的特权，也不能拥有认识论上的特权。

面对三种不同形式的理论转移，卡茨纳尔逊没有放弃马克思主义的基础与上层建筑问题，但公开反对无限放大基础与上层建筑的内容，主张接受有条件地修正基础与上层建筑的内容观点。卡茨纳尔逊认为有条件地修正基础与上层建筑的内容是更为可取的理论选择。第一，这种形式许诺一种更为严密的马克思主义，能阐明极为复杂的社会现实。第二，这种形式是一种简洁的马克思主义理论，对经济基础的定义条理分明，有助于探索与资本主义同时存在的其他社会进程，还有助于分析这些多样的社会进程对现代世界的影响，特别是对民族国家和市民关系网络的历史变迁的影响。

（三）卡茨纳尔逊的替代选择

在探讨了基础和上层建筑问题的理论转移后，卡茨纳尔逊重新回到马克思主义理论的丰富性问题上来，提出一种可替代的方法。这种方法坚持结构和能动性在分析方面的独特性，目的是使考察其复杂的偶然的相互关联成为可能。这种替代方法很好地将具有一个不可知论的批判精神框架的马克思主义和马克思主义的社会理论工具的意义、能力统一起来。这种替代方法为重构马克思主义城市理论奠定了理论基础。"通过将马克思主义理论运用于城市，将城市－空间问题用于马克思主义，我将在与大范围的历史进程和有关结构、能动性和决定因素的社会－理论问题联系中考察马克思主义的地位。"①

二 列斐伏尔的城市主义、哈维的公式主义和 卡斯泰尔的多元论

在探讨马克思主义城市研究的理论基础之后，卡茨纳尔逊采取了一种登高望远的摄像方式，提出了一个走向重新空间化的马克思主义的历史脉络问题。卡茨纳尔逊"试图将 20 世纪 70 年代和 80 年代的马克思主义与城市联系起来"，"所关注的是这种思想风景的主要特点，较少关注其细微差别的轮廓"。② 展开来说，就是如何评价列斐伏尔的城市主义、哈维的公式主义和卡斯泰尔的多元论。

---

① 〔美〕艾拉·卡茨纳尔逊：《马克思主义与城市》，王爱松译，江苏教育出版社，2013，第85 页。
② 〔美〕艾拉·卡茨纳尔逊：《马克思主义与城市》，王爱松译，江苏教育出版社，2013，第88 页。

（一）列斐伏尔的城市主义

我们先来看看列斐伏尔的城市主义。亨利·列斐伏尔首先打破了马克思主义在城市研究方面的沉默，开启了城市马克思主义的先河。列斐伏尔于1970年和1972年先后出版《城市革命》和《马克思主义的城市思想》，对马克思主义与城市的关系做了综合的分析。卡茨纳尔逊对列斐伏尔的著作采取了一种独特的怀疑理性的态度，用他自己的话来说："在我对列斐伏尔的讨论中，我将这些著作当作一个整体，代价是对这些文本中的差异蜻蜓点水，略过了观点的许多细微差别。我认为这是一种合理的方法，因为正像很快将明朗的，我认为应当迅速将列斐伏尔留在他的荣誉之地，更多地被当作一位提出和追踪长期潜伏的问题的先驱，而不是当作一个成功地给这些问题做出回答的分析家。"①

列斐伏尔试图为后工业城市确立一个分析框架，为此提供了一种城市编年。按照列斐伏尔的说法，在前资本主义时代，城市可恰当地被描绘成政治城市。工业化重新塑造了城市规模、形式和功能，城市是资本主义积累逻辑中的固有之义。到了20世纪，人类历史进入都市时代，都市将人类从资本主义的限制中解放出来，成为新秩序的力量。都市时代承诺了一种新人文主义的可能性，城市自组织的可能性越来越小，工人阶级传统逐渐丧失，资本主义正处于终结之中，却不是以马克思所预言的方式终结。

列斐伏尔还发展出了一个空间理论，将国家、政治塑造人的城市意向的作用引入城市话语之中。在列斐伏尔看来，城市是客体在空间中的一种配置，城市主义是一种生活方式、是对城市的超越，它不是简单的城市－郊区－乡村划分，而是一种日常存在。城市主义是一种全球化现象，产生同质化的生活灵感和风格。这意味着列斐伏尔将马克思主义所属的"社会进程－社会关系"抛在脑后，赋予空间关系独立的、决定性的中心地位。空间的意义在于提供了一个实践的领域。空间不是一个人为环境，而是一种消费品。空间是政治斗争的一个对象、是国家的一种控制工具。在资本

---

① 〔美〕艾拉·卡茨纳尔逊:《马克思主义与城市》，王爱松译，江苏教育出版社，2013，第90页。

主义内部，空间分裂了、碎片化了，与社会完全脱节。都市时代提供了一个历史性的机会：通过重新配置"权力"，空间为人类的目的服务，并重新认同日常生活的意义和尊严，特别是与自然相处远远超过了资本主义可能允许的范围，让人类历史进入一个新时期。

列斐伏尔的著述是马克思主义回到城市的路标，也是他告别马克思主义社会理论的开始。随着时间的流逝，列斐伏尔的这种思想倾向越来越明显，以至于他晚年的著述越来越转向现象学式的写作。用卡茨纳尔逊的话来说："我认为列斐伏尔背离马克思主义的有趣领域在他转向现象学并且越对'精神空间'感兴趣上变得显而易见。"①

（二）哈维的公式主义

谈了列斐伏尔的城市主义后，接着我们来谈谈哈维的公式主义。哈维的思想分为两个阶段，第一个阶段是 20 世纪 70 年代，主要研究的主题涉及资本积累，主要体现在 1969 年的《地理学的解释》和 1973 年的《社会正义与城市》两本著作中。《社会正义与城市》是哈维从自由主义转向马克思主义的标识性著作，他在这部著作中发现了马克思主义与城市之间的联系。到了 20 世纪 80 年代，哈维的思想进入第二个发展阶段，最重要的著作就是 1982 年出版的《资本的限制》和两卷本的《资本主义发展的历史与理论研究》，系统地分析了金融资本和地租问题，进一步扩充和完善了马克思主义与城市之间的关系。

《社会正义与城市》的第一部分由两组文章构成：一组是自由主义的阐述，考察了城市规划与收入分配相关的城市空间关系；另一组是社会主义的阐述，提出了一个马克思主义的城市研究议程，并参照不同生产方式中的经济整合和剩余循环对城市历史重新诠释。《社会正义与城市》的第二部分反映了哈维游走在科学的马克思主义和批判的马克思主义之间。在资本主义内部，城市既是积累和矛盾的一个场所，也是积累和矛盾的一个稳定器。这是哈维最重要的洞见，正如卡茨纳尔逊所言："哈维的洞见——资本

---

① 〔美〕艾拉·卡茨纳尔逊：《马克思主义与城市》，王爱松译，江苏教育出版社，2013，第 98 页。

主义城市的增长改变了'基础'的特征。"① 《社会正义与城市》说明了如何将社会进程和空间形式统一起来并作为行动的指南。在哈维看来，空间绝不是一个形而上学的范畴，而是一个既塑造人的能动性，又为人的能动性所塑造的社会维度。社会进程和空间形式之间是相互渗透的关系，空间形式整合了社会进程，而所有的社会进程都是空间的。社会正义的本质是在作为一个整体的社会中对社会进程起作用的偶然事物，城市主义的本质是一条进入社会之中的瞄准线。

《社会正义与城市》在哈维的思想发展中具有重要地位。卡茨纳尔逊在评价时写道："《社会正义与城市》充满了洞见，并对研究发起了挑战。但是，最为重要的是，在为马克思主义重新发现城市、为城市重新发现马克思主义方面，这些文章依然具有标志性的重要意义。在接下来的 20 年里，哈维小心地、稳步地但也是有选择地完成了《社会正义与城市》的研究议程。在整个过程中，他的中心目标十分清楚：扩大和扩展马克思主义论资本主义积累的著作，赋予它一个明确的空间维度。"②

哈维在 1982 年出版的《资本的限制》中重构马克思城市理论，并将空间置于其中。哈维认为马克思的资本主义经济逻辑分析有多种单元，即劳动、资本和货币等，这些单元都是空间的重要因素。哈维集中分析了有关金融资本和地租问题。地租是马克思主义政治经济学中理解城市空间组织的一个地理概念。土地租金问题对城市的发展模式至关重要，因为城市代表资本投资的场所，资本投资改变了土地所有权和土地的用途，进而影响都市空间的塑形。哈维对地租理论的核心贡献是将地租界定为分配问题而不是生产问题。哈维还提出资本循环提速观念，对马克思主义的积累理论做出了标志性的贡献。资本循环提速不仅出现在时间中，还出现在空间中。资本主义城市的人为形式使资本提速成为可能，并为资本主义提供了重要的功能条件。资本主义通过操纵地理和空间不断地修复资本主义城市，城市永远以加速度的形式得到开发和再开发。在资本循环提速的基础上，哈

---

① 〔美〕艾拉·卡茨纳尔逊：《马克思主义与城市》，王爱松译，江苏教育出版社，2013，第124 页。

② 〔美〕艾拉·卡茨纳尔逊：《马克思主义与城市》，王爱松译，江苏教育出版社，2013，第103 页。

维还发展了一种国家功能主义理论。

哈维出版了两卷本的《资本主义发展的历史与理论研究》，进一步扩充和完善了马克思主义的金融资本和地租理论。第一卷《资本的城市化》是对《社会正义与城市》中提出的主题的回顾，也是对《资本的限制》的展望。第一卷从马克思主义视角对城市发展进行宏观分析，并详细地分析了金融资本、地租、住宅分化、不平衡发展和规划。第二卷《意识与城市经验》是对《社会正义与城市》的超越，是对《资本的限制》的批评者的反驳。哈维通过研究《社会正义与城市》所忽略的问题（如性情、语言、意义、文化、能动性等），开辟了新的研究领域。

在《意识与城市经验》中，哈维提出了一个重要的问题，即城市空间是什么。面对这个问题，哈维认识到城市发展和资本流动之间的相关性，进而追踪了城市结构和阶级形成的模式化过程之间的联系。哈维强调现代城市首先是一个资本主义城市，应结合资本的城市化来理解意识的城市化。意识的城市化是个人和群体性格形成的速记，这种性格的形成不是基于阶级而是基于多元认同。多元认同包括领土认同、性别认同、民族认同。意识城市化反映了一个特定地方的人们相互之间的关系和国家之间的关系。意识城市化向马克思主义的阶级范畴发起了一种基本挑战，这正如卡茨纳尔逊所指出，"哈维认为，城市意识从最好的一方面来讲是资本和劳动之间冲突的一种间接表达，从最坏的一方面来讲是虚假意识的一个实例。"①

城市空间如何产生？这是哈维关注的基本问题。从这个问题的研究方法来说，哈维运用了案例研究的方法，并结合1850～1870年巴龙·奥斯曼监护之下的巴黎重建具体地探讨了这个问题。这个案例详细地描述了物理的城市是如何急剧地改变的，又是如何产生新模式。在哈维看来，巴黎重建是一种空间修复策略的具体例证，其目的是通过长期地将资本用于空间关系的重组以克服资本主义危机。哈维认为路易斯·拿破仑和奥斯曼重建巴黎的动机是让巴黎成为一个配得上法兰西和西方文明的首都，但结果却是让巴黎成为资本流通和真正的皇权城市。在巴黎重建过程中，地租和财

---

① 〔美〕艾拉·卡茨纳尔逊：《马克思主义与城市》，王爱松译，江苏教育出版社，2013，第129～130页。

产发生了戏剧性的变化，信贷市场也发生了变化，金融和不动产利益联盟兴起，土地利用日趋专业化。

城市意识的结果又是怎样？哈维发现空间重组有一个矛盾的结果。密集的社会性是巴黎邻里关系的特征，也是阶级形成的场所。在巴黎重建之后，城市中心去工业化、工作场所出现新的分离、城市与日俱增的住宅相互隔离，这些都切断了家庭、工作场所和生活地之间的纽带，取消了住宅区日常的相互作用的跨阶级模式，从而使巴黎处于长期的隔离之中。这说明巴黎重建产生了一种新型的共同体意识，这是一种混杂和分割的意识，最终削弱了工人阶级的力量，使政治不再是单一的对抗资本。用卡茨纳尔逊的话来说："分化了的城市多元性压倒了资本主义社会阶级结构的简单化，塑造了一种多面的城市意识。"① 这说明哈维意识到了巴黎重建分割了资产阶级和劳工阶级之间的能动性。

卡茨纳尔逊指出《意识与城市经验》存在两个局限性。第一个局限性就是没有在马克思主义内部发展出一种有关阶级和群体形成的观点。城市意识往往遮蔽阶级的形成，工作场所的资本和劳动冲突掩盖紧张的社会冲突，无限地放大共同体作用。因此，阶级可能存在也可能不存在。哈维进而指出工会意识反映了资本主义的工场，城市意识反映了资本主义的住宅区。卡茨纳尔逊认为"这是一种无力的社会理论"。② 第二个局限性是一种封闭的马克思主义的内在局限性。哈维自始至终都是坚持一种封闭的马克思主义，这集中体现在他对国家和国家的作用的态度之上。卡茨纳尔逊指出哈维早在《资本的限制》中已流露出"贬低国家独立的重要性和国家官员的兴趣和观点的一种征候"。③ 哈维在《意识与城市经验》中明确认为城市主要是资本逻辑的产物，而国家只不过是工具。国家在哈维看来总是被动的角色，是受其他力量决定的。哈维固守封闭的马克思主义，这对他的思想产生了深刻的影响。卡茨纳尔逊对这种影响进行了概括，"哈维著作的

---

① 〔美〕艾拉·卡茨纳尔逊：《马克思主义与城市》，王爱松译，江苏教育出版社，2013，第120页。
② 〔美〕艾拉·卡茨纳尔逊：《马克思主义与城市》，王爱松译，江苏教育出版社，2013，第122页。
③ 〔美〕艾拉·卡茨纳尔逊：《马克思主义与城市》，王爱松译，江苏教育出版社，2013，第117页。

每一个关键主题，都忍受着作为他封闭马克思主义以及他没有能赋予国家、国家建设和政治以形而上学的独立性的一个后果的命运。他将国家与资本主义合并到资本主义生产方式单一的特大宏观结构之中，取消了一些有关城市发展的最重大问题：人为环境的形成过程，规划的作用，政府服务的扩大，阶级和群体构成的界定。哈维著作的核心部分是对土地利用、地租的分析，对都市环境的适应以达到和加快了的资本循环步伐保持一致。不对当地官员的兴趣和行动做详细说明，这些核心部分就有可能不能得到展开，而政府官僚，连同律师、地主、开发商、银行家，都卷入到一种财产政治学之中"。①

（三）卡斯泰尔的多元论*

理解了哈维的城市马克思主义后，我们进入重新空间化的马克思主义的第三道风景区，集中观察和分析曼纽尔·卡斯泰尔的多元论。

卡斯泰尔的思想变化可分为两个阶段。在20世纪70～80年代先后出版《城市问题》（1977）、《城市、阶级与权力》（1978）和《城市与草根》（1983）。《城市问题》是一部充满总体批判精神的著作，卡斯泰尔提出了一个城市同资本主义生产方式相互依赖的框架，认为一个城市的特征是由劳动力决定的，劳动力往往体现为一种特殊的社会进程，这个进程包括两个方面，即城市社会关系独特空间的组织形式和由国家进行集体组织的消费模式。资本主义的生产是其通过消费过程再生产劳动力的必要条件，而国家通过提供集体商品和服务，干预消费过程。其结果是城市居民之间直接的、无中介的联系越来越多，国家成为住房、交通、教育和社会服务等消费品的提供者。国家干预对资本主义秩序的再生产具有双重效果，既为冲突提供了新的基础，也为社会转型提供了新的可能性。

在卡斯泰尔看来，20世纪的城市社会运动是城市空间与国家干预主义之间的新联系的反映。城市社会运动同工人阶级和政党合作，成为一个强

---

① 〔美〕艾拉·卡茨纳尔逊：《马克思主义与城市》，王爱松译，江苏教育出版社，2013，第127～128页。

* 美国学者 Castells 在国内有两种译名，分别为卡斯泰尔、卡斯特尔。本书正文行文时统一为卡斯泰尔，引用文献时按照文献原使用方式使用。下文不赘。——编者注

有力的、有前途的、反资本主义工人阶级斗争的场所。城市斗争是独立于特定阶级的组织，它也有可能形成跨阶级同盟；以集体消费为基础的社会分工越来越摆脱传统的社会结构，成为一种明显独立的力量；城市斗争在反资本主义的斗争中具有自主作用，消费成为资本主义的支点，基于集体消费之上的国家 - 邻里关系对维护资本主义秩序的重要性与日俱增。这些观点是马克思主义城市社会研究的新尝试，用卡茨纳尔逊的话来说："更概括地说，可以将新城市社会学理解为在一个传统的蓝领社会基础已经崩溃的时代寻找能动性的新的承担者的尝试。"① 这种新尝试还意味着卡斯特尔的思想会有新的发展。对于这种新的发展迹象，卡茨纳尔逊有一段精彩的评述，"20 世纪 70 年代后期的这类著作预示了卡斯特尔后来在《城市与草根》中的观点——城市运动不再被认为是劳动与资本之间的阶级斗争的必不可少的层面，而是与传统的以阶级为基础的冲突齐头并进的独立社会力量。在对正统马克思主义的这种修正中，消费被赋予了和生产同等的价值。在后来的著作中，在一种按照他早期对城市社会学主流批评来看只能被视为反讽的转变中，卡斯特尔进一步发展了城市自主性的观念，不过现在是将其当作象征和社会意义生产的一个语境。"②

卡斯泰尔正是在这种不知不觉的状态中完成了自己思想的大转变。《城市与草根》是卡斯泰尔研究城市社会运动的标志性著作。这本著作是丰富多彩的，涉及了变化与偶然性、参与者和国家的自主作用、社会性别与种族特点、历史与集体行动等问题。特别需要指出的是，卡斯泰尔在这本著作中彻底摆脱了前一个阶段对城市发展和阶级形成的历史的漠不关心的态度。卡茨纳尔逊明确指出《城市问题》和《城市、阶级和权力》都"没有表现出对城市的历史的任何兴趣，也没有表现出对阶级形成的历史问题的任何兴趣"。③ 正是问题导向的转变，促使卡斯泰尔的思想发生巨变。他拒

---

① 〔美〕艾拉·卡茨纳尔逊：《马克思主义与城市》，王爱松译，江苏教育出版社，2013，第110 页。
② 〔美〕艾拉·卡茨纳尔逊：《马克思主义与城市》，王爱松译，江苏教育出版社，2013，第110 页。
③ 〔美〕艾拉·卡茨纳尔逊：《马克思主义与城市》，王爱松译，江苏教育出版社，2013，第110 页。

绝认为城市中所发生的事件必须理解为有关城市的经济、社会和政治游戏规则定义的冲突和游戏内游戏立场的冲突。

《城市与草根》是对城市历史中一系列典型的社会运动的个案研究。这些运动包括 1520～1522 年卡斯蒂里亚反君主制的运动、1871 年的巴黎公社、1915 年格拉斯哥租金罢工、1922 年韦拉克鲁斯承租人运动和 20 世纪 60 年代美国城市贫民暴动。通过对这些城市运动的研究，卡斯泰尔证明了普通民众的能动性在极富变化的语境中塑造了城市的发展。他指出大多数城市斗争不是以阶级斗争为基础的，其组织和目标都指向草根民主；城市运动往往由城市问题引发；空间是社会组织的重要表现形式；妇女在城市运动中往往扮演重要角色。卡斯泰尔特别注重城市意义的生产，这是因为城市意义往往定义城市社会运动的利益关系，按等级排列城市功能，象征性地表达城市文明的价值，赋予城市形式。出于对城市意义的考虑，卡斯泰尔阐明一个深刻的道理，即城市社会运动往往根植于现代城市的物质性。他还认为城市的社会变化首先涉及城市意义的改变，变化的过程天生是冲突的，而冲突的根源是多元的。在某些时刻，城市的议题和后果有可能是跨城市群体的副产品，也有可能是自觉的城市社会运动的结果。城市社会变化的目标是集体消费、自我管理和城市文化表达。唯有坚持独立性原则，真正的城市社会运动才能同大众媒体、政党和专业人士联合，最终有效地实现目标，

从《城市问题》到《城市与草根》的文本变化，折射出卡斯泰尔重构马克思主义城市空间理论的思想变化历程，这个转变显示出来的是一条漫长的道路。这是一条从正统到怀疑论的转移之路、一条从阿尔都塞式的结构主义到抛弃马克思主义之路，是一种思维上的巨大变化。

列斐伏尔、哈维和卡斯泰尔的思想展现了"走向重新空间化马克思主义"的三个主要风景区，这三个风景区实际上是一个统一的风景地带。三者之间有一种继承和发展的联系，特别是哈维和卡斯泰尔之间还存在思想对话。卡斯泰尔的市民创造城市的观点就是对哈维城市意识的观点的回答。列斐伏尔、哈维和卡斯泰尔都在一定的程度上偏离马克思主义。卡茨纳尔逊在对哈维和卡斯泰尔思想做的总结中写道："哈维和卡斯特尔，每人都以自己的方式，或利用结构，或利用能动性，抛弃了马克思主义的社会理论——这

种理论关注的是将结构与能动性缀合为一体。"①

卡茨纳尔逊在认识到重新空间化的马克思主义的理论背叛之后,提出了一个可替代的城市研究计划。"我要勾画出一个可替代的计划:不像卡斯特尔的著作,不将马克思主义看成只是更多可称道的理论之一种,也不像哈维的著作,拒绝一种封闭的马克思主义的骄傲自负,认识到将结构和能动性结合起来的机制。"② 这意味着卡茨纳尔逊提出了一个重新空间化的马克思主义问题。在城市议程的探寻上,卡茨纳尔逊提出了一个弗里德里希·恩格斯典范,主张回到恩格斯开辟的道路上来。"为了发展这一可替代选择,我首先要回到弗里德里希·恩格斯论城市的早期著作《英国工人阶级状况》。在他对曼彻斯特和其他早期工业革命城市中心的高度压缩的讨论中,恩格斯照亮了一条令人遗憾地既没有为马克思主义也没有为城市研究者所游历过的路。"③ 恩格斯"将城市空间置于他思考工业资本主义的核心位置,以及他对城市问题具有前瞻性的处理,的确开辟了一条例外的研究城市空间、资本主义发展和阶级形成的康庄大道"。④ 这等于开辟了一个合三为一的、城市研究的新议程。"恩格斯表明了马克思主义如何有可能为了创造一种对不同类型的工人阶级主体性的解释而将城市整合到其社会理论之中。"⑤ 这等于寻找到了城市研究的理论入口。

三 封建主义城市、资本主义城市和新兴民族国家模式

卡茨纳尔逊提出重新空间化的马克思主义大问题,并将这个大问题具

---

① 〔美〕艾拉·卡茨纳尔逊:《马克思主义与城市》,王爱松译,江苏教育出版社,2013,第134页。
② 〔美〕艾拉·卡茨纳尔逊:《马克思主义与城市》,王爱松译,江苏教育出版社,2013,第135页。
③ 〔美〕艾拉·卡茨纳尔逊:《马克思主义与城市》,王爱松译,江苏教育出版社,2013,第135页。
④ 〔美〕艾拉·卡茨纳尔逊:《马克思主义与城市》,王爱松译,江苏教育出版社,2013,第147~148页。
⑤ 〔美〕艾拉·卡茨纳尔逊:《马克思主义与城市》,王爱松译,江苏教育出版社,2013,第148页。

体化为多个"谜题"。第一个"谜题"是"封建主义向资本主义世界和国家的转变"。①

（一）封建主义城市

从封建主义向资本主义的转变是马克思主义城市研究的一个重要领域。卡茨纳尔逊认为马克思主义的封建主义概念是狭隘的，强调单一的经济变化，忽视转变的多种维度和多种变化。"马克思主义坚持一种并列的处理：封建主义作为生产方式融合了君权和财产，资本主义作为生产方式则没有。这种观点是一种误置。"② 卡茨纳尔逊结合当代世界城市史研究的新成果，"拓宽并改变马克思主义与城市的这种联姻条件。通过这么做，有可能清楚地阐明城市对早期现代欧洲的大规模变化的影响，并且反过来，清楚地阐明作为地方的城市因封建主义的死亡而改变的诸种方式"。③ 这是一种新的解读方式。

卡茨纳尔逊认为城市在封建主义灭亡和资本主义兴起中具有关键作用。这种关键作用具体表现为四点，即中世纪晚期城市的资本在塑造商业主义国家和经济中发挥作用、以城市为基础的经济资源使绝对君权制的高度集中成为可能、封建城市高度程式化和受到高度限制的经济环境影响经济改革的取向和城市化的发展方向、封建城市的政治发展为国家发展提供示范作用。

卡茨纳尔逊首先探讨了封建国家及其与城市之间的关系。封建主义在一个脆弱的国家系统和一致的基督世界观的框架内对农业和城市的生产进行组织。封建社会是由国王统治的空间，国王管理领土及领土上的臣民。君主政体被设想为一个自然遗传来的传统、习俗、法律、血统的共同体。君主政体是一个先赋的集合体，是所有世俗共同体中最高的、最荣耀的和最完美的共同体。绝大多数封建国家或多或少都有点像一个混合政体，是

① 〔美〕艾拉·卡茨纳尔逊：《马克思主义与城市》，王爱松译，江苏教育出版社，2013，第292页。

② 〔美〕艾拉·卡茨纳尔逊：《马克思主义与城市》，王爱松译，江苏教育出版社，2013，第152页。

③ 〔美〕艾拉·卡茨纳尔逊：《马克思主义与城市》，王爱松译，江苏教育出版社，2013，第152～153页。

由国王将其权威向下分派的管理系统。欧洲封建主义是一种典型的混合政体，它是基于所有权的生产和索取形式同国家形式特殊耦合。复杂的封建国家是国王主权和宗主权两种司法原则的综合。国王主权是一种原始形式，体现在统一的管理、司法、军队组织之中；宗主权主要体现为君主与诸侯间的关系、高度分裂的管辖权和权威的等级分层。封建国家的作用往往被人低估，它们是十分灵巧地去中心化和组织化的统治工具，通过其内在的委派系统与主从纽带，将自主的家庭和亲属系统整合在一种紧密的权威模式之中。

卡茨纳尔逊认为封建国家有一种紧张的双面性，首先体现为君主是宗主权的强而有力的保障。君权比宗主权高，它代表了对权威、规则的独特诉求和对正义的管理，国王是所有诸侯的总头领。封建国家的双面性还体现在私人所有权的观念和采邑不可转让的观念。君主是诸侯们的一个宗主，而不是高于其他主体之上的一种超级主权。国王依"程度"而定，不受特定"类型"限制，这说明封建国家本身就是一种"分割的主权"。封建国王实际上是社会组织形式中的一种元素，也是一种系统。在这一系统中，基督教和国家向修道院、村庄、庄园、城堡、城镇、行会、兄弟会等单元提供包罗万象的世界观，每一单元拥有程度相对较高的制度完整性和自主性，从而将每个单元的所有权和主权融合为一体。国家的每一个碎片是一个生产单元，生产是在权威之下进行组织，并为私人所有者的利益服务。封建主义的本质特征就是政治权力的私人化，这意味着生产和秩序融合为一体。

城市中心是封建国家系统中必不可少的部分。像封建社会的其他经济单元一样，城市是集体的法人团体，享有自主特权。城市的自主特权拥有宪章保障。城市发挥经济单元功能的能力直接取决于封建王权内在的分化程度。以城市为基础的贸易是在封建主义的裂缝中求生，这就是说城市是中世纪生产方式的主要部分。正如卡茨纳尔逊所指出，"就像封建主义的其他组合实体一样，城镇是具有本地秩序的完整世界，其典型特征是所有权和主权的融为一体"。①

---

① 〔美〕艾拉·卡茨纳尔逊：《马克思主义与城市》，王爱松译，江苏教育出版社，2013，第169 页。

（二）资本主义城市的起源

在思考封建国家与城市关系的同时，卡茨纳尔逊还思考了另一个重要的问题，即"城市与后封建秩序的创造之间的关系"，"在历史变化的漫长范围内，封建城市也许已经孵化了一种资本主义的挑战"。[①]

"从封建主义到资本主义转变"是具有国家性质变化和经济特征变化的双重转变性质。在国家性质的变化上，即主权与宗主权的紧张二元对立以有利于主权的方式得到了解决，民族国家从多种可替代的国家类型中崛起，成为一种主流形式；在经济特征变化上，私人所有权和宗主权的对立同样以有利于主权的形式得到了解决，国家和经济的耦合以集中的主权与所有权之间的决定性分离为基础。"从封建主义到资本主义转变"的双重转变性质标志着所有权和政治权威之间的关系发生了深刻变化，从封建时代的国家与经济之间一致转化为重商主义时代国家与经济之间分离。国家消除拥有财产权的封建主义细胞式单元，同时肯定其所有权的绝对权力，特别是与管理和统治相关的权力。因为国家与经济分裂，所以资本主义真正诞生了。政府拥有一种使用暴力和收取保护费的垄断地位，并同时取代领主的司法特权和司法活动。政府还为拥有财产的人提供保护，并为这些人提供参与国家活动和管理制度的前景。国家不干预私人经济，但有可能为了自身的利益介入经济。国家与资本在重商主义原则和实践中产生一种相互认可的协同作用，但主权和所有权之间的关系是独立的，也是随机的。

国家和经济之间的分裂隐含了两个重要的分裂。一个是资本积累意义上的分裂。民族国家具有前所未有的公共特征，资本主义代表了所有权中固有的政治权力的私人化，仿佛弱化了私人剥削权力的公共社会功能。在工场内部，资本大获全胜；在工场外部，资本缺乏封建主义制度下所拥有的天赋特权。另一个是城市发展的分裂。这里的城市不单是以城市为基础的关系网络中的一个点，而是具有独特形式并在空间中排列开来的社会关系的地方。所有权和主权的分裂使国家和私人经济成为两种城市空间塑形

[①] 〔美〕艾拉·卡茨纳尔逊：《马克思主义与城市》，王爱松译，江苏教育出版社，2013，第169页。

的主要工具。商业资本主义和国家关系同时承担了发展早期现代欧洲的新国家和新资本主义的关键任务。

作为地方的封建主义城镇有三个基本的特点。第一，封建城镇有其固有的可变性。封建城镇的高度自主性有助于其成为偏离城乡的新场所，是新的社会权力和商业技术的试验场。第二，封建城镇有强大的商业潜能。封建城镇最初是商业的，它们为手工业的发展和贸易网络扩展到本地区域外的地方提供保护和调控的经济环境，进而成为资本主义内部最重要的法人。封建城镇有可能发展出预示未来商业模式的新商业形式，通过市政立法和对公民权的控制不断强化其经济活动的法人特征。正如卡茨纳尔逊所说："市场竞争的各单元不只是个体的商人，而是城镇本身，城镇力图强化它们与乡村和竞争城镇相对峙的垄断特权。以这些方式，封建主义内部的一些城市中心为在一个受保护的政治框架中构建出经济生产与交换的技术和实践提供了实验室。同样，它们也为后来在更大规模上详细制作的节目单提供了历史和经验。"① 这意味着封建城市的发展在很大的程度上是对后来民族国家兴起的预演。第三，封建城镇是一个新政治的孵化器。卡茨纳尔逊特别注重封建城镇的"自治特点是法人在封建主义内部更普遍地有可能孤立的一个例证"。② 主权和宗主权的二元对立往往表现为城市总是力争（通常会成功）在封建主义相互依赖的框架中扩大自己的自治权。特别是12世纪的城市管理革命，"其典型特征是比根深蒂固的城镇更多的独立性，与新建立的城区不相上下的自主性，以及公共管理技术和政府活动范围上的重大进步。城镇在商业和日常生活之上的公共权威加深了，扩大了。当地政府自己关注自身围墙之处的贸易特权和围墙之内的贸易条件。为了这些目的，当城镇获得了更大的管理自己事务的能力时，就制造出了新的管理制度和规则。"③ 城镇的自由权力日益扩大，出现多种多样的城市议会。在政治改良的同时，城镇政府推进商业改良。"正是在这些城镇的限定范围内

① 〔美〕艾拉·卡茨纳尔逊：《马克思主义与城市》，王爱松译，江苏教育出版社，2013，第176～177页。
② 〔美〕艾拉·卡茨纳尔逊：《马克思主义与城市》，王爱松译，江苏教育出版社，2013，第177页。
③ 〔美〕艾拉·卡茨纳尔逊：《马克思主义与城市》，王爱松译，江苏教育出版社，2013，第178页。

商业改良和政治改良的结合，小规模地预示了重商主义－绝对主义的未来，并当场为其提供了诸种模式。"①

（三）新兴的民族国家模式

卡茨纳尔逊在探讨封建城镇与封建秩序的关系时发现了一个相当重要的悖论，"悖谬的是，跟随封建时代而来的权力的集中和资本主义又被确定存在于其他地方，在这些原型城市中心之外。"面对这个悖论，卡茨纳尔逊本着一种怀疑理性主义的态度提出了一个重要的观点，"为什么会缺乏这种连续性呢？答案就存在于这种悖论之中。"② 封建城市的孤立和自足同君主之间易于形成一种对立的关系。君主往往重申国家天赋特权，开辟出一个高度中心化、官僚化、绝对主义的政体（或君主立宪政体）的演化进程。也就是说，绝对主义和君主立宪国家的产生是以城市天赋特权为代价的。

卡茨纳尔逊还指出绝对主义在君主立宪国家形成的过程中存在历史性的反讽，因为中世纪晚期城市有国家建设者所需要的资本资源。卡茨纳尔逊追踪了统治者获取他们活动所需要资源的不同方式，反映了城市化、资本集中和国家能力三者之间不同的结构，即第一种是"强制－集约型国家"，第二种是"资本－集约型国家"，"中间的状态的国家"就是集两者优点的第三种国家。卡茨纳尔逊"聚焦于'中间状态的国家'，如英国和法国，在这些国家中，资本的集中和强迫的集中是同步增长的。在封建时代，这些中间状态的国家的典型特征，是国家作为强迫的场所、城市作为资本的场所，两间之间达到了最大的对称平衡"。③ 卡茨纳尔逊在文中对中间状态的国家描述更为详细，尤其是法国、英国和普鲁士，存在着一种仿佛居中的情境，城镇中的商业资本家的资源和王朝的能力之间达到了平衡。统治者既建立了抽取资源的官僚机构，也与资本家达成协议，将资本家直接整合到国家结构之中。这个过程是通过多种整合机制实现的，诸如议会中

---

① 〔美〕艾拉·卡茨纳尔逊：《马克思主义与城市》，王爱松译，江苏教育出版社，2013，第178页。
② 〔美〕艾拉·卡茨纳尔逊：《马克思主义与城市》，王爱松译，江苏教育出版社，2013，第178页。
③ 〔美〕艾拉·卡茨纳尔逊：《马克思主义与城市》，王爱松译，江苏教育出版社，2013，第153页。

的代议制，任命商人到国家财政部重要岗位任职；通过有目共睹地与资本家讨价还价——建立互动的连贯规则，这类规则保护所有权，以换取国家能够出于自己的目的的征收剩余。"中间的状态的国家"基于一种新型资本主义的资源，以及主权和所有权之间的清晰分离，建立了能胜任的、中心化的国家机器，这就是说"中间的状态的国家"实际上是民族国家形成的典型。

新兴的民族国家终结了封建统治标志的分割的主权，将主权和政治能力集中到中心地点，也将法庭、金融、司法、军队和外交事务等专业官僚机构聚集到都城。绝对主义王朝在创造新的、分化的城市方面的影响是惊人的，伦敦、马德里、里斯本等城市达到了史无前例的规模。与此同时，民族国家形成的步伐超过了经济整合的进程。民族国家在广大领土上渗透精心制作规则和强制引入秩序，并为一个以西北欧为中心的新的世界体系确立了一种促进经济发展和竞争的新框架。这意味着资本主义已经在一个民族的框架之内显著地创造了自己的历史，成为一种新的语境。

在资本主义新语境中，一种古老的贸易语言最终演化成为重商主义。重商主义成为一种重要的联合工具。在由国家提供的框架内，调节层次有了质的变化，从工业和贸易之间转向城镇之间；调节的场所也发生了变化，城市中心成为调节的现场，并得到新的国家的支持。重商主义创造了与国家疆界保持一致的经济单元，民族国家与新经济是相互支持的。在大型的首府，财富和权力相互联手，王朝统治和银行家族存在千丝万缕的联系，国家建设为私人经济的规模化创造机会。正如卡茨纳尔逊所说结的那样，"简言之，这些城市，由于它们在其引力中心已转向北方和西方世界贸易体系中的定位，一方面充当了商业活动的地点，另一方面充当了国家活动的支点"。[①]

除了贸易话语外，资本主义语境中还有另一种阶级语言。"越来越多的缺乏所有权或对生产方式的控制，对他人劳动力的控制的人涌入经济区。区域性的和全国性的资本主义劳动市场挤入了大量接受工资契约的工人，

---

① 〔美〕艾拉·卡茨纳尔逊：《马克思主义与城市》，王爱松译，江苏教育出版社，2013，第182页。

保守派的家长制管理的古老束缚和相互间的义务并没有让工资契约更为温柔。在这个时代，一种阶级语言与古老的贸易用语一起成长起来，并在有些情况下补充了贸易话语。"① 城市在大众想象中的熟悉感消失了，成为一个所有人都想逃离的空间。工业化城镇出现了非寻常的都市化，预示了不久将改变国家风景的"城市革命"。② 新兴工业城镇的典型特征包括有组织的工厂生产、广泛的共同的公共问题解决方案、工作与生活区分的进程、社会阶层分化和人以群分的住宅形式。这些新兴的工业城镇在资本主义形成过程中是一种深层的历史沉淀，正如卡茨纳尔逊所指出："这些城市是古典自由主义、个人主义和自由放任时代过于自信的资本主义的一个组成部分，较少作为资本主义的原因而是作为其结果。"③ 与早期现代欧洲大型政治都城的发展相比，新型工业城镇的主导地位是内在的，是资本积累过程的一部分。工业城市数量的暴涨是同资本家的投资决策分不开的，资本家总是在寻找具有最小约束和最大自然、社会优势的投资地点。工业化同时也改变了资本主义城市。技术投资力图战胜劳动力供应、市场化过程和交通瓶颈，并力图加快生产速度。城市的发明就是要找到适合资本主义的新的场所。"制造"成为"城市化"的同义语。建造工厂和劳动阶级的住宅，成为城市中心建设的两个基本方面。新兴的工业城市急剧地打破了将城市和乡村联系起来的传统模式，其结果是城市和乡村的区分越来越鲜明，使经济和社会出现重大变化。这一变化也带来深刻的社会转型，带有反讽性和社会性。在工场中自由受到限制，在工场之外，也就是在家庭和团体中，劳动人民取得了一种新型的独立，摆脱了他们雇主的权威。

　　卡茨纳尔逊对民族国家的分析为不同国家阶级形成的分析奠定了基础。工业资本主义同民族国家极其相关，同资本主义相关的工人阶级的形成也是同民族国家相关的。"因为主权和所有权分离之后的资本主义是在民族的

---

① 〔美〕艾拉·卡茨纳尔逊：《马克思主义与城市》，王爱松译，江苏教育出版社，2013，第183页。

② 〔美〕艾拉·卡茨纳尔逊：《马克思主义与城市》，王爱松译，江苏教育出版社，2013，第189~190页。

③ 〔美〕艾拉·卡茨纳尔逊：《马克思主义与城市》，王爱松译，江苏教育出版社，2013，第192页。

框架中发展的，所以期望劳动阶级的形成中具有各民族的变化也是说得通的。"① 意味着民族国家形成的多种模式隐含了阶级形成的多种模式。

四 历史主体、阶级形成、阶级形成的国家模式

"工人阶级形成的多元模式"是卡茨纳尔逊提出的第二大谜题,② 这个谜题在本质上是历史主体问题。

(一) 工人阶级的历史主体地位

卡茨纳尔逊特别重视从历史主体意义上来研究阶级形成问题，也可以说这是为阶级形成问题研究寻找理论基础。"对劳动阶级形成的研究，很大程度上是对劳动人民如何建构他们发现自己被迫在其中工作、生存的明显变化了的空间领域的形象和精神地图的研究。"③ 这种研究是一种基于地方映像建构基础上的研究，"正是在这种映像的建构中，人以群分的社会的活生生的经验获得了命名。它们是如何获得命名的，并且对集体行动来说具有何种后果，是阶级形成至关重要的、富于变化的问题"。④ 这种映像论也可以说是一种基于地方视角的阶级分析方法。

地方往往决定了阶级形成的条件和内容。卡茨纳尔逊认为阶级形成不是一个不可避免的现象，而是一个偶然的进程，其条件和内容因地方不同而有所不同。卡茨纳尔逊反对阶级形成的"革命意识阐释"，提出区分阶级的四个层次，对阶级的内涵提出新的解释。第一个层次是资本主义发展结构内部的阶级，阶级在这里涉及工作之内和工作之外的社会存在的组织特征。第二个层次是生活方式之上的阶级，关系到实际的人如何在决定性的

---

① 〔美〕艾拉·卡茨纳尔逊:《马克思主义与城市》，王爱松译，江苏教育出版社，2013，第199 页。

② 〔美〕艾拉·卡茨纳尔逊:《马克思主义与城市》，王爱松译，江苏教育出版社，2013，第292 页。

③ 〔美〕艾拉·卡茨纳尔逊:《马克思主义与城市》，王爱松译，江苏教育出版社，2013，第197 页。

④ 〔美〕艾拉·卡茨纳尔逊:《马克思主义与城市》，王爱松译，江苏教育出版社，2013，第197 页。

生活模式和社会关系中生活。第三个层次是认知和语言倾向的层次，阶级涉及人们再现其实际生活经验的种种方式以及如何建构行动常规指南的方式。第四个层次是以语言和象征为基础，涉及工人阶级集体行动的文化资源。阶级成员通过运动和组织自觉地采取行动以影响社会和本阶级在社会中的地位。总之，阶级形成不是一种特定的结果，也不是一个全有或全无的问题。

阶级的四个层次具有极为重要的理论意义，有助于认识和表达工人阶级面对挑战、机遇所具备的决心。卡茨纳尔逊明确表达了这种观点："我的观点将是，现代工人阶级创造的第一时刻工人阶级形成史，可以以一种全新的方式加以理解，方法是参照城市空间的表征和适合于这些命名的集体行动的种种形式发展。努力使其轮廓和社会关系清晰可见，进而将混沌还原为模式，这种对新城市的解读，构成了对必须在其界限内生活和劳动的劳动者的一种重大挑战。他们如何在寻找可理解和连贯性的过程中图绘城市，构成了19世纪工人阶级历史中结构和能动性之间的关键中介。"[1]

（二）阶级形成的前提条件

在明确了工人阶级的历史主体性后，卡茨纳尔逊进而探讨了阶级形成的前提条件，即建立城市空间发展和阶级形成之间关系的决定性联系。卡茨纳尔逊特别强调"从底层加固对阶级形成分析"，"对城镇做出新的解读"。西方国家都经历了一种强而有力的空间重组，这种重组带来了一系列的变化，即人们赚取工资的工作场所和妇女从事不付酬家庭劳动居住区之间出现了分裂，这种分裂将社会阶级相互分离开来了，进而产生了基于收入和基于生活风格的社会阶级成员之间的细微差异，其中包括住宅的消费。卡茨纳尔逊将这一系列变化称为"城市空间和社会隔离的多元革命"。[2] 这一系列变化在卡茨纳尔逊的阶级模式分析中具有重要地位，"它们是我对工人阶级

---

① 〔美〕艾拉·卡茨纳尔逊：《马克思主义与城市》，王爱松译，江苏教育出版社，2013，第202页。

② 〔美〕艾拉·卡茨纳尔逊：《马克思主义与城市》，王爱松译，江苏教育出版社，2013，第209页。

形成的比较和以事实为根据的分析的前提"。① 这是一种"强调分化和隔离的社会地理学家和历史学家的立场"。②

卡茨纳尔逊认为阶级和阶级形成的"整合空间"并不排除"地域划分"。整合空间"不是去解决有关劳动阶段史的种种问题，或是解决这一或那一背景之中劳动阶级'例外论'的问题，而只是对它们进行重新聚焦。19 世纪城市中自主的、分离的劳动阶级区的发展是否加剧了工人在阶级基础之上的政治意识和动员，需要具体问题具体分析"。③ 这说明"重新聚焦"是"一种问题发现的重要方式"，而不是一种问题解决的方式。出于重新发现问题，卡茨纳尔逊试图建构一种有关空间隔离和社会阶级之间关系前后一致的理论。"我认为这种关联是基本的，……一方面集中于空间隔离之间的关系，另一方面集中于阶级冲突和合作，是过于狭隘的。因为先于交战状态的问题，是阶级本身作为社会描述和行动的一个范畴是否存在的问题。"④

（三）阶级形成的国家模式

在分析了阶级形成模式的前提条件后，卡茨纳尔逊将阶级形成模式具体到特定的国家之间的比较研究之上，提出了英国阶级形成模式和美国阶级形成模式。

英美两国的城市空间重组具有的共同特征。以城市化为基础的工业化促成了土地利用以及劳动市场和住宅市场之间关系的变化。"随着资本主义进入工业时代，通过将谋利动机引入土地利用而指向最高的经济利用的土地 – 租赁梯度概念业已确立起来。随着工厂和劳动阶级住宅对土地的要求暴涨，这一市场逻辑加快了土地利用和社会阶级的隔离过程。"⑤ 伴随着市

---

① 〔美〕艾拉·卡茨纳尔逊：《马克思主义与城市》，王爱松译，江苏教育出版社，2013，第206 页。
② 〔美〕艾拉·卡茨纳尔逊：《马克思主义与城市》，王爱松译，江苏教育出版社，2013，第207 页。
③ 〔美〕艾拉·卡茨纳尔逊：《马克思主义与城市》，王爱松译，江苏教育出版社，2013，第214 页。
④ 〔美〕艾拉·卡茨纳尔逊：《马克思主义与城市》，王爱松译，江苏教育出版社，2013，第215 页。
⑤ 〔美〕艾拉·卡茨纳尔逊：《马克思主义与城市》，王爱松译，江苏教育出版社，2013，第218 页。

场驱动的城市化集中，劳动力的无产阶级化和住宅市场的建立出现同步发展。住宅逐渐成为一个有意识的环境，不只是一种职业或行业的个人和家庭之间的一所社会交往的学校。正如卡茨纳尔逊所指出："这种新的共享将唤起什么东西，它将以什么方式通过这种或那种阶级范畴、区域的命名、种族或宗教的团结获得认同，将逐渐成为 19 世纪阶级形成的一个关键之谜。"①

随着家庭生产向工厂生产的转换，以及统一的城市空间向功能和社会层面相互分离的城市空间的转换，劳动阶级的经验在四个层面发生了改变。

第一，在日期的计算上。从事工厂生产的工人不得不安排自己的日程，将或长或短的上班路程考虑在内，这给工人家庭带来了协作上的新挑战，也为现代资本主义的时间规则提供了新元素。

第二，在家庭的特征和家的意义上。家庭生活变成了集中于家和街区之内，更多地限于一种家庭的情绪机制之中，社会性别角色也变得尖锐起来。

第三，在组织化生活的特征中。当工作场所和家庭越来越分化为自主的领域时，以工会为代表的新型组织出现于工作场所，以劳工俱乐部为代表的新型组织出现于劳动阶级的居住区。

第四，在国家与其他社会阶级的关系中。国家出现在劳动者的生活中，当劳动者工作时，国家是时间调节器；当劳动者生活时，国家是公共空间的调节器、服务的提供者、公民权的定义者。社会阶级之间的关系越来越被建构到正式的组织之中，每一生活范围都具有自己鲜明的组织的互动模式。

劳动阶级各方面的经验变化意味着劳动者面临新的处境选择。美国工人在工作场所是在共同的阶级团结基础上行动的，但离开工作场所却是在人种、宗教和地域的基础上行动。正是这种价值观念组织和实践的系统，构成了美国劳动阶级形成的独一无二的核心因素。在英国，阶级最终界定了劳动人民言说和行动的条件。阶级既存在于工人工作的地方，也存在于工人生活的地方。正如卡茨纳尔逊指出："很清楚，极为不同的客观空间环

---

① 〔美〕艾拉·卡茨纳尔逊：《马克思主义与城市》，王爱松译，江苏教育出版社，2013，第 220 页。

境可以产生阶级形成的多元模式。"①

工人阶级解读城市的方式,不仅受到了铭刻在空间之上资本主义发展模式的深刻引导,而且还受到了他们所具有的有关国家形成、公民权、选举权、公共政策如何塑造和渗透城市空间与社会关系的经验的深刻引导。

第一,从国家的形成来说,国家是阶级形成模式的主要根源。英美两国在国家之间的差异是"联邦主义与单一国家之间的差异"。②英国主权主要按照代议制来定义的,特别是通过选举制将国家和社会联系起来的政党体系加以定义。英国主权最终结晶为一个单一的代议制政体,标明了一个极不同于美国联邦制的集权模式。在美国联邦制中,主权最终属于人民。此外,英美两国没有对技术、职业信息的垄断权。英国在历史上主要依赖海军而不是陆军,主要靠不付薪水的治安法官而不是皇家行政官员,从而将一个王朝镇压机器交到中央国家手中。美国继承了英国的这些传统,国家作为一个与市民社会区分开来的自主实体,是相对不发达的。这说明英美两国是弱国家,但不能基于这一点就得出英美的弱政府与工人阶级内部改良主义趋势之间存在必然的关联性,这是因为英美两国是弱国家仅仅是一种表象。

第二,从公民权、选举权和参政权来论。在英国,国家的概念和现实是极其分散的,没有一个达成共识的定义。国家不是一个弱国家,英国工人阶级不得不力争参政权,这就大大地强化了工人阶级与集权国家之间的相对紧张关系。英国工人长期被排除在选举权之外,将选举权的要求建立在阶级的基础之上,并长期以来指向地方。在美国,国家的概念和现实也是高度分散的,但美国有一个相当精确的、总体上有悖于欧洲的意义,也就是说美国的国家定义主要指地方政府与领土外的剩余领域。美国国家分散的组织特征更多地承担了参政权扩大问题的责任,因为这里没有一个单一集权国家去保护或改变。一旦选举权的限制被取消,美国便拥有了世界第一个参与型联邦主义的政治体系。

---

① 〔美〕艾拉·卡茨纳尔逊:《马克思主义与城市》,王爱松译,江苏教育出版社,2013,第224页。
② 〔美〕艾拉·卡茨纳尔逊:《马克思主义与城市》,王爱松译,江苏教育出版社,2013,第233页。

在参与型联邦主义的政治体系内，具有大众基础的新型政党被建构起来，实际上进入国家每一行政区和邻里街区，将工人阶级团体的空间、种族、宗教和政治认同集于一体。政党的行动和社会定义往往发生在工人及其家庭所生活的地方。政党创造了政治体系和选民之间的直接联系，选民在认同的基础上被组织到政治体系之中。美国参与型主义模式创造了一种制度性的参与机制，这种机制将工人同向雇主提出要求的组织区分开来。特别需要指出的是，美国的政治机器将自己对公民权的要求总是指向中央。

第三，从公共政策来说。美国参与型联邦主义不只是一个基于紧密的地方团结基础之上的选举体系，它还是一个管理、税收和服务派送的系统。基于地域和种族特性的参与者的认同，对城市政治有重大意义——这种城市政治会将财政能力和分配资源授予当地政府和党派官员。诸如职业警察部队的引入、城市慈善和济贫的官僚化、公共学校系统的建立以及公共授权的大型建设项目，政党聚焦于这些服务和不同邻里街区之间的关联，使地方政治变成了一种分段的和分配性的社区政治。按照这种政治，工人出现在政治领域，不是作为工人而是作为一个特定地方的居住者或是一个特殊群体的成员。国家和州的政治议程中有许多和阶级相关的经济议题，但选举将大部分城市工人与这些议题隔离开来。

同美国相比，中央集权的英国将公共分配政策集中于中央。不像美国联邦政府，国会和白宫承担起制定社会政策和调控工作条件的新责任。对工厂的监督、济贫法的颁行和公共卫生改革直接影响了工人阶级的生活。英国国会立法，将官僚机构带入了直接负责执行法律，这反过来给国家的进一步扩张和集权提供了动力。英国中央政府的扩张是令人震惊的。新国会法案的制定和新管理的扩充等改革潮流，都明显地将工人阶级的注意力聚集到国家及其活动之上。政府服务和调控渗透到了工人阶级的生活，进而强化工人阶级对居住地以及工作场所的认同。

英美两国工人阶级和国家之间的相互作用的结果深远地影响了工人阶级的自治组织的发展和公共政策的议题。工人阶级和他们所在国之间相互作用的结果之一，是在英国社会的各个地方创造了一条共同的、基于阶级的断层线。英国工人阶级的自治组织没有基于阶级之间的地域、收入或技能的地方特殊性，它们跨越这些断层线将工人的活动和情感相互联系起来。

英国工人阶级的自治组织还将政治参与、公共政策、工联主义等阶级问题与居住区的议题连接到了一起。宪章运动是一个极其具体化的例证。宪章主义为工人阶级的倾向和组织提供了统一的支点。宪章主义的主题是试图构筑一种基于阶级认知的劳动者独立的政治声音，正式阐明经济问题和政治问题之间的联系。"人民宪章"不只是一种政治文献，而是将所有社会成员联系在一起的一系列以阶级为基础的一致要求。宪章主义反映在组织层次上，"不像美国的邻里街区具有阶级特殊性的政党，而是另外的超阶级的体制，宪章主义'党'完全是独立于托利党和辉格党的，而且随着时间的流逝，宪章主义者脱离中产阶级的联盟"。① 在美国，国家对工会的压制相对温和，工人以工场为基础建构组织是可能。美国工人也能够在习惯法的基础上联合起来，不存在反工会的全国立法。在英国，工人阶级受到法律压制，组织起来的劳工相对弱小，不足以为反抗资本的行动提供一个独立的基础。

总之，美国和英国的国家组织形式及其与政治权利相关的宪政和公共政策，对本国工人阶级联盟的政治内容、两国工人阶级居住空间的命名和意义有极不相同的影响。在美国，为选举的政治骚动是不必要的，社区为基于跨阶级政党的组织提供了地点，这些政党通过动员以地域为基础的非阶级的宗教和种族团结向选民发出呼吁。反过来，也允许工会公开、独立地存在，在它们的拥抱之中，美国工人阶级被构成为劳工阶级。

在英国则不是如此。在英国，只有居住区制度能够让工人既向雇主也向国家提出要求。由于受到法律、镇压、国家组织和公共政策的共同挤压，以地方性为基础的自助组织将工人阶级生活的独立维度融合成了一种共同的、深入骨髓的阶级意识。②

卡茨纳尔逊对英美两国工人阶级形成模式的比较尝试有重大的理论意义，他提出了扩大重新空间化的马克思主义分析的难题、方法论、命题和方式。用卡茨纳尔逊的话来说，"在我看来，通过整合一种空间想象，并且

---

① 〔美〕艾拉·卡茨纳尔逊：《马克思主义与城市》，王爱松译，江苏教育出版社，2013，第237页。

② 〔美〕艾拉·卡茨纳尔逊：《马克思主义与城市》，王爱松译，江苏教育出版社，2013，第240页。

通过对后－封建现代性的第二大规模进程——现代民族国家的形成持一种开放姿态，马克思主义可以同时得到丰富"。①

五　阶级斗争历史缺席、工人阶级认同衰退、城市人为环境新变化

"西方工人阶级在资本主义中默许顺从"是卡茨纳尔逊提出的第三个大谜题。② 这个谜题展开来说主要涉及"马克思主义阶级斗争的历史缺席问题"、"工人阶级的认同的衰退问题"和"城市人为环境的最近变化问题"。③

（一）马克思阶级斗争的历史缺席

我们先来谈谈马克思阶级斗争的历史缺席问题。考虑到"'阶级本身和为阶级本身的'大问题"④，完全有必要弄明白"传统的阶级范畴"。⑤ 卡茨纳尔逊根据自己关于阶级的四个层次划分的方法，认为马克思主义在分析工人阶级的目标和工人阶级角色过程中主要集中于物质分析，将资本主义的抽象逻辑和工场的位置当作"经济"，当作资本主义社会、政治和意识形态关系的"基础"。这就是传统意义上的马克思主义的社会阶级分析方法。这种方法创造了基于技术和社会生产关系分析基础之上的阶级定义和范畴，阶级总是在生产和非生产的范畴内被抽象地讨论，或是参照人的劳动力意义特征进行描述。卡茨纳尔逊认为马克思主义的阶级分析方法作为一种分析策略付出了沉重的代价：第一个代价是忽视了资本主义增长和扩张过程中组织发展能力；第二个代价是压抑了工人阶级下班后的组织特征。

---

① 〔美〕艾拉·卡茨纳尔逊：《马克思主义与城市》，王爱松译，江苏教育出版社，2013，第229页。
② 〔美〕艾拉·卡茨纳尔逊：《马克思主义与城市》，王爱松译，江苏教育出版社，2013，第292页。
③ 〔美〕艾拉·卡茨纳尔逊：《马克思主义与城市》，王爱松译，江苏教育出版社，2013，第251页。
④ 〔美〕艾拉·卡茨纳尔逊：《马克思主义与城市》，王爱松译，江苏教育出版社，2013，第249页。
⑤ 〔美〕艾拉·卡茨纳尔逊：《马克思主义与城市》，王爱松译，江苏教育出版社，2013，第249页。

传统阶级范畴不仅代价巨大，而且还存在明显的理论局限性。传统阶级范畴的第一个理论局限性是"马克思的理论著作都根本没有默认存在一个没有完整意义上的阶级斗争的阶级结构"。① 马克思主义特别重视变化、历史和能动性，认为资本主义危机趋势与特殊情境中主体的自觉行为联系起来，就会出现向社会主义转变的历史性时刻。但事实上，资本主义结构性危机往往是资本主义的重建，其标志是发现了新的积累之路，创造了可以复兴资本主义经济体系的新的社会知识和公共政策。在资本主义重生的过程中，西方工人阶级往往同资本主义达成和解，表现出对资本主义忠诚。正如卡茨纳尔逊所指出的那样："经典马克思主义没有预见到结构性机会与迷失的能动性之间这一分裂。相比之下，马克思主义在过去一百年里力图弄清其反复的政治失败。由于一心想获得迷失的无产阶级，马克思主义者所关注的是弄清其令人痛苦的缺席。"②传统阶级范畴的第二个理论局限性是没有图绘资本主义政治和社会的能力，也就是说没有能力对日常社会生活常识背景中的社会现实做出描述。这同卡茨纳尔逊基于生活方式之上的阶级的组织分析路径是高度一致的。

（二）工人阶级认同衰退

在探讨了阶级斗争的历史缺席问题后，"工人阶级的认同衰退问题"是需要探讨的问题，这个问题又被卡茨纳尔逊界定为"工人阶级非政治化谜题"。

在认识到马克思主义阶级分析方法的代价和理论局限的基础上，卡茨纳尔逊强调了基于生活方式层次上的阶级的组织意义，并用来说明劳动阶级的经验整体性。卡茨纳尔逊提出真正的问题不是"社会阶级之间的交战"，关注的重点也不是"生产方式的转型"和"资本主义的存在"，应该高度关注的是"资本主义时代之内的生活条件"。③

劳动者的体验是双重的，既有来自在结构上和空间上隔离开来的工作

① 〔美〕艾拉·卡茨纳尔逊：《马克思主义与城市》，王爱松译，江苏教育出版社，2013，第248页。

② 〔美〕艾拉·卡茨纳尔逊：《马克思主义与城市》，王爱松译，江苏教育出版社，2013，第248页。

③ 〔美〕艾拉·卡茨纳尔逊：《马克思主义与城市》，王爱松译，江苏教育出版社，2013，第253页。

世界的体验，也有来自居住区家庭生活和社区生活世界的体验。城市空间模式固化过程与工人阶级形成是一种矛盾关系，是基于住宅市场之上的特定地方性的城市图画和基于劳动市场之上的共同体感觉之间的矛盾。从城市图画方面来看，这是工人阶级对其新的社会和空间现实的认识，在新环境中重新确认对阶级局部和总体的理解，并以交谈和组织的现存模式充分表达空间的新分割，物质性和意义证明相互印证；从共同体感方面来看，工人阶级共有一种日益增强的超越特定地方命运的共同体感觉，外加交流和交通的进步，使建立新的网络成为可能，阶级和空间之间的关联变得越来越复杂和不确定。卡茨纳尔逊深刻地认识到这种矛盾关系的重要性，"通过逐渐掌握这一双重性，我认为我们能够最出色地重新讨论如何说明挥之不去的一个谜题：尽管强有力的工会和政党组织的建立，既反对资本主义的生活条款发起了挑战，也慷慨激昂地宣示了社会主义，但工人阶级，无论是具有分裂或总体意识特征的工人阶级，在任何地方都没有以经典马克思主义认为理所当然的革命方式变得政治化"。①

卡茨纳尔逊认为不存在任何单一的从阶级政治的当地城市背景向全国性组织和网络的转移。资本主义在深层和本质上是经验性和地方性，这决定了在工人及其家庭的日常生活之外不可能存在跨阶级的遭遇。这说明城市层次依然是现代工人阶级政治的一个构成面，也是新的工会和政党不可或缺的部分。工会和政党作为组织而存在主要依赖于两者之间的联合，正是基于这种联合意义，形成全国性范围的政治组织是一种真正的革新。工会以独特的工作地点为基础，政党以选区为基础，而工作地点和选区都是特殊的社区。如果工会和政党没有成为资本主义城市经验不可或缺的部分，他们就没有能力招募和动员追求者。阶级不是一个抽象问题，而是一个组织问题。阶级层面以城市的物质性为基础，城市总是受制于特定空间和组织条件之中的工人阶级的图绘与再绘。

卡茨纳尔逊认为工人阶级的城市映像深受工人阶级形成模式的历史影响。"19世纪末、20世纪初不同国家中工人阶级集体行动的全部可用曲目，

---

① 〔美〕艾拉·卡茨纳尔逊：《马克思主义与城市》，王爱松译，江苏教育出版社，2013，第253页。

都得到了 19 世纪更早发展起来的工人阶级形成模式的启示和限制。工会的抱负的范围，它们与政党的关联，形形色色的工党、社会民主党和社会主义政党的存在，它们对资本主义的再现，以及它们动员追随者的能力，都在极大程度上依赖于工人阶级形成的第一时期的结果。"① 这就是说一个国家工人阶级的形成模式有历史路径可供参考。换言之，英国工会和政党可获得的选择不同于美国工会和政党可获得的选择。英国工人阶级初期的分裂意识，通过城市生活中工作场所与家之间空间分化的加剧，在 19 世纪初期和中期工人阶级的日常生活中得到再生。这种复活的、分裂的工人意识将工会引向了回避政党政治的工场劳工主义，也将政党引上了在非阶级认同基础之上工人集体行动的道路。在英国的语境中，工党一类的政党必定以排除一种先验的东西为前提。同英国不一样，美国工会和政党在很大程度上是由谈论和争执工作场所和社区早期分离的措辞所决定的。

英美两国的阶级形成模式存在持久差异，但两国工人阶级共有的城市关系特征却有鲜明的变化。这些变化涉及城市空间的结构化过程和国家在城市舞台上的新角色。社会地理的重大变化激起了对阶级和资本主义的新解读。资本主义城市急剧增长，城市空间日益扩长、相互交织，成为交换和积累的地点。城市空间变化的新特征是工人阶级和非工人阶级之间的空间划分。大型工厂及其等级制的生产组织强化了工人阶级街区和机构的自主性，工人阶级出现了"我们"和"他们"之间的划分。住宅市场的运作将工人阶级划分为不同的亚群体，这种阶级内部的分层奠定了工人阶级内部差异和意义的新基础。城市空间塑造不再是资本的特权，国家在塑造城市环境中扮演了更重要的角色。国家迫使工人阶级将工作场所与家的问题不再看成资本家的问题，而是作为市民直面国家和土地、城市环境和市政服务等新的政治问题。当资本主义在国家和国际层面的增长，国家就成为对市场本身发挥作用的组织，并通过调控关税和制定税收政策发挥作用。资本积累和公民权构成一个相互冲突的领域，城市治理在这个领域内对空间进行塑造和重构。城市增长不是资本逻辑直接强加的问题，而越来越是

① 〔美〕艾拉·卡茨纳尔逊：《马克思主义与城市》，王爱松译，江苏教育出版社，2013，第259页。

有计划的国家干预的产物。道路建设、贫民区的拆迁、卫生和基础设施供给等都逐渐政治化，形形色色的社会阶级成为政治关注的目标。统治阶级担心工人阶级基于居住区的网络和团结发动城市抗议、游行和暴动，阶级隔离的城市成为中产阶级极为恐惧的对象，工人阶级成为大城市关注的主题。这些新的城市问题是新的阶级认知不可或缺的一部分，它同工会和政党议题有或多或少的联系，否则工人阶级的组织不可能成功地动员工人。正如卡茨纳尔逊所概括的那样："更一般地说，更熟悉的地方层与经验层次上更为遥远的全国－组织层次之间的联系，界定了工人阶级政治生活的措辞与内容。"① "通过马克思主义的棱镜来看，这种阶级政治是阶级斗争的一种政治匮乏。"②

（三） 城市人为环境的新变化

卡茨纳尔逊在探讨了工人阶级非政治化的谜题后，进而探讨了"城市人为环境的最近变化问题"。卡茨纳尔逊对问题进行整合，对答案进行优化，将马克思主义与城市的不确定性整合为城乡关联问题，进而转化为"城市空间和城市空间的变化如何影响了当代阶级形成模式"这个大问题。可以说，这体现了一种深度怀疑理性主义精神。

在卡茨纳尔逊看来，过度地强调新型的经济、社会和文化变化的复杂性和保守性，这就否认群体和阶级倾向在新形势之下形成的可能性。卡茨纳尔逊认为城市空间结构的变化的典型特征不是非连续性，而是具有实质的连续性。作为对城市困境与瓶颈的回应，城市空间的组织化是资本主义历史的通病，工业和空间重构的机制是资本主义长期发展的标志。企业资本试图在一个新的、有较少限制的地方找到更大的机会。固定资本和循环资本之间的张力体现为建成集中区域以捕捉特定地点优势与寻找新的较少受束缚的可能性趋势之间的张力，正是这种张力为现代资本主义维持其革命特征提供了关键机制。特别需要指出的是，寻找优势的资本流动在现代

---

① 〔美〕艾拉·卡茨纳尔逊：《马克思主义与城市》，王爱松译，江苏教育出版社，2013，第269页。
② 〔美〕艾拉·卡茨纳尔逊：《马克思主义与城市》，王爱松译，江苏教育出版社，2013，第269页。

城市中所产生的影响像在 19 世纪和 20 世纪城市中所产生的影响一样，它促进了工作世界和家庭之间的变化，将城市分化为工作区和住宅区，这种分化受到收入和住宅品质的双重制约日益成为更为精细的分配。经济活动和城市空间组织的显著变化实际上是很难整齐划一的，也不是处在同一个层面之上的。工业生产和劳动市场出现了一些新的多样性，但这种多样性却没有累积为新的积累制，仅仅是使资本积累制变得更为灵活一些，这说明老式的福特主义工业区不会消失于灵活的资本积累制之中。更为典型的是公司利用资本和劳动之间的阶级力量，在一种更加全球化和富于竞争的环境中保留福特主义模式。正如卡茨纳尔逊所说："一种多层次的复杂性，而不是一种突然出现的同质性，构成了当前处境的典型特征。"①

卡茨纳尔逊认为现代资本主义是城市的资本主义，这一点是毫无疑问的。根据新的趋势来判断，具有熟悉形式的城市并没有消失，也不可能会消失。这就是说离散趋势是伴随着集中的相反趋势，是现代城市的矛盾现象。现代城市中心是一个集土地利用、住房模式、工场类型、经济联系于一身的复杂的、紧密的混合体，也是高科技产业与传统产业相互交织的结合体，多样性和可预测性同时存在。卡茨纳尔逊强调没有任何证据表明存在一种从作为生存之地的城市的逃离。工业革命已经使农村地区城市化成为可能，这种新的城市化趋势表明，随着城市化频率放慢，城市的平均规模没有增长，城市人口却继续增长。

20 世纪是一个城市多样化的时代，也是城市的遗赠。20 世纪末期的城市化在特征上是高度矛盾的，结合了中心化和去中心化两种趋势。传统城市的复兴、郊区的随意扩展和边缘地区新的聚集同时发展。城市之间出现新的劳动力分工，并在经济活动中出现功能分化。城市政府的经济增长策略对地方政治、社会运动和冲突起到了一种造型的作用。这些都表明城市并没有终结，城市处于类型多样的发展过程之中。20 世纪末资本主义新的空间模式创造了一种处境，这种处境对于一小部分个人和家庭来说，空间完全通过时间对空间的取消社会化，也就是说邻近性社会化了，无足轻重

---

① 〔美〕艾拉·卡茨纳尔逊：《马克思主义与城市》，王爱松译，江苏教育出版社，2013，第 282 页。

的抽象空间取代作为物质实体的城市；但对大多数人和家庭来说，多样的物理城市仍然是日常生活迫切需要的场所。这一切都说明"阶级的可变性是集体认同和行动的主流形式"。①

卡茨纳尔逊从方法上对阶级和阶级斗争的新政治呼唤持完全的保留态度，这是同他拒绝城市终结极为相关的。由于拒绝城市终结，传统城市形式在城市情境中的时间和空间分层极为复杂，新的城市化模式的轮廓还有待建立。空间变化具有随机特征，即城市形式极其混杂、时空高度压缩、城市现实让人难以获得一致的感觉、建设与重建循环交替、城市风景突变、城乡界限模糊、信息高度流动、生活节奏加快。正如卡茨纳尔逊所概括的那样："边缘性、碎片化和可塑性已经成了这个时代的标志。"②

卡茨纳尔逊最终回到马克思主义立场上来，将城市变化置于社会进程框架内加以重新描绘。卡茨纳尔逊坚决反对将工人阶级的领导地位、阶级结构和范畴从社会主义工程中切除。工人阶级的形成不是一件自发的事情，而是由物质性和意义的多层次的进程所构成的。也就是说，工人阶级的形成是唯物主义或实在论可以解释的。工人阶级在资本主义内部有可能扮演某种角色，城市社会地理和阶级意识总是相互联系的，工人阶级的独立与自主性是可以从能动性中提取出来，工人阶级不可能只有一种城市图绘。

当现代城市的社会地理发生了变化时，传统的城市图绘被证明是过时的。由于城市空间处境的范围和复杂性，阶级形成的问题再一次伴随着多元的解决方案脱颖而出。这就是说挑战发达资本主义的可替代方式是多元化的。"当然，这些并不是未决的。它们既受到比以前远为复杂和多变的城市生活特征的限制和塑造，也受到一种当务之急的限制与塑造——群体和阶级形成的模式必须依然以使它们真相大白的方式图绘出实际的城市空间。阶级和非阶级范畴为什么不能在这种图绘中加以使用，没有任何先验的理由。在有些背景下，阶级认同在重要性上可能有些减弱；在另一些极为相同的背景中，它们可能在显著度上有所增强。现在必须面对的是阶级

---

① 〔美〕艾拉·卡茨纳尔逊：《马克思主义与城市》，王爱松译，江苏教育出版社，2013，第285页。

② 〔美〕艾拉·卡茨纳尔逊：《马克思主义与城市》，王爱松译，江苏教育出版社，2013，第287页。

认同的这种可变性与城市的社会和空间组织之间的关系。"① 城市进程不仅受物质和空间特征的限制，也受到现存城市图绘的启示。正如对社会现实的所有表征描述的一样，这种双重因素有条件地使城市拥有持久存在下去的能力。

现代工人阶级的核心问题是"以城市空间和阶级形成之间的随机的但并非不受约束的关系"。② 工人阶级的"阶级性"已经发生了极大的变化，社会结构认同的形成处于重构之中，这种重构不是将空间当作资本主义发展无中介的结果，也不是将城市居民当作空间结构无中介的结果。"城市图绘是不确定的，因为它们所描绘的物质界是复杂多变的，因为对在地处境可替代的连贯一致的解读方式制造了许多意义，因为过去城市和阶级的表征依然可以加以改编以适合新的空间现实。只要想一想数量有限的可能的替代性选择：考虑到资本主义在塑造城市空间上的构成力量，以全盘的阶级术语对城市进行描绘依然是有道理的；考虑到碎片化的住宅市场和政治管辖权日益重要，以韦伯式的阶级术语将城市描绘为各地区（这些城区又是通过居民在市场－地方中的划分细致的消费能力区分开来的）之间的分化是明智的。"③

结　语

卡茨纳尔逊通过对马克思主义城市研究的理论传统和理论主题，重新空间化的马克思主义的历史脉络，封建主义向资本主义世界和国家的转变，工人阶级形成的多元模式和西方工人阶级在资本主义中默许顺从等问题的理论探讨，阐释了自己对这些问题的独特见解，构建了自己的城市政治思想体系。卡茨纳尔逊没有停留在这里，而是从马克思主义城市研究的根基的角度，深入挖掘出马克思主义城市研究的潜在贡献，这是一个大问题。

---

① 〔美〕艾拉·卡茨纳尔逊：《马克思主义与城市》，王爱松译，江苏教育出版社，2013，第290~291页。
② 〔美〕艾拉·卡茨纳尔逊：《马克思主义与城市》，王爱松译，江苏教育出版社，2013，第291页。
③ 〔美〕艾拉·卡茨纳尔逊：《马克思主义与城市》，王爱松译，江苏教育出版社，2013，第291页。

这个问题展开来说就是马克思主义城市研究的基本前提和基本方法。

卡茨纳尔逊出于关注重点和专门知识的原因，也出于一种根本性的批评精神，将马克思与城市研究的前提建立在文明与城市的关系之上。基于这个大前提，城市是普遍的社会力量的一种证明，城市的同一性来自对社会力量的一种特殊调适。"马克思主义代表了对这一关系的构想。"① 从这个大前提出发，卡茨纳尔逊强调了马克思主义城市研究同西方现代社会理论传统之间存在的内在联系。城市空间和种种社会进程之间是一种必要的创造关系，也就是说它既是空间的也是时间的，是一种历史关系。"马克思主义声称能给城市研究赋形和说明，准确地说就是由于利用马克思主义有关历史形式的概念和假设的大跨度与综合性，它拥有一种独特的方式去建立这种联系……马克思主义将基础建立在生产方式的转变和资本主义的发展为一方，各种特殊形式的城市增长为另一方的有富有刺激性的历史联系之上。"②

在探讨了马克思主义城市研究的大前提之后，卡茨纳尔逊进而探讨"理解城市的马克思主义方法"。在西方现代社会理论传统及其城市研究传统中占主流地位的是"一种分化看待现代性的方法"，简称为"分化方法"，实际上是一种分化的视角。从分化的视角来看，社会与个人之间的相互关系是一种二律背反的关系。社会本身是一个有意义的、独立的实体，社会中的成员将社会标准内在化。个人的认知、性情的形成、行动的模式是以社会为条件的。分化方法特别强调按照资本和政治权力来看待城市成长的历史。卡茨纳尔逊以总结的方式概括了分化方法的致命局限。"关于城市，简而言之，分化的视角提供了一种貌似有理的社会和空间表现，不过付出了巨大的代价——堵塞了种种问题，这些问题关系到影响和塑造城市生活的关键社会进程，关系到以其形形色色的变化对城市属性做出限定的关系网络，关系到各种各样的另类空间关系、阶级和群体的构成模式，以及构成现代城市典型特征的集本行动。"③

---

① 〔美〕艾拉·卡茨纳尔逊：《马克思主义与城市》，王爱松译，江苏教育出版社，2013，第 3 页。
② 〔美〕艾拉·卡茨纳尔逊：《马克思主义与城市》，王爱松译，江苏教育出版社，2013，第 9 页。
③ 〔美〕艾拉·卡茨纳尔逊：《马克思主义与城市》，王爱松译，江苏教育出版社，2013，第 25 页。

在这种主流的分化方法之外，马克斯·韦伯提供了一种替代的方法。同分化－秩序视角的单纯二分法相比，韦伯的城市分析法是社会学和历史学两种维度的统一。如果说韦伯提供了一种分化方法的替代方法，那么马克思远比韦伯更彻底，他完全拒绝分化方法。这说明马克思同韦伯的替代方法具有一致性，用卡茨纳尔逊的话来说，就是"大的轮廓"是一样的，即对社会进程的关注。卡茨纳尔逊没有停留在这个"大的轮廓"上，而是提出一个更深刻的问题，"假如因为强调社会进程和社会关系，马克思主义传统的著作像韦伯的著作一样与分化问题截然对立，那么，是什么将马克思主义与其他可替代选择、包括韦伯的选择区分开来的呢？答案在于马克思主义社会分析的独特内容中，它提供了一系列系统的、连贯的有关自然与社会的看法，有关社会进程很重要和应当如何研究社会进程的看法"。[①]这个深刻的问题直接指向马克思主义的城市研究的根本方法。

分化的方法将分化大问题等同于秩序问题。同分化方法不同，马克思主义将劳动分工看作大问题。有关城市化和城市问题是"劳动分工的大问题之内"的内在问题，是马克思主义"思考生产方式的转型"不得不考虑的相当重要的问题。在这个基础上，马克思主义认为城镇与乡村的空间分化具有中心性。"对于马克思和恩格斯两人来说，城镇和乡村的对立是边缘性的，城市或空间的力量在他们对劳动分工的处理中没有独立的地位，因为城镇和乡村之间的分裂是劳动分工势在必行的、直接的、未加调节的结果，应在生产方式的层次上加以理解。"[②]这种理解的结果就是马克思建构了一个关于理解城市的宏大叙事。"不同种类空间和活动的分离浓缩了一个更大的故事，但其本身却并没有任何吸引力。这一'更大的故事'既将一个特定的乡村内部劳动分工纳入到种种经济区，也将一种新的国际劳动分工纳入到现代资本主义的特征之中。"[③]这个大的叙事用马克思的话来说就是："城乡之间的对立是随着野蛮向文明的过渡……而开始的，它贯穿着全

① 〔美〕艾拉·卡茨纳尔逊：《马克思主义与城市》，王爱松译，江苏教育出版社，2013，第26 页。

② 〔美〕艾拉·卡茨纳尔逊：《马克思主义与城市》，王爱松译，江苏教育出版社，2013，第31 页。

③ 〔美〕艾拉·卡茨纳尔逊：《马克思主义与城市》，王爱松译，江苏教育出版社，2013，第31～32 页。

部文明的历史并一直延续到现在。"① 城市被描绘为根源于劳动分工的阶级分化之中。每一种生产方式中都有一种不同、独特的城市与社会的关系，这是马克思主义理解城市的方法的魅力所在。

正是在文明与城市之间、个人与社会之间、城市与乡村之间，卡茨纳尔逊真切地看到了马克思主义精神镜像的独特之处，并发现了工人阶级集体行动的逻辑。

① 《马克思恩格斯全集》第 3 卷，人民出版社，2006，第 57 页。

走向开放性：城市政治学权力研究的演进[*]

马卫红

如果说关于人类社会存有一些基本概念的话，权力恐怕是最基本的概念之一。[①] 城市政治学正是以权力研究为核心，但是，如果离开城市空间的话，权力研究就不足以作为构成且支撑起城市政治学的核心。因此，城市政治学是以城市这一空间为依托，把权力关系作为焦点，形成了不同的理论解说。由此，在城市政治学中，城市权力是基本的概念单元，具有不可分割性。

关于城市的研究，城市权力并不是最初关注的焦点。城市生态学和基于新古典经济学的城市地理学最早对城市进行理论性探讨，它们试图解释城市是人类在自然生存本能或趋利效用最大化驱动下所为的结果，城市不平等和社会区隔是必然的也是必要的，但未能注意到不平等"正是城市被社会性地组织起来的方式"。[②] 20世纪50~60年代兴起的社区权力争论对此类研究做出回应[③]，提出"城市里决定人类行为的不是个体的行动和决策，

---

[*] 本文曾在2017年中山大学主办的中国城市治理研究年会上宣读，并获优秀会议论文奖。章节的主要内容发表在《天津行政学院学报》2018年第2期。

① 〔英〕伯特兰·罗素：《权力论：一个新的社会分析》，靳建国译，东方出版社，1989。

② 〔英〕艾伦·哈丁、〔英〕泰尔加·布劳克兰德：《城市理论》，王岩译，社会科学文献出版社，2016，第23页。

③ 这里社区权力研究中的社区不是指中文意义上的社区，而是作为一个共同体的城市区域，比如亚特兰大、纽黑文等，其实是一个城市，但是在具体事件讨论时，社区又会指称更小范围的地域共同体。为了该理论的后续发展以及中文理解的便利性，本文除了在回顾早期社区权力研究的理论之外，统一使用"城市权力"一词。

而是各种隐而不见的机制"，① 因此，应当更专注于权力研究。

社区权力研究对城市政治学的发展起到重要而深远的影响。它关注的核心问题是谁控制了城市以及采用什么方式。社区权力研究前后出现过两波研究高潮：第一波是精英主义（Elitism）与多元主义（Pluralism）之争，第二波是增长机器论（Growth Machine）与城市机制论（Urban Regime）之辩。② 它们运用各自的方法，分别对权力的来源和实际运作机制这一核心问题提出迥异的观点。虽然社区权力的争辩已经不再主导今天的城市政治学研究，但它的历史性贡献是不可磨灭的。它不仅使权力研究成为城市政治学的永恒议题，而且还使城市政治学成为城市研究中一个独立的领域。同时，它遗留至今未解的问题仍旧焕发新的生命力，这一问题便是城市权力本身。

权力问题被关注之初就与一定的地域相联系，但遗憾的是，社区权力的争论把与之紧密相连的地域排除在外，只关注了权力本身。事实上，什么是城市很难定义。我们可以很容易地用日常语言对城市夸夸其谈，却很难将城市的定义解释清楚。城市，无处不在而又无迹可寻。我们生活在此，但其实我们对城市了解很少，我们不知道城市与城市之间为何会有差异，什么因素造就了这种差异。虽然城市政治学试图从城市权力的研究角度提供答案，但忽视了城市的重要性。以什么样的方式构成了城市的意义？新马克思主义城市学研究者认为，城市是普遍的社会力量的一种证明。③ 但是，城市只是这些社会力量表演的一个背景或舞台吗？从同一社会进程中不同城市之间有明显差异这一现状来判断，城市有它的独特性。城市是我们的日常生活发生的地方，是一个集体决策的场所。在大多数情况下，城市该如何管理是广为关注的话题，因此，城市政治的实质就是权力的归属和分配。但是，什么是城市权力呢？

---

① 〔英〕艾伦·哈丁、〔英〕泰尔加·布劳克兰德：《城市理论》，王岩译，社会科学文献出版社，2016，第30页。
② 〔英〕乔纳森·S. 戴维斯、〔美〕戴维·L. 英布罗肖主编《城市政治学理论前沿》（第二版），何艳玲译，格致出版社，2013，第33~43页。
③ 〔美〕艾拉·卡茨纳尔逊：《马克思主义与城市》，王爱松译，江苏教育出版社，2013，第2页。

　　城市权力需要重新解释，但是城市权力如何解释才更贴切又是一个悬而未决的问题。要想很好地回答这个问题，必须追述城市权力的诠释史。现在回望相关理论的发展史，我们会发现，它们之间的争辩源于权力的多面性，导致它们没有在同一个问题上讨论，以至于彼此之间没有对话、只有批评。社区权力研究究竟是美国化的还是具有普遍意义？从形态上看，很多研究者都发现英国和美国在研究上的不同，因而质疑社区权力研究的可比较性。但是，即便具体表现形式有差异，权力观和权力演变逻辑可能是相通的。本章的研究目的是，通过重新梳理城市政治学权力研究的具体观点，透视其背后体现的城市权力观及其演变，以及理论之间如何相互竞争又彼此呼应。本章在进行整体性分析时呈现城市权力研究，主要目的不是比较彼此的观点差异，而是以权力观和权力逻辑的演变为主线，勾画城市权力研究的知识地图，展现各种理论如何相互启发和补给，描述其发展演变的过程，从时间和空间两个维度上思考城市权力的形态及其变化，进而回答曾经的研究最重要的贡献是什么、城市权力研究的现代意义和价值是什么以及城市权力研究如何继续走下去等问题。

一　城市权力的发现

　　城市政治学对城市权力的研究深受城市社会学的影响，早期的城市政治学学者认为，城市的首要任务是进行统治，不仅体现在政治方面，也包括经济和文化方面。所以，他们会首先提出"谁统治"这样的问题。围绕城市权力问题，形成四种不同的理论派别：精英主义、多元主义、增长机器论和城市机制论。[①] 本节按照时间顺序对各个理论流派的交互回合略做交代，不讨论这些理论的测量方法争议以及其他学者的批评，而主要关注其本身的观点和发现，目的是从理论差异中分析隐含的权力观。

---

① 〔英〕戴维·贾奇、〔英〕格里·斯托克、〔美〕哈罗德·沃尔曼编《城市政治学理论》，刘晔译，上海人民出版社，2009，第一篇各章目录。

（一）精英主义

亨特（Floyd Hunter）是把社区权力研究引入城市权力研究的第一人。[①]
亨特于 20 世纪 30 年代就读于芝加哥大学，毕业后成为一名社工。经历几番
世事，他决定重回学校。虽然他是社会学研究生，但是他的成长经历和遭
遇使他对权力关系很敏感。为了写博士学位论文，他重返亚特兰大，想弄
明白一个新的政策议题究竟是怎样产生的。他的研究成果就是于 1953 年发
表后引起强烈反响的《社区权力结构》一书。[②] 他通过广泛的访谈发现，亚
特兰大并不存在如当时人们所设想的那样的一个权力层级系统或权力金字
塔结构，而是只有一小撮群体在亚特兰大掌权。这一小撮群体主要是由大
老板、高官、大银行家、律师以及商界各行企业家组成。他们通常会先通
过非正式的渠道商讨某些议题，一旦这些议题获得内部的支持，就开始走
正式渠道使之成为政策，并在所谓的公众渠道公开并发起讨论。看似民主
和权力共享的政策生产，实际上早已经被一小撮有权力的人控制，由他们
决定什么可以成为议题。[③]

在对那些最有权力的人进行访谈时，亨特发现他们最关注的都是与商
业和经济有关的议题。所以，他认为亚特兰大实际上掌握在商业精英手中。
如果说亚特兰大存在权力结构的话，那只是高度分离的二层结构：第一层
是商业精英为主的掌权者，第二层是扮演从属角色的政治领袖和公民。[④] 这
一观点在当时极具挑战性，因为传统的权力观是以政府权力为核心的。当
社会学出身的亨特发现在城市社会中政府权力并不占据主导地位，而商业

---

① 可能有学者会认为美国社会学家林德夫妇于 1929 年和 1937 年先后出版的关于中镇的研究
才是社区权力研究的起始点。严格意义上讲，林德夫妇的研究不是对社区权力的探讨，而
是探讨社区居民的日常生活和社会活动的变迁。即便他们当时发现了某种垄断或者控制，
那也不是他们有意识地指向对权力的探讨，而是在自然地描述一种社会结构和社会秩序。
因此，从对社区权力有意识地研究而言，亨特才是第一人。

② George William Domhoff, "Atlanta: Floyd Hunter Was Right," http://www2. ucsc. edu/whorule-
samerica/local/atlanta. html.

③ Floyd Hunter, *Community Power Structure: A Study of Decision Makers*, Chapel Hill: University
of North Carolina Press, 1953.

④ George William Domhoff, "Atlanta: Floyd Hunter Was Right," http://www2. ucsc. edu/whorule-
samerica/local/atlanta. html.

精英有更多的主导权时，这对政治学者达尔来说是一个很"意外"和"吃惊"的发现，这也是社区权力引起广泛争论的隐含逻辑。

（二）多元主义

达尔（Robert A. Dahl）是 20 世纪最有声望的政治科学家，他对 50 年代中后期社会学家们发表且获得了某种权威地位的社区权力结构观不敢苟同。正是出于这个原因，达尔于 1961 年出版了以纽黑文为研究对象的经典之作《谁统治》，从书名就可以感觉到浓浓的论战味道。达尔以历史分析为开端，从对 1784 年到 20 世纪中期纽黑文的一系列复杂变革的考察中，他确信权力的性质和控制形态发生了本质的变化，"在一个世纪内，一个由具有凝聚力的领导者团体主导的政治系统已经让位于一个由许多不同阶层的领导者主导的系统，每个人都能以各自不同的方式将政治资源组合起来"。① 这一权力体系变迁的特征被达尔概括为"从累积性不平等到分散性不平等"，② 从而在纽黑文分散性不平等的政治系统中，开始了多元主义城市分析。达尔选取三个关键的政策领域——政治提名、城市重建、公共教育，他发现并不存在一小撮群体在众多不同的议题中都具有决定权。

达尔笔下的纽黑文有一个多元分散的权力体系。虽然一小部分个体要比其他的个体更多地参与决策并且对决策具有直接的影响力，但是大多数市民在相关的政策议题上也拥有一定的非直接影响力。不同的市民有不同的影响政治官员的资源，既没有一种人或一种资源可以支配所有的人，也不存在完全缺乏某种影响力资源的个人或团体。③ 另一个不同于亨特的重要发现是，20 世纪 50 年代纽黑文的上层阶级并不是以商界精英为基础，商界精英对政治权力比较冷漠，也不是很有权势。政治权力在纽黑文占据重要地位，新项目或政策是由市长和他的助手们提议，然后再推销给商界精英

---

① 〔美〕罗伯特·A. 达尔：《谁统治：一个美国城市的民主和权力》，范春辉、张宇译，江苏人民出版社，2011，第 96 页。

② 〔美〕罗伯特·A. 达尔：《谁统治：一个美国城市的民主和权力》，范春辉、张宇译，江苏人民出版社，2011，第 95 页。

③ 〔英〕戴维·贾奇、〔英〕格里·斯托克、〔美〕哈罗德·沃尔曼编《城市政治学理论》，刘晔译，上海人民出版社，2009，第 24~25 页。

或社会大众。[①]

以达尔为代表的多元主义和以亨特为旗帜的精英主义之争持续多年，引发了社区权力研究的第一波高潮。实际上，两者的研究发现并不具有可比性。亨特关注的根本点是谁对政策决议具有说"Yes"或"No"的权力，他不关心谁参与了具体决策过程；而达尔关注的焦点则是谁在具体决策过程中具有影响力。在谁统治的问题上，亨特和达尔看似观点针锋相对，而实际上他们都在自说自话，关注的是两个不同的侧面。亨特关注的是控制权，即不同行动者实施控制的可能性及程度；而达尔关注的是影响力，即特定的行动者在具体决策过程中的作用。[②] 这两个理论的差异在于，一个有控制权力的个人或团体不一定参与特定的具体决策过程，同样，参与具体决策过程的个人或团体不一定是控制权占据者。其实，到后来达尔也逐渐认识到精英权力运作的存在，他也发现"有权有势的人不一定要控制每个决定。只有当其最切身的利益处于危险状态时，他们才会出手干预"。[③]

多元主义和精英主义的支持者在之后的论战中大多聚焦在方法论上，而非权力本身，"辩论的各方都在使用不同的方法论来回答关于权力如何被构思和测量的不同问题"。[④] 因此，他们在两条平行线上的辩论显得乏力，渐近困境。20世纪70年代新马克思主义城市学研究为多元主义和精英主义的权力之争注入活力，从而把权力研究的视野引向内外联系的广阔背景。[⑤] 在彼此回应的过程中，新的理论力量应运而生。[⑥] 这就是社区权力研究史上的第二波高潮，由增长机器论及城市机制论引领对城市权力的再讨论。

---

① 〔美〕罗伯特·A. 达尔：《谁统治：一个美国城市的民主和权力》，范春辉、张宇译，江苏人民出版社，2011，第244页。

② Terry Nichols Clark, "Community Power," *Annual Review of Sociology*, 1 (1975): 271–295.

③ 〔美〕马克·戈特迪纳、〔英〕莱斯利·巴德：《城市研究核心概念》，邵文实译，江苏教育出版社，2013，第217页。

④ 〔英〕戴维·贾奇、〔英〕格里·斯托克、〔美〕哈罗德·沃尔曼编《城市政治学理论》，刘晔译，上海人民出版社，2009，第6页。

⑤ 〔美〕艾拉·卡茨纳尔逊：《马克思主义与城市》，王爱松译，江苏教育出版社，2013。

⑥ 〔英〕戴维·贾奇、〔英〕格里·斯托克、〔美〕哈罗德·沃尔曼编《城市政治学理论》，刘晔译，上海人民出版社，2009，第6页。

（三）增长机器论

在增长机器论看来，空间形成与土地交易在"谁获得什么"这一问题上起关键作用，这一思想受到了马克思主义的影响，并且用"交换价值"和"使用价值"搭建的理论框架更加明显地体现了马克思主义的理论色彩。[①] 为了突出增长利益的重要性，"增长机器"一词被用来标明谁在起支配作用以及如何运作。[②] 一般认为，莫洛奇（Harvey L. Molotch）是增长机器理论的代表人物，因为他于 1976 年在《美国社会学杂志》刊登了《作为增长机器的城市》一文，[③] 并于 1987 年和罗根（John R. Logan）一起出版了《都市财富：空间的政治经济学》一书，标志着城市增长机器论的形成和兴起。之后，在该理论的发展历程中，彼得森（Paul E. Peterson）发表于 1981 年的《城市极限》是一本奠基式和里程碑式的著作。彼得森认为，城市政治学不应只是分析谁统治，更应该研究的是"谁"因为"什么"参与政策制定，这样才更贴近日常的城市权力运行。他从城市利益的角度论证"为什么地方政府主要关心增长"这一问题，为增长机器理论的发展奠定了坚实的基础。彼得森对权力政治研究产生的积极作用是，突破了固有的框架，将经济视角引入了权力研究。可以说，他的《城市极限》取得了与达尔的《谁统治》同等重要的学术地位。

增长机器论认同精英主义的基本观点，也认为城市中存在精英团体。增长机器论指出，城市就像一部机器，主要目标是自我服务，追求增长是其本性使然。增长机器论发现精英联盟主要包含土地开发商与房产经纪商、银行家、律师、大企业家等关键行动者。这一联盟影响城市发展的途径不是直接参与决策，而是营造一种意识形态，间接对城市决策产生影响。比较而言，增长机器理论在某些方面深入推进了精英主义，比如对物质使用价值和交换价值的区分，从而甄别出"食利者"依靠交换价值处在城市发

---

① 〔美〕约翰·R. 洛根、〔美〕哈维·L. 莫洛奇：《都市财富：空间的政治经济学》，陈那波等译，格致出版社、上海人民出版社，2016，出版二十周年序言第 2 页。
② 〔美〕约翰·R. 洛根、〔美〕哈维·L. 莫洛奇：《都市财富：空间的政治经济学》，陈那波等译，格致出版社、上海人民出版社，2016，第 4 页。
③ Harvey L. Molotch, "The City as a Growth Machine," *American Journal of Sociology*, 82（1976）: 309 – 330.

展的核心地位。①

增长机器论的贡献在于，它为多元主义和精英主义主导的辩论带来新的视角，通过对土地开发等重要城市议题进行政治经济视角的分析，把"谁统治"的城市权力结构分析推向了更为宏观的分析视野。在增长机器论依据城市决策中"谁获得什么"来分析时，受到了一些批评。批评者认为，城市中的确存在"幸运一族"，而他们的获益是源自别人的行动，而他们自身并没有有意为之。这一群人不能算是"有权力者"，但他们是"获益者"。所以，从谁获益的角度去分析权力是不确切的。②

（四）城市机制论

在对城市权力的反复讨论中，有一对重要关系比较关键，即政府与市场。正如有研究者所言，自由民主国家有两个相互依赖的权力系统：一个是依据投票箱的，另一个是依据商业控制的，且第二个系统的权力可能更大些。③ 以斯通（Clarence N. Stone）为代表的城市机制论考察了城市所属区域的政府和市场，看到了增长机器理论某两个群体之间的联合，如政府与商业集团的复杂关系。斯通于 1989 年发表的《机制政治》一书阐述了他的城市机制论。④ 城市机制论的出发点是试图填平精英主义和多元主义之间的理论沟壑。斯通认为，城市经济发展或城市分配中虽然有联盟在政策上起主导作用，但这些联盟的影响并不像精英主义所讲的那样，由上而下全面控制，那些不在联盟内的团体或成员，只要能够掌握议题并进行有效动员，也有相当宽广的空间可以反制联盟。

城市机制论研究谁与谁合作，以及合作是如何实现的。斯通认为，私人资本管制的"系统性权力"是城市统治的重要组成部分。对于企业资本

---

① 〔英〕戴维·贾奇、〔英〕格里·斯托克、〔美〕哈罗德·沃尔曼编《城市政治学理论》，刘晔译，上海人民出版社，2009，第 51 页。

② Keith Dowding, Patrick Dunleavy, Desmond King, and Helen Margetts, "Rational Choice and Community Power Structures", *Political Studies*, 43.2（1995）：265 – 278.

③ 〔美〕查尔斯·林德布洛姆：《政治与市场：世界的政治－经济制度》，王逸舟译，上海三联书店，1995。

④ Clarence N. Stone, *Regime Politics：Governing Atlanta，1946 – 1988*, Lawrence, KS：University Press of Kansas, 1989.

来讲，相较于技术、产品和生产线来说，地域因素的重要性会急剧下降。因此，在这种情况下城市机制更为重要。在复杂社会中，权力的要义是提供领导和合作方式的能力，它能够促使重要的任务完成。这才是社会生产的权力。① 城市机制论所讨论的合作与协调，其实已经与治理理论的知识体系衔接在了一起。

回顾社区权力的理论争论，它的起始点在于亨特的研究展示了一个强烈的隐喻：政治权力理当发挥强大的影响和作用。当他发现是一些经济精英在控制这个城市的主要决策时，他把这一"意外"欣然展示给众人。亨特和达尔所提供的两种城市脚本长期影响着社区权力研究。可是在不同脚本之间的论战中，达尔与亨特之争以及其后的多种关于城市权力的讨论往往忽视城市的影响而单纯地讨论权力。在他们的研究中，城市是无处不在却也不会发挥特殊作用的地理空间而已。然而，从根本上讲，城市不仅是人们生活的地理空间，而且是塑造、生产人们观念的场域。人们在一个城市获得的默会知识会影响其城市权力观的形成。比如，有的倾向于城市应当是一个相对自治的经济区，而有的倾向于城市应当是一个提供公共设施、教育和其他服务的文化区。或许亨特和达尔所发现的城市权力的差异与当时那所城市的人们所倾向的城市定义有关系。换言之，亚特兰大和纽黑文本就是两个拥有不同默会知识的市民的城市，自然会有不同的权力分配结果，可能与从理性角度建构的学术争论关系不大。当然，这是一个无法考证的问题，因为亨特和达尔时期的亚特兰大和纽黑文已经成为不可逆转的历史。

总括而言，四种社区权力研究经典理论并不具有可比性。以亨特为代表的精英主义关注的根本点是谁对政策决议具有控制权，他不关心谁参与了具体决策过程；以达尔为代表的多元主义关注的焦点则是谁参与具体决策过程并具有影响力；以莫洛奇和罗根为代表的增长机器论关注在城市决策中谁得到了什么；以斯通为代表的城市机制论在考察城市权力时，又转向了城市联盟的合作问题。不过，自城市机制论开始，权力不再局限于一

---

① Gerry Stoker, "Theory and Urban Politics," *International Political Science Review*, 19.2（1998）: 119 - 129.

种单向的控制权，而是被看作社会生产性权力，这一转变为城市权力研究打开了新思路。在逐步变化的社会中，从亨特到斯通，学者们对权力的认识发生了变化，这四个经典理论对权力构成要素的研究展现了从一元到多元的变化，[①] 并对政府权力是否衰退、政府处于被动还是主动、权力是静态的还是动态等核心问题表达了立场。

二　城市权力观的变化

上一节简要介绍的四种理论都体现了相应的城市权力观，即精英主义权力观、多元主义权力观、增长机器权力观和城市机制权力观。单看内容，它们之间既有区别，又存在密切联系和继承关系，很难相互比较。但是，如果从其背后的逻辑来梳理，就会发现从 20 世纪 50 年代到 80 年代的四种理论清晰地展现了从一元到多元的权力观变化轨迹。究其本质而言，权力的争论其实是对什么决定权力的争论，也即权力的构成要素是什么，这才是根本问题。

权力是我们与生俱来的原动力。[②] 关于权力是什么，很多经典文献都有过论述。英国哲学家罗素从人类的天性把权力分解为三个组成部分，即占有欲（物质财富）、权力欲（统治权力）和创造欲（智力活动）。[③] 迈克尔·曼提出权力的四种来源，即意识形态、经济、军事和政治。[④] 而且，随着人口增长和自由迁移，以及人们心理预期的变化，各种既有的权力认知都会遭遇越来越多的挑战。

在城市政治学的代表性理论中，它们都承认权力是一种能力和影响力，

---

① 斯通将社区权力争论归结为两种权力观，即社会控制模式的权力观和社会生产模式的权力观。他是从权力运作机制的角度来界定的。但是，对权力形式的表述仍然未触及根本，没有回答"权力是什么"的问题，而是回答了"权力怎么样"的问题。要想知道权力是什么，就需要探究权力的构成要素。因此，本文总结为"从一元到多元的变化"。

② 〔美〕莫伊塞斯·纳伊姆：《权力的终结——权力正在失去、世界如何运转》，王吉美、牛晓萌译，中信出版社，2013。

③ 〔英〕伯特兰·罗素：《权力论：一个新的社会分析》，靳建国译，东方出版社，1988。

④ 〔英〕迈克尔·曼：《社会权力的来源》第 2 卷，陈海宏等译，上海人民出版社，2007。

但什么构成了城市权力？换句话说，城市是行为的汇集、是秩序系统，城市权力的核心要素究竟包括什么？在这一问题上它们存在分歧，也在论战中推动了权力观的发展和变化。

亨特认为一个城市并无"公意"可言，亚特兰大的权力层主要关心的是商业利益和经济发展，而这也是整个城市的利益，也只有城市利益才能决定城市权力。因此，亨特的权力观主要体现为经济利益一元论。达尔认为存在一种"公意"，他用"集体利益"一词来表达。然而，谁能代表城市的整体利益呢？城市不同群体之间的斗争和讨价还价都不是为"城市的善"服务的，这必然导致一些群体获得较多利益，而另一些群体则获利较少。①可能集体目标是一种假想，每个影响力大的部分都会采用"挟天子以令诸侯"的策略，把自己的目标美化成集体的目标，谁的影响力大，谁的目标也就更容易成为集体目标。所谓的集体目标，不过是某一群体目标的泛化而已。但是，现在和之前不同的是，之前可以毫不遮掩，而现在必须依附于"民主协商"的外衣之下，必须体现不同群体的"共同利益"。事实上，在这个目标之下，各群体的最后所得是有巨大差异的，否则，也不会出现当今社会越发达越分化的现实图景。可见，多元主义的理论贡献在于对"多元"权力观的呈现。②

城市是资本的场所。彼得森重点关注的是城市所面临的经济竞争，城市政治涉及的问题主要是在一个市场体系中如何定位。增长机器论突出强调了经济要素。"决策在很大程度上是权力拥有者通过互动产生的不可预测的结果。"③ 在罗根和莫洛奇看来，谁控制了生产的政治，谁就有效地控制了城市。增长机器论关注了城市政治的过程及其变化，具有动态视角。④

---

① 〔英〕乔纳森·S.戴维斯、〔美〕戴维·L.英布罗：《城市政治学理论前沿》（第二版），何艳玲译，格致出版社，2013，第40页。

② 〔英〕戴维·贾奇、〔英〕格里·斯托克、〔美〕哈罗德·沃尔曼编《城市政治学理论》，刘晔译，上海人民出版社，2009。

③ 〔英〕艾伦·哈丁、〔英〕泰尔加·布劳克兰德：《城市理论》，王岩译，社会科学文献出版社，2016，第89页。

④ Gerry Stoker, "Theory and Urban Politics," *International Political Science Review*, Vol. 19, No. 2, (1998), pp. 119 – 129.

城市机制理论者也不清楚该理论的主要议题是什么，现有的大部分命题都是从对城市场景的观察中归纳而来，① 但从论证中仍能总结出所持有的权力观。城市机制理论家认为政治是重要的，经济力量也是重要的，基本上调和了精英主义和多元主义的矛盾。城市机制理论把政府权力定义为计划权力，而把包括经济力量和非政府体系的权力称为系统性权力。

此外，关于城市权力效用，尤其是政府权力效用的问题，四种经典理论也存在差异和争论，主要在于政府权力是否衰退了。聚集在城市的众多利益体现出一定的冲突和张力。既为适应这些利益，也为了保持最小限度的管理，政府需要采取大量的措施。城市政府管理能力的强弱是不同的。但是无论强弱，发现城市政府权力弱化都是很有价值的，所以，亨特的研究才会引起那么强烈的反响。由于达尔的观点与亨特的观点不同，亨特提出市长和政府的作用消失了，所以达尔时期的讨论要证明政府权力还在起重要作用。社区权力研究到了城市机制论，尤其是经历过与增长机器论的争辩之后，所强调的是一种体现政府权力多样性的城市权力地图。

从更宽广的时空视野来看，权力的扩散而不是权力的衰退，应当成为我们当前分析权力的基本认知点和出发点。这是因为社会分工加剧权力多元化的趋势，致使权力扩散，并出现可替代的权力，所以权力的效用减弱。② 权力天生具有不平等性，而且是自然演化和理性选择的综合产物。

城市机制论分析的出发点是城市陷入了社会经济不平等的纠葛之中。公民比一个由各类投票集团组成的聚合体要大得多，个体所掌握的市场资源、开发的人力资本、拥有的公民社会的能力与联系，以及通过各种关系积累的技能与倾向——所有这些都作为权力要素进入研究视线，这些也体现了权力的开放性与多元性。斯通的城市机制论消解了精英主义和多元主义之间的分歧，他用机制分析证明亚特兰大与纽黑文没有本质区别，所不同的是权力一元与多元的差异，而这种差异是互补的，不是相斥的。

---

① 〔英〕戴维·贾奇、〔英〕格里·斯托克、〔美〕哈罗德·沃尔曼编《城市政治学理论》，刘晔译，上海人民出版社，2009，第 7 页。
② 〔美〕莫伊塞斯·纳伊姆：《权力的终结——权力正在失去、世界如何运转》，王吉美、牛晓萌译，中信出版社，2013。

三 城市权力如何运行

城市权力的四种经典理论对权力如何运行也持有不同的立场。概括而言，主要揭示了三种权力运作机制：控制、竞争、合作。精英主义是控制的视角，多元主义是控制和竞争的视角，增长机器论是竞争的视角，城市机制论是合作的视角。通常认为增长机器论继承精英主义的衣钵，城市机制论延续了多元主义的主张。此外，亨特的精英主义和达尔的多元主义所主张的权力运行方式较为简洁清晰，因此，在此不多赘述。本节主要分析增长机器论和城市机制论的权力运行，在分析过程中会对比提及亨特或者达尔的理论。

复杂的城市系统中的政治支配优先权，主要与在不同的行动者之间建立合作、达成目标有关。[①] 其中，政府与其他机构和利益相关方如何互动、流行的思想和利益取向等都会影响权力的分配和运行。因此，城市机制理论者认为，为了提高行动的有效性和使自己更强大，政府必须与各种非政府主体相融合，从而形成某种机制。机制可以被定义为"一个能够得到制度性资源，使其在政府决策中享有持久作用的非正式却相对稳定的团体"。[②] 由此可见，机制不是正式的等级结构或制度安排，它没有特定的方向指向和控制力，而是依靠各主体之间相互协调形成一种能获得权力资源的结构。各主体彼此之间的相互依赖性决定了权力运行的机制，所以，城市机制论所主张的权力运行机制不同于多元主义者所展示的开放式竞争性权力运行机制，就像机制的定义所示，它认为有效行动源于不同利益和组织的合作。取得了合作、维持住合作，机制成员才能有保障。所以，合作才是斯通思考的问题。城市机制论更为关注在缺乏整体性控制的情况之下合作共事是如何发生的。

增长机器论的权力运行是竞争的视角。在城市之外，它看到的是不同

---

① Clarence N. Stone, *Regime Politics*: *Governing Atlanta*, *1946 – 1988*, Lawrence, KS: University Press of Kansas, 1989.

② 〔英〕戴维·贾奇、〔英〕格里·斯托克、〔美〕哈罗德·沃尔曼编《城市政治学理论》，刘晔译，上海人民出版社，2009，第71页。

城市为了吸引更多的投资和保持自己的发展而进行的竞争。在城市之内，它借用使用价值和交换价值的分析框架勾画了"食利者"群体及其对立面。资本是流动的，所以有钱人也很容易向邻近地方流动，从而使城市对资本拥有者更加重视。城市为了发展，会保持对物品交换价值的支持高于对使用价值的支持，所以非食利者群体往往得不到物品使用价值的保障。增长机器的获利者们努力鼓吹"没有成本的发展"的意识形态，让人们相信经济发展对所有人都有利，从而减少对自己获利的批评，但是无论怎样的意识形态也掩盖不了彼此竞争的现实。虽然增长机器论也看到了不同主体的联合，但是它所分析的联合与城市机制论有所不同。增长机器论视野下的各方联合是基于交易和交换，是分利的基础；而城市机制论视野下的各方联合是基于相互依赖，是进行合作的基础。

与其说四种经典理论在讨论权力，不如说在讨论政体的自主性，即亨特发现政体不管用，达尔证明其管用；斯通的城市机制论也涉及这一主题，其立场是综合的——管用但受限；增长机器论不关心这个问题，直接讨论经济力量（它的默会立场更接近于精英主义）。从权力构成要素来看，斯通与达尔都有多元主义立场。但是，两位学者在权力如何运行的观点上有明显的区别，这种区别不在于谁看到的主体多，也不在于是否有考虑经济力量，更不在于多元或机制的概念分析，而在于权力观的差异。达尔看重控制与竞争，斯通则看重是合作。

社会分化以后，形成了一个高度自主的还是高度相互依赖的结构状态？达尔和斯通对此也有相反的看法。斯通提出"假如权力不只是从不情愿的对象那里强求顺服的能力，我们会怎样思考权力"，然后从合作的视角看待权力，并认为合作关系中各部分所拥有的资源决定了其在具有竞争性的结盟关系中是否有优势。

不同权力运行机制的解释差异，体现的是各个理论对政府在复杂社会中的自主性的不同理解，那就是政府是被动的还是主动的。斯通批评多元主义和精英主义把政治领域看成高度自主的，关注选举、政党竞争以及狭义上政界内的实践，实则不然，所以城市机制论主要从被动角度观察政治领域（确切地说是政府机构）。

彼得森在《城市极限》一书中提出的问题得到了斯通的认同，但斯通对这个问题的解释不同于彼得森。彼得森提出并试图探讨的问题是，在资本主义秩序中所形成的具有竞争性的地方位次这一结构性力量的作用到底如何，政治行动的空间到底有多大。彼得森认为这一结构性力量决定了谁会介入政治以及在什么事情上具有优先权。斯通虽然认同这是一个重要问题，但他考虑的是国家、市场和公民社会如何进行互动。尽管他认为政府在日常运作中有高度的自主性，但政府不能够脱离其他社会组成部分或部门而运行，政府是嵌入一个社会分层系统中的，并受到这个系统中所有因素的深刻影响。这一看法可以与达尔的观点形成对照。

增长机器论借鉴了经济学的假定，认为城市行动者都是逐利者，都努力使自身利益最大化。所以，它认为城市政府是受制于其他主体的，是被动的。增长机器论认为城市的发展动力来自土地使用，土地使用是城市政府实施各项经济社会政策的重要工具。土地的规划和使用会改变获利团体的收益或收益预期，以增长为诉求的联盟和因增长会受损的联盟会提出不同的主张，并试图影响政府，于是城市政府常会陷入两难境地，只能被动应对。

城市权力永远是一个冲突与妥协、竞争与合作交织共进的过程，不能割裂地只看其一面。亨特和达尔都感觉到了权力关系开始发生变化，他们关注的是自上而下的权力关系是否还起作用，彼得森和莫洛奇作为过渡强调了经济权力的重要性，斯通则从横向联系上看到具有竞争性的多元权力主体的合作关系。斯通的机制理论所要探讨的是治理过程中的有效机制。他认为权力运作的有效机制主要是合作，并指出以合作关系替代选举关系的重要性。斯通关注的是谁与谁合作，以及合作是如何跨越机构部门来实现的。关于合作的论述遇到的最大挑战是，现实中各主体有多大可能会主动倾向一致行动、寻求达成目标？这是城市机制论提出但遗留下来的一个开放性的未解难题。

四　开放性视域中的城市权力再生产

前文对城市权力的分析已经表明城市权力演变的显著趋势——走向开

放性。不过，城市权力的发展过程要比这些文献中所反映出来的复杂得多，① 即从以政府权力为主的传统社会，到复杂性和差异性主导的现代社会；从政治权力、经济权力为主，到多元权力主体之间相互依赖和相互制衡的权力格局。后期的增长机器论和城市机制论已经触及了开放性社会中城市权力再生产的问题。

城市的价值与影响力是如何产生的，这是增长机器论提出的问题。城市机制论也关心这个问题，并用社会生产性权力来概括权力的再生产。先前相对独立的主体，如今已变得相互依赖了。相互依赖的人们又以多种方式形成了各种各样的组合，这些组合又或多或少地在不同的人群产生影响，影响着人们的情感和思想，进而影响他们的行为。对于城市权力的研究，我们需要考虑在一个更加开放多元的环境中人们为什么要在一起、为什么会受到某些影响，尤其是出于社会性的需要而凝聚在一起，比如安全、经济福利、心智同向、情感满足等，这类人们常常没有意识到的"社会性嵌入"因素对开放性环境中的权力再生产可能会产生重要影响，正如埃利亚斯"有意图的社会行动的非预期结果"这一观念所揭示的那样。② 而且，普遍的情况是人数越多的群体，权力分配相对越平均，其行为结果也越会出乎某个人或团体的预期。其中，劳动分工、人口增长、经济发展和人类知识增长是主要的影响因素。

增长机器论在解释开放多元的城市中的权力问题时夸大了理性的成分，忽视了自然演化的力量。权力是自然演化和理性选择的综合产物，如果说人的理性有某种作用的话，那也是某些人对某种自然演化的趋势和力量极为敏感而理性地加以利用了。权力的演变不是理性设计的，而是自然演化和理性方式互相作用的结果。随着人口数量和结构复杂性的增加，竞争中的权力落差就会逐步缩减，致使权力分散和弱化。但是，这不代表权力不重要了，而是权力的垄断将会减弱，权力的分散和弱化使某种权力的影响力受到限制。斯通对多种形式的权力显得缺乏足够的宽容，他在《城市政

---

① Kenneth Newton. "Community Politics and Decision-Making: The American Experience and Its Lessons," In *Essays on the Study of Urban Politics* (K. Young, ed.), London: Macmillan, 1975.

② 〔德〕斯蒂芬·门内尔、〔德〕约翰·古德斯布洛姆编《论文明、权力与知识——诺贝特·埃利亚斯文选》，刘佳林译，南京大学出版社，2005，第 20 页。

治今与昔》一文中说，过往的权力形式已经被新事物所取代。[①] 新事物不是取代了某种权力表现形式，而是与其同在，只是领域不同、表现形式不同而已。正如罗素所言，权力有多种表现形式，它们不可分割，且会相互转化。[②] 所以，各种权力形式本质上来说都是对的、都是事实，谁也替代不了谁，谁都不能通过否定谁来证明自己更加正确。

城市权力的向下渗透和向上兼容都是相对的，恰恰体现了权力的限度以及权力边界其实没有那么清晰，很难说哪个主体更有权或更无权。比起有产者，无产者轻易获取的是什么权力？是社会同情或同理心带来的凝聚力吗？但是，在增长机器论看来，这种权力很脆弱，在基础权力（如政治、经济等权力）面前不堪一击，如《都市财富》一书将如何从使用价值的角度与看重交换价值的食利者联盟博弈展现得淋漓尽致。工业社会之后，社会分工的精细化更加快了权力分化的进程，在这种情况下，"我们如何共同行动"就成为开放性城市管理的一个重要问题。

当相互依赖的链条变长时，使更大的权力集中成为可能，但这种集中不再是上下一致，而是需要依靠长链条的各个环节来实现。因此，从一个开放性的视角来看权力的状态，就可以摆脱冲突视角的束缚。权力不是只有博弈和争夺，更有合作与协同，或许这将走向开放性的权力状态下的"正常"状态。多样性和差异化的表达不一定意味着冲突和争夺，而目前我们对此的理解恰恰仅限于冲突思维。权力进入了新时代，政治、商业、教育、宗教和家庭生活等领域的权力都在稀释、衰退乃至终结，今天的当权者在运用权力时受到的束缚更多，更易陷入失去权力的危险。这一变化不仅将重塑我们生活的世界，还将影响我们看待世界的视角。[③]

随着市场的发展、经济组织的壮大和多样化，一元化的政府权力走向多元化，人们有更多的选择也就意味着对原有依赖的解除，因此权力分散或掌握在市场主体手中时，政府不得不适应新的环境。其实，新兴的城市

---

① Clarence N. Stone, "Urban Politics Then and Now," In *Power in the City*: *Clarence Stone and the Politics of Inequality* (Orr, M. & Johnson, V. C. ed.), Lawrence: University Press of Kansas, 2008, pp. 267 – 316.

② 〔英〕伯特兰·罗素：《权力论：一个新的社会分析》，靳建国译，东方出版社，1988。

③ 〔美〕莫伊塞斯·纳伊姆：《权力的终结——权力正在失去、世界如何运转》，王吉美、牛晓萌译，中信出版社，2013。

社会运动、女权主义、环保主义等都从不同侧面和维度体现了开放性权力观下的城市研究。如果把权力理解为一种影响力，那么城市政治学的种种研究其实都是围绕权力展开的，也都体现了权力的开放性、多样性特征。后来兴起的治理理论也认为权力是分化的，并能在共同建设的网络中得到共享。①

五　城市权力研究的前景

权力分析是关于社会变化的一般分析方法。② 因此，在城市政治学研究中，权力议题经久不衰。本章通过分析已有理论的主要观点，窥视其理论逻辑和主要贡献，认为它们最主要的贡献是集体回答了权力走向开放性这一根本问题。同时，本章希望唤醒人们对"城市权力研究如何继续下去"的思考，倡导重新关注城市权力问题，但要以切合实际、可行的方式进行。

城市权力研究的前景可以从两个方面去开拓：第一个方面是挖掘城市权力已有研究遗留下来的宝藏；第二个方面是迎接新的城市发展现实，探索和拓展具有新时代特征和价值的议题。从第一个方面来看，主要有以下几点原因。

首先，城市权力的已有研究并没有关注城市的特性，全部是关于权力的定义和测量，这些研究虽然被冠以城市之名，但并没有涉及对城市的讨论。从我们可以观察到的现实来判断，城市地理空间对权力的形态及其分布具有实际的影响力，比如同样是一个体制、一个国家，但是深圳的权力运作与上海、北京不同，各城市的权力生态都有明显的差异。这种差异相当一部分是可以用城市来解释的。但是，城市到底意味着什么呢？这是目前的城市权力研究没有能够回答的。

其次，城市权力研究与政策输入输出的实际影响之间的关系也是今后

---

① 〔英〕乔纳森·S. 戴维斯、〔美〕戴维·L. 英布罗肖主编《城市政治学理论前沿》（第二版），何艳玲译，格致出版社，2013，第 168 页。

② 〔英〕伯特兰·罗素：《权力论：一个新的社会分析》，靳建国译，东方出版社，1988，第 6 页。

研究的重点，这是 20 年前斯通等人的建议，但是至今仍没有得到足够的重视。① 斯通提出的一个问题仍旧是鲜活的、亟待回答的：如何尽可能好地分析一个持续演变的城市现实？这就预示着城市政治学有着美好的未来，而且城市权力仍旧是核心命题。通过本章的分析可见，秉承走向开放性的权力观将有助于推动对这一现实的诠释，能够解决城市权力功能的双面性（决策与不决策）、抽象权力与具体权力、城市权力的想象与实践等问题。

再次，可以进一步挖掘理论争论中展现出来的新概念。学者们批评中闪现的智慧比完整理论的构建更具有吸引力和潜力，如对反控制、反机制等概念，以及权力功能的双面性等方面的研究都很不足，这一现象在先前的社区权力争论时已经被有洞见的学者指出，但后续的研究并没有跟进。② 另外，还可以从动态和静态的角度关注权力问题，在对城市的研究上，精英主义、多元主义、城市机制论都是静态的（亦即只考虑固定空间的内部），唯独增长机器论是动态的，它关注了商业精英跨区域、跨城市流动的问题及其机制，但增长机器论只看到了横向流动，对权力主体的关注仍局限在地方城市上。城市机制论虽然关注了纵向的高层权力主体对城市的影响，但仅仅作为一个背景因素而已。

最后，需要足够重视对合作机制和形态的研究。当前的城市权力研究对合作的关注甚弱，即使是对治理这一促进合作的机制的分析和观察，大多看到的也是冲突和分裂，而不是合作何以达成。大家似乎认为合作是不需要解释的或者是不言而喻、不证自明的，那就是利益促进合作。其实不然，合作可能是人类发展至今最重要的行为机制，然而学界对它的研究却是不充分的。

近些年的城市究竟是源于真实的变迁，还是因为理论家"重构"了理解世界的方式？这是一个始终值得追问的问题，我们努力更为客观地呈现所观察到的现象，并更为真实地阐释它。但是，相同的现象可能具有不同

---

① Terry Nichols Clark, "Community Power," *Annual Review of Sociology*, 1 (1975): 271 - 295.

② 〔英〕戴维·贾奇、〔英〕格里·斯托克、〔美〕哈罗德·沃尔曼编《城市政治学理论》，上海人民出版社，2009，第 89 页。

的含义，^①尤其是权力的秘密语言很多，表现形式差异明显。所以，我们领悟和理解时所采用的理论和方法或许是真的在塑造着现实世界。就城市研究的新发展而言，主要可以关注以下几点。

首先，当前的城市权力研究的复杂性可能还牵涉社会权力的关系，不仅仅是政治权力和经济权力。正如罗素所言，各种不同形式的权力是可以相互转化的，虽然权力的各种形式不相互衍生，但它们是不可分割且可以相互转化，如财富、军队、行政机关、舆论控制等。^②城市之间的竞争对权力转变的影响值得关注，尤其是新时期的增长所引发的新的权力转变。

其次，默会知识对城市权力的影响是一个值得研究的理论问题。亨特和达尔所提供的两种城市脚本给社区权力研究带来了长期的影响。从根本上讲，城市不仅是人们生活的地理空间，而且是塑造、生产人们观念的空间场域。人们在一个城市获得的默会知识会影响其城市权力观的形成。亚特兰大和纽黑文是两个拥有不同默会知识的市民的城市，自然会有不同的权力形态，可能与从理性角度建构的学术争论关系不大。当然，这是一个无法考证的问题，因为亨特和达尔时期的亚特兰大和纽黑文已经成为不可逆转的历史。但是，这也提示我们，默会知识对于城市权力的影响非常值得研究。

再次，当前各城市流行一种城市管理的手段和方式，鼓励重要的、独立的社会力量去做他们认同而又不能完全依靠自身力量完成的一系列事务，这种实践可能正在建构一种新的秩序。它对城市权力意味着什么？决策不是权力结构的全部，随着政府提倡的基层参与式治理的兴起，权力的实际效用是一个值得研究的问题。^③要关注权力如何影响一个城市的公共政策制定和执行，^④重视地方生产的社会关系，这些都会影响城市权力的理论走向。

---

① 作者在另一篇文章中已有相关解析，参见马卫红《内卷化省思：重解基层治理"改而不变"现象》，《中国行政管理》2016 年第 5 期。

② 〔英〕伯特兰·罗素：《权力论：一个新的社会分析》，靳建国译，东方出版社，1988。

③ Jeremy R. Levine, "The Paradox of Community Power: Cultural Processes and Elite Authority in Participatory Governance," *Social Forces*, 95.3 (2017): 1155 - 1179.

④ Vivien Lowndes and Helen Sullivan, "Like a Horse and Carriage or a Fish on a Bicycle: How Well Do Local Partnerships and Public Participation Go Together?" *Local Government Studies*, 30.1 (2004): 51 - 73.

　　最后，当前城市权力生态中出现一种新现象，它不像传统上先被授予某种权力再去做事，而是通过主动创新、主动做事获得某种权力，这种权力来源于通过创新实现城市梦想蓝图的能力。比如，当前中国城市盛行的社会治理创新试验，某一项创新项目往往会获得相当程度的默许，这种默许可以使行动者调用一些资源，从而可以相对自由地去实现创新。若项目在正常操作中遭遇失败，行动者也不会承担太多风险；一旦项目成功成为典型，将会使行动者获取更大的主动权做事。这种通过创新和做事赢得的权力也就演变为一种可以决定做什么事的权力，以及真正意义上的主导性权力。本章称为"自我增权"现象，它将如何影响地方与地方的关系，以及中央与地方的权力秩序，是当前城市权力研究中值得关注的新问题。

正义：城市治理的道德约束

邹树彬

城市无疑是人类文明进程的重要成果，美国城市学家乔尔·科特金（Joel Kotkin）指出："人类最伟大的成就始终是她所缔造的城市。城市代表了我们作为一个物种具有想象力的恢宏巨作，证实我们具有能够以最深远而持久的方式重塑自然的能力……城市表达和释放着人类的创造性欲望。"① 数千年来，城市的兼收并蓄、包罗万象及各种新奇的魅力，吸引着无数怀揣美好生活期许的人们聚居于此。1800 年，全球仅有 2% 的人口居住在城市，100 年后，城市人口比重也仅为 9%。但到了 1950 年，这个数字迅速变成了 30%，而到 2009 年，世界上超过一半的人口迁入了城市。如果继续保持这一上升趋势，到 2030 年，城市将成为地球上 60% 的人口的家园。城市成为人类历史上最有吸引力的一张名片。②

然而，城市果真能够满足人们对美好生活的期许吗？19 世纪晚期的经典社会学家对城市的态度是悲观的，在他们的著作里，城市是罪恶之地、邪恶之地，传统的社会生活价值——共同体意识和守望相助的柔情——被系统地粉碎和撕裂。肤浅、匿名与短暂是城市社会关系的特性，不稳定和不安全感是都市人生活的常态。③ 在城市飞速发展的今天，都市人面临的挑战进一步加剧，诸如拥挤、贫困、异化、偏见、排斥、剥削、腐败等。在

---

① 〔美〕乔尔·科特金：《全球城市史》，王旭等译，社会科学文献出版社，2006，序言第 3 页。
② 〔美〕约翰·J. 马休尼斯、〔美〕文森特·N. 帕里罗：《城市社会学：城市与城市生活》（第 6 版），姚伟、王佳等译，中国人民大学出版社，2016，第 2 页。
③ 〔美〕路易斯·沃斯：《作为一种生活方式的都市生活》，赵宝海、魏霞译，载孙逊、杨剑龙主编《阅读城市：作为一种生活方式的都市生活》，上海三联书店，2007，第 10~12 页。

城市中，我们既可以看到人类的伟大成就，也可以看到人类的悲剧。"城市事实上类似于一个巨大而多变的漩涡，其中充斥着各种矛盾，既有充满机遇、趣味、释放潜力的空间，同时也交织着压抑、排斥和边缘化的空间。城市看来既承载着解放和自由的希望，又熟练地掌握着镇压和支配的鞭子。"①这正是意大利作家伊塔洛·卡尔维诺在其小说《看不见的城市》中所描述的"双重城市"意象——隐形之城与可见之城的二元对立。②

困扰都市人的诸多问题表明，城市化进程中人与自然、人与人、精神与物质之间各种关系是失调的。长期的失调，必然导致城市活力的丧失乃至文明的衰退。城市史研究提醒我们，"一个没有道义约束或没有市民属性概念的城市即使富庶也注定萧条和衰退"。③联合国人类住区规划署 1996 年发布的《伊斯坦布尔宣言》强调："我们的城市必须成为人类能够过上有尊严的、健康、安全、幸福和充满希望的美满生活的地方。"2000 年发布的《世界城市报告》又提出了"包容性城市"的主题，旨在弥补全球化快速发展带来的"城市鸿沟"问题和社会"碎片化"问题。在 2015 年伦敦政治经济学院（LSE）"城市时代项目（Urban Age）"十周年纪念会上，围绕"包容的叙述：城市有利于人类共同生活吗？"（Narratives of Inclusion：Can Cities Help Us Live Together?）这一主题，与会者提出了构建繁华之城、和谐之城应遵循的三个原则：不从法律上排斥任何人、不从对话中排斥任何人以及不从庆祝中排斥任何人。④

尊严、健康、安全、幸福、希望、包容性……这些话语表明美好城市（good city）的构建需要一种道德哲学或价值体系来引领。正是在这个意义上，亨利·列斐伏尔（Henri Lefebvre）、戴维·哈维（David Harvey）、曼纽尔·卡斯泰尔（Manuel Castells）、爱德华·W. 苏贾（Edward W. Soja）、苏

① 〔美〕埃里克·斯温格多夫、〔美〕玛利亚·凯卡：《城市的环境……或自然的城市化》，载〔美〕加里·布里奇、〔英〕索菲·沃森编《城市概论》，陈剑峰、袁胜育等译，漓江出版社，2015，第 598 页。
② 〔美〕菲尔·科恩：《来自轨道的另一边：双重城市、第三空间以及当代"种族"和阶级话语中的城市怪象》，载〔美〕加里·布里奇、〔英〕索菲·沃森编《城市概论》，陈剑峰、袁胜育等译，漓江出版社，2015，第 336 页。
③ 〔美〕乔尔·科特金：《全球城市史》，王旭等译，社会科学文献出版社，2006，第 4 页。
④ http://www.theguardian.com/cities/2015/nov/30/beyond-maximum-cities-booming-party-ny-rio-mumbai.

珊·S. 费恩斯坦（Susan S. Fainstein）、彼得·马库塞（Peter Marcuse）等学者提出了"城市权利""空间正义""城市正义""正义之城"等概念，并以此来构建城市理论、评价和推动城市政策的发展。"基于一致性和公平性的论证，正义成为评价公共政策的首要标准。"① "选择正义作为核心指标来评估城市政策显然是以价值为导向的。"② "正义之城作为一个概念引领了思考和处理城市问题的全新和必要的方向。"③

作为社会道德评价的基本范畴，公平正义构成了城市治理的价值基础和道义约束，对城市正义问题进行探讨无疑具有重要的现实意义和理论价值。

一　正义思想的多元面相

在西方国家法院的门口或大厅，往往矗立着一尊身披白袍、头戴金冠、左手持天平、右手持利剑、双眼被布紧紧蒙着的女神雕像，这是西方家喻户晓的正义女神形象，雕像上还铭刻着一句简短的古罗马法律格言"为了正义，哪怕它天崩地裂"。正义女神形象寓意正义尊贵无比，裁判者道德无瑕、公平衡量，人人皆得其所值、不偏不倚，不为先入为主之偏见所左右，惩恶扬善、绝不姑息。在中国，无论正史记载还是民间传说，包公都是百姓心目中"铁面无私、公正廉明"的清官和"惩恶扶弱、除暴安良"的正义之神。黑脸，象征正直无邪、铁面无私、刚正不阿，象征国法刑律的不可侵犯性，寓意公理和正义。额头白色弯月，寓其掌管阴阳善恶，可以日断阳、夜断阴，具有"穿越阴阳两界"降魔伏妖的神性力量。无论是蒙眼女神还是黑脸包公，都反映了公众对公平正义的信仰以及对铲除奸邪、匡扶正义的期待。

作为一种道德理想和价值目标，人类对公平正义的信仰、追求和坚守是生生不息的，并内化为公民美德、外显于制度正义。亚里士多德认为，正义是"中道的权衡"，把各人应得的给各人，使各人各得其所、各得其

---

① 〔美〕苏珊·S. 费恩斯坦：《正义城市》，武烜译，社会科学文献出版社，2016，第16页。
② 〔美〕苏珊·S. 费恩斯坦：《正义城市》，武烜译，社会科学文献出版社，2016，第8页。
③ 〔美〕彼得·马库塞等主编《寻找正义之城：城市理论和实践中的辩论》，贾荣香译，社会科学文献出版社，2016，第298页。

值。正义既是城邦之善，又是一种可教化的个体美德。正义是"德性之首"，是"一切德性的总括"。休谟说："正义受到赞许，只是因为它有促进公共善的倾向。""如果没有正义，社会必然立即解体，而每一个人必然会陷于野蛮和孤立的状态。"① 康德说："如果公正和正义沉沦，那么人类就再也不值得在这个世界上生活了。"② 彼得·马库塞也说："我们不能没有正义的概念，原因很简单，因为不公平感历来就是驱动所有人追求社会变革的最有力的温床。"③ 亚当·斯密说："没有仁慈之心，社会也可以存在于一种不很令人愉快的状态之中，但是不义行为的盛行却肯定会彻底毁掉它。"④ 罗尔斯说："作为人类活动的首要德行，真理和正义是决不妥协的。……我们可以认为，一种公共的正义观构成了一个良序的人类联合体的基本宪章。"⑤

每个人都呼唤正义，每个社会都需要正义，然而正义问题被认为是人类思想史上最为崇高也最难捉摸的问题。美国法学家博登海默指出："正义有着一张普洛秀斯似的脸（a protean face），变幻无常，随时可呈不同形状并具有极不相同的面貌。当我们仔细查看这张脸并试图解开隐蔽在其表面背后的秘密时，我们往往会深感迷惑。"⑥ 正义是道德哲学和政治哲学中最古老的主题之一，在人类思想史上，对它的讨论从来不曾中断过。不过这种持续讨论给我们留下的仍然是一个开放的和充满争议的领域，正义理论呈现多元面相。

（一）罗尔斯的《正义论》及其纷争

从 20 世纪 70 年代开始，以美国哈佛大学教授约翰·罗尔斯（John Rawls）的《正义论》（1971）一书的出版为标志，正义成为当代西方政治哲学关注的焦点，几乎所有的政治哲学文献都是对罗尔斯的回应，罗尔斯

① 〔英〕休谟：《人性论》（下册），关文运译，商务印书馆，1980，第538、662页。
② 〔德〕康德：《法的形而上学原理》，沈叔平译，商务印书馆，1991，第165页。
③ 〔美〕彼得·马库塞等主编《寻找正义之城：城市理论和实践中的辩论》，贾荣香译，社会科学文献出版社，2016，第52页。
④ 〔英〕亚当·斯密：《道德情操论》，蒋自强等译，商务印书馆，1997，第106页。
⑤ 〔美〕约翰·罗尔斯：《正义论》（修订版），何怀宏、何包钢、廖申白译，中国社会科学出版社，2009，第3~4页。
⑥ 〔美〕E.博登海默：《法理学：法律哲学与法律方法》，邓正来译，中国政法大学出版社，2004，第261页。

成为正义问题论战的核心人物，参与论战的有自由主义者、社群主义者以及"第三势力"，包括后现代主义和共和主义。继《正义论》之后，罗尔斯又相继出版了《政治自由主义》（1993）、《万民法》（1999）、《作为公平的正义——正义新论》（2001）等著作，构筑了一个内容广泛而又精致细密的正义理论体系。《正义论》之所以能够成为"西方20世纪最重要的道德和政治哲学著作"，在于它有力反驳了100多年占统治地位的功利主义，恢复了契约论在政治哲学中的应有地位，将政治哲学的主题由自由变为平等，"罗尔斯的历史地位和重要意义就在于他完成了西方政治哲学主题的转换"。①

1. 罗尔斯的正义论

罗尔斯在《正义论》开篇就说："正义是社会制度的首要德性，正像真理是思想体系的首要德性一样。一种理论，无论它多么精致和简洁，只要它不真实，就必须加以拒绝或修正；同样，某些法律和制度，不管它们如何有效率和安排有序，只要它们不正义，就必须加以改造或废除。"② "正义在此的首要主题是社会的基本结构（the basic structure），或更准确地说，是社会主要制度分配基本权利和义务，决定由社会合作产生的利益之划分方式。所谓主要制度，我的理解是政治宪法和主要的经济和社会安排。"③ "一个社会，当它不仅旨在推进它的成员的利益，而且也有效地受着一种公共的正义观调节时，它就是一个良序（well-ordered）的社会。"④

罗尔斯提出在原初状态（original position）下的人们会选择两个不同的正义原则：一个原则要求在分派基本权利和义务方面的平等；另一个原则则主张当社会和经济产生不平等时，只要给每个人，尤其是给社会最不利成员带来补偿利益，那么这种不平等就是正义的。这两个正义原则是罗尔斯正义论的灵魂，是在原初状态下"无知之幕"（the veil of ignorance）之后被各方选择的结果，遵循的是"最小值规则"（maximin rule）。罗尔斯首先阐述了一

① 姚大志：《何谓正义：当代西方政治哲学研究》，人民出版社，2007，第22页。
② 〔美〕约翰·罗尔斯：《正义论》（修订版），何怀宏、何包钢、廖申白译，中国社会科学出版社，2009，第3页。
③ 〔美〕约翰·罗尔斯：《正义论》（修订版），何怀宏、何包钢、廖申白译，中国社会科学出版社，2009，第6页。
④ 〔美〕约翰·罗尔斯：《正义论》（修订版），何怀宏、何包钢、廖申白译，中国社会科学出版社，2009，第4页。

般的正义观，即"所有社会价值——自由和机会、收入和财富、自尊的社会基础——都要平等地分配，除非对其中一种价值或所有价值的一种不平等分配合乎每一个人的利益"。① 体现这一正义观的正义原则经过几次过渡性的陈述后被表述为两个原则。第一个原则是，每个人对与所有人拥有的最广泛平等的基本自由体系相容的类似自由体系都应有一种平等的权利（平等自由原则）。第二个原则是，社会的、经济的不平等应这样安排，使它们在与正义的储存原则一致的情况下，适合于最少受惠者的最大利益（差别原则）；并且，在机会公平平等的条件下，职务和地位向所有人开放（机会的公正平等原则）。② 第一个正义原则优先于第二个正义原则，且第二个正义原则中的机会公正平等原则优先于差别原则。

差别原则既是罗尔斯正义论中最有意义的部分，也是争议最大的部分。罗尔斯认为，由于自然禀赋和社会、文化方面偶然因素的影响，机会、收入和财富无法做到平等分配。那么，什么样的不平等分配能够被称为正义的呢？罗尔斯认为，任何不平等的安排只有最大程度地增加最不利者的利益才是正义的。也就是说，在同等条件下，社会基本资源的配置应当向最少受惠者倾斜，要寻求最少受惠者利益的最大化。之所以要向"最不利者"即那些获得权利、自由、机会、收入、财富以及自尊等"基本善"（primary goods）的前景最暗淡的人倾斜，主要是建立社会合作体系的需要。在这个意义上，差别原则体现了互利互惠的原则。③ 罗尔斯正义论的核心主张是，除了借助于宪法和法律制度，在政治上保障每一个人平等享有基本权利和自由以外，为了消除社会和经济的不平等，还必须建立一套公平正义的社会制度和经济制度。作为公平的正义，罗尔斯的正义论凸显了对平等问题的特别关注。

在《正义论》中，罗尔斯假定在"良序社会"中，存在着相对稳定和同质的基本道德信念，人们对于什么是善的生活有着广泛一致意见。然而

---

① 〔美〕约翰·罗尔斯：《正义论》（修订版），何怀宏、何包钢、廖申白译，中国社会科学出版社，2009，第48页。

② 〔美〕约翰·罗尔斯：《正义论》（修订版），何怀宏、何包钢、廖申白译，中国社会科学出版社，2009，第237页。

③ 姚大志：《何谓正义：当代西方政治哲学研究》，人民出版社，2007，第33页。

在现代民主社会中，互不相容、无法调和的宗教、哲学和道德学说的多元性共存于民主制度的框架内，而且自由制度本身强化、鼓励着学说的多元化，并视之为自由社会的恒久状况。那么，"一个由自由而平等的公民——他们因各种合乎理性的宗教学说、哲学学说和道德学说而产生了深刻的分化——所组成的稳定而公正的社会之长治久安如何可能？"[①] 罗尔斯在《政治自由主义》一书中提出了这个问题。对此，罗尔斯认为，可以通过寻求一种政治的正义观念来解决。政治的正义观念是规导整个民主立宪社会的最基本的理念，是各种完备学说重叠共识的焦点，并且是政治辩论中公共理性的基础。在罗尔斯政治自由主义体系中，以公平的正义为轴心、以作为自由平等的公民之个人观念与由公平正义理念所主导的秩序良好的社会之社会观念为两翼的基本理念系统，构成了罗尔斯所说的"最合适于现代民主立宪社会的政治正义观念"；而由"重叠共识"、"权利优先"和"公共理性"所组成的政治自由主义理念，则构成了罗尔斯政治哲学对现代合理多元化社会之基础的完整解释。[②] 1999 年，罗尔斯出版《万民法》，试图将正义观念运用于国际法领域，从"自由人民"的概念推演出"人民要自由独立""人民要遵守条约与承诺"等八条万民法原则。[③] 从《正义论》到《政治自由主义》，再到《万民法》，罗尔斯一直在不懈地寻求正义共识。

2. 自由主义阵营对罗尔斯的批评

虽然同属自由主义阵营，但罗伯特·诺奇克（Robert Nozick）和罗纳德·M. 德沃金（Ronald M. Dworkin）等人对罗尔斯正义论的批评并不少。罗尔斯在哈佛大学的同事诺奇克在 1974 年出版了《无政府、国家和乌托邦》一书，以权利对抗平等，对罗尔斯的平等主义进行了尖锐的批评。罗尔斯主张正义意味着平等，任何不平等都应该加以纠正；诺奇克则认为正义意味着权利，而权利则是神圣不可侵犯的。诺奇克对罗尔斯的正义理论的批评有三个理论基础：一是个人权利的至高无上性，二是最低限度的国家理论，三是"持有正义"理论。诺奇克承认社会分配领域存在不平等，但认为不

---

① 〔美〕约翰·罗尔斯：《政治自由主义》，万俊人译，译林出版社，2000，导论第 13 页。
② 万俊人：《政治自由主义的现代建构——罗尔斯〈政治自由主义〉读解》，载〔美〕约翰·罗尔斯《政治自由主义》，万俊人译，译林出版社，2000，第 608 页。
③ 〔美〕约翰·罗尔斯：《万民法》，张晓辉等译，吉林人民出版社，2001，第 40 页。

应由国家通过再分配来解决，否则就会侵犯个人权利，应该通过市场解决一切问题。"国家在领土范围之内维持其使用强力的垄断权和保护每个人的过程中，必定侵犯个人的权利，从而在本质上就是不道德的"，"再分配确实是一种包含了侵犯人们权利的严重事情"。① 诺奇克认为，合理的国家应该是一种"最弱意义上的国家"。他反对罗尔斯的差别原则，将自己的理论称为"资格理论"（entitlement theory），其核心是"持有正义"（justice of holdings），它包括三个原则，即"获取的正义原则"、"转让的原则"以及关于不正义的"矫正原则"。"持有正义理论的一般纲领是：如果一个人根据获取和转让的正义原则或者不正义的矫正原则对其持有是有资格的，那么他的持有就是正义的；如果每一个人的持有都是正义的，那么持有的总体（分配）就是正义的。"② 诺奇克的论证思路是，人的出身、禀赋、背景和运气是应得权利，具有不可让渡性。假如一个人拥有一片土地，那么他便拥有该土地的物产。同理，假如一个人拥有出身、禀赋、背景和运气，那么他便拥有出身、禀赋、背景和运气带来的应得权利。"持有"是一个中性词，用来代替"分配"最合适。由于对个人财产权的极度维护和对国家的排斥，诺奇克被贴上了"极端自由主义者"的标签。

作为 20 世纪后半叶最重要的法理学家，德沃金与罗尔斯、诺奇克并驾齐驱，被称为当代自由主义最著名的三位旗手，其代表作有《认真对待权利》（1977）、《法律帝国》（1988）、《至上的美德——平等的理论与实践》（2000）、《刺猬的正义》（2011）和《身披法袍的正义》（2014）等。德沃金是一位旗帜鲜明的平等主义者，同时又十分强调权利的重要性。德沃金坚持平等主义，承认国家在解决不平等问题上负有责任。在公民的个人责任方面，他接受了诺奇克的观点。德沃金批评罗尔斯只关心境遇最差者，而没有考虑正义与个人抱负、勤奋和努力的关系，认为应该把个人努力和抱负纳入分配正义的范围之中考虑。在德沃金看来，要追求平等，最好从"开端"就开始，这种开端的平等就是资源平等，包括人格资源与非人格资

---

① 〔美〕罗伯特·诺奇克：《无政府、国家和乌托邦》，姚大志译，中国社会科学出版社，2008，第 2 页。

② 〔美〕罗伯特·诺奇克：《无政府、国家和乌托邦》，姚大志译，中国社会科学出版社，2008，第 181 页。

源的平等。"一个人的资源可以被理解为只包括其财产，或者其财产加上其体格、技能、性格和抱负等人格特征，或除此之外还有他的合法机会和其他一些机会。"① 德沃金提出了一个"拍卖"的假设，不仅引导出"开端的平等"，还建立了市场与资源平等之间的联系，论证了市场在分配正义中的正当性。德沃金赋予平等的权利优先性，要求人们认真地对待权利。"个人权利是个人手中的政治护身符。当由于某种原因，一个集体目标不足以证明可以否认个人希望什么、享有什么和做什么时，不足以证明可以强加给个人某些损失或损害时，个人便享有权利。"② 不同于罗尔斯与诺奇克，德沃金更多的是在法律哲学层面上关注政治权利，认为平等的实现有赖于法律正义，法律始终具有道德性，这种道德性镶嵌于法律原则之中。

3. 社群主义的正义观

20 世纪 80 年代，对罗尔斯正义理论最为激烈的批判来自社群主义阵营，以迈克尔·桑德尔（Michael Sandel）、阿拉斯戴尔·麦金太尔（Alasdair MacIntyre）、迈克尔·沃尔泽（Michael Walzer）等人为代表。社群主义（communitarianism）是一种以共同体的善为基础的理论，认为自我、权利和正义植根于共同体之中，强调共同体价值、公民参与以及社会合作。如果说，功利主义关心的是福利最大化，罗尔斯式自由主义关心的是公平正义，社群主义关心的则是培养公民美德和维护共同体。

迈克尔·桑德尔是当代美国最有影响的公共知识分子之一、哈佛大学政治学教授，代表作有《自由主义和正义的局限》（1982）、《民主的不满——美国在寻求一种公共哲学》（1996）、《公共哲学：政治中的道德问题》（2005）、《正义：何谓正当之为》（2010）、《公正》（2011）等。桑德尔沿袭了亚里士多德的观点，主张正义意味着"应得"（desert），"应得"是一个人得到了他应该得到的东西。他反对罗尔斯把"应得"排除于分配正义之外，而主张"应得"应该在分配正义中占有一席之地。桑德尔批判了功利主义正义观和自由主义正义观。在他看来，正义社会不可能仅仅通过功利最大化或保障

①〔美〕罗纳德·德沃金：《至上的美德：平等的理论与实践》，冯克利译，江苏人民出版社，2003，第 330 页。

②〔美〕罗纳德·德沃金：《认真对待权利》，信春鹰、吴玉章译，中国大百科全书出版社，1995，导论第 6 页。

选择的自由来实现，而必须通过共同讨论良善生活的意义以及建立一种公共文化来接纳那些不可避免的分歧。此外，正义不可能不进行价值判断，正义问题注定要与不同的荣誉观、德性观以及认知观绑定在一起。基于这种正义观，桑德尔提出了"共同善的政治"，主张培养公民德性、为市场设立道德界线、维持公民身份和培养公民美德、激发公民道德参与。"对于一个严格意义上的共同体社会，该共同体必须由参与者所共享的自我理解构成，并且体现在社会制度安排中。"① 公民们享受着自由，行使参与公共事务、共享自治的权利，并获得培养参与公共讨论之能力的教育，这是桑德尔所期望的图景。

麦金太尔是当代西方最重要的伦理学家之一，代表作有《德性之后》（1981）、《谁之正义？何种合理性?》（1988）等。在这些著作中，麦金太尔对西方社会的道德现状进行了批判，主张回到亚里士多德，用传统美德挽救道德危机。他认为，当代社会的道德危机主要是启蒙运动以来自由主义发展的结果，是自由主义的规则伦理取代了以亚里士多德主义为代表的美德伦理。② 作为一名历史主义者，麦金太尔从西方正义观念的历史演进来阐述自己的正义思想，坚持将以美德为中心的亚里士多德主义作为传统。他认为，"正义是给每个人——包括给予者本人——应得的本分"。③ 正义是人的首要德性，德性是一种习得的人类品质，能使人获得内在于实践的善，理解更美好的生活是什么。人不能单纯为个人去追求善或者践行德性，每个人只有身处共同体中才能确定他的道德身份和发现共同的善。只有在某种特定的传统中，德性和对善的追求才能得以世代相传。因此，德性的意义和作用在于维持传统，为公共实践和个人生活提供所必需的历史关联。麦金太尔坚持正义与善相关，并且以善为基础。他把善分为卓越善和有效善，按照卓越善的说法，正义意味着应得，体现德性正义；按照有效善的说法，正义意味着互惠，体现规则正义。美德是正义的内容，规则仅仅是

---

① 〔美〕迈克尔·J. 桑德尔：《自由主义与正义的局限》，万俊人等译，译林出版社，2001，第195页。

② 徐大同主编《现代西方政治思想》，人民出版社，2003，第235页。

③ 〔美〕麦金太尔：《谁之正义？何种合理性?》，万俊人等译，当代中国出版社，1996，第56页。

正义的形式。规则正义是自由主义的正义观念，德性正义优先于规则正义。针对有关正义问题的争论，他说："涉及正义，则没有哪里有比在正义那里更具危险性。日常生活中各种正义概念充斥，因此，基本争论不能合理地解决。"① 正义必须与共同体联系起来才有意义，"共同体为有关德性和非正义的判断提供了基础"。

4. 后现代主义对理性正义的批判

以让-弗朗索瓦·利奥塔（Jean-Francois Lyotard）、理查德·麦凯·罗蒂（Richard McKay Rorty）和米歇尔·福柯（Michel Foucault）为代表的后现代主义思想家对理性主义和科学主义采取批判和解构的态度，反对确定性，提倡差异性和多元性，力图表达一种反抗情绪、反抗精神和反抗意志。对于后现代主义而言，重要的不是证明什么，而是反对什么、批判什么。②

利奥塔是法国后现代哲学家，代表作有《话语、形象》（1971）、《公正游戏》（1979）、《后现代状况——关于知识的报告》（1979）等。利奥塔将后现代主义政治学称为异教主义（paganism），以此来表示一种反正统、反权威的思想。利奥塔主张多元论，摒弃"元叙事"，只承认差异，不承认共识。他认为，寻求公正，就要去尊重和认识他人不同于我的异质性，这不仅是他人的要求，同时也意味着我对他人的一种"义务"。"让我们向统一的整体开战，让我们成为不可言说之物的见证者，让我们不妥协地开发各种歧见差异，让我们为正不同之名的荣誉而努力。"③ 利奥塔坚持"正义的多样性"，认为我们无法抽象地回答正义是什么，只能就具体事务进行判断，每个人都有判断正义与非正义的自由和标准，正义是超验性的，没有普遍的正义原则，也没有评判正义的普遍标准，正义观念不过是一种语言游戏的多元性观念。利奥塔关于元叙事崩解的后现代理论和"语言游戏"的隐喻，在思想方法和理论视野上表现了一定的独特性。

罗蒂是美国新实用主义哲学家，著有《哲学与自然之镜》（1979）、《实用主义的后果》（1982）、《偶然、反讽与团结》（1989）等。他反对柏拉

---

① 〔美〕麦金太尔：《德性之后》，龚群等译，中国社会科学出版社，1995，第308页。
② 姚大志：《何谓正义：当代西方政治哲学研究》，人民出版社，2007，第11页。
③ 〔法〕让-弗朗索瓦·利奥塔：《后现代状况——关于知识的报告》，车槿山译，生活·读书·新知三联书店，1997，第54页。

图、康德、罗尔斯的正义理论。罗蒂认为，这些正义理论是建立在普遍主义理性观基础上的，他否定理性是正义的基础。通过引入情感、认同和忠诚等概念，罗蒂重新解释了正义和正义感，认为正义是较大的忠诚，正义感则是对社会成员信任感、亲切感或友善感的表达。基于怀疑主义知识理论和情感主义道德哲学，罗蒂提出了由"情感先于理性"、"认同先于对话"和"忠诚先于正义"等命题组成的相对主义正义理论。罗蒂认为，正义和正义感不仅关乎人的理性能力或道德能力，而且关乎人的想象力、情感能力或文化认同。正义的成功不是像哲学证明那样基于普遍概念，也不是基于人追求正义的天性，而是出于人性的偶然。但罗蒂又指出，尽管正义的信念只是偶然历史环境所引起的，而别无更深层的原因，正义依然能够值得人们为之赴汤蹈火、奉献牺牲。在罗蒂看来，解决正义问题，就是要实现对较大团体的忠诚、实现兼容异类的宽容。通过有效的对话和协商，产生更多的重叠共识，直到不相容的观点被调和、冲突被化解。罗蒂把人类的文明进步与人的同情心联系起来，希望人类远离冷漠和残酷，实现人类团结。就此而言，罗蒂可以纳入理想主义和浪漫主义政治哲学家之列。

5. 阿马蒂亚·森的超越"先验正义"

印度经济学家阿马蒂亚·森（Amartya Sen）是一位百科全书式的学者，他因对福利经济学所做的贡献而被授予 1998 年诺贝尔经济学奖，被誉为"经济学的良心"，著有《集体选择与社会福利》（1970）、《论经济不平等/不平等之再考察》（1973）、《贫困与饥饿：论权利与剥夺》（1981）、《正义的理念》（2009）等。森对贫困、饥荒、剥夺等世界范围内普遍存在的不平等现象，以及与此相关的自由、人权、民主与正义等理论问题给予了深切关怀和严谨思考，他的研究始终指向社会制度的改善与人类福祉的提高。

在《正义的理念》这本著作中，森提出了一种有别于主流的广义的正义理论，以阐明我们如何才能回答关于促进公正和消除不公正的问题，而不是回答关于绝对公正的本质的问题。按照森的看法，思想家们对"正义"的分析与言说，可被分成两大学派。一个学派称为"先验制度主义"，代表人物是霍布斯、卢梭、康德和罗尔斯等哲学家。他们认为，正义理论的目的是为了构建与寻找"最优"社会制度。先验制度主义致力于探寻终极的社会正义特征，却并不致力于对现实的、不完美的社会进行比较研究，也不去研究评价哪一种社会"相对而言更公正"的标准。另一个学派称为"现实主义"，代表人物是亚当·斯密、孔多塞、边沁、约翰·穆勒等思想家，包括森本人，他们都致力于对实际发生的或可能出现的社会现象进行比较，而非局限于先验地去寻找绝对公正的社会。尤其是阿罗不可能定理的出现，击碎了理论家们寻找具有全体一致性的社会最优方案的设想。

森指出，正义问题应关注实际的生活与现实，而不只是停留在抽象的制度和规则之上；关注如何减少不公正，而不局限于寻找绝对的公正；实现全球正义，而不局限于某个国家边界；允许多种不同的正义缘由同时存在，而不局限于一种正义缘由存在。森继承了罗尔斯在正义理论中对平等的追求。"我认为我们有足够的理由认同其观点，即对公正的追求应与公平相联系，在某种意义上甚至可以说前者源于后者。"① 但森的正义理念更为关注现实，他认为传统的平等理论过度关注物质平等，忽略了人际差异性及人本身的能力平等，而能力平等观恰恰是以人际差异性为考量起点和核心的平等理论。② 森把"能力"在福利创造过程中的现实体现称为"功能性活动"，而可行能力就是功能性活动得以自由实现的机会。"一个人的可行能力指的是此人有可能实现的、各种可能的功能性活动的组合。可行能力因此是一种自由，是实现各种可能的功能性活动组合的实质自由（或者用日常语言说，就是实现各种不同生活方式的自由）。"③ 在森看来，使人们具有足够的能力，以追求有价值的实质自由，包括免受饥饿、营养不良、疾病、过早死亡之苦，以及能够识字算数、享受政治参与的自由，是社会福祉与正义的核心。相对于外在资源，可行能力更适于成为分配正义的核心指标。

6. 玛莎·纳斯鲍姆的"诗性正义"与可行能力理论

玛莎·纳斯鲍姆（Martha C. Nussbaum）是一位哲学家，也是当代美国最为活跃的公共知识分子之一，代表作有《诗性正义：文学想象与公共生

---

① 〔印度〕阿玛蒂亚·森：《正义的理念》，王磊、李航译，中国人民大学出版社，2012，第48~49页。

② 〔印度〕阿玛蒂亚·森：《论经济不平等/不平等之再考察》，王利文、于占杰译，社会科学文献出版社，2006，第240~241页。

③ 〔印度〕阿玛蒂亚·森：《以自由看待发展》，任颐、于真译，中国人民大学出版社，2002，第85页。

活》（1995）、《正义的前沿》（2006）和《寻求有尊严的生活：正义的能力理论》（2011）。她和阿玛蒂亚·森共同提出的"可行能力理论"被联合国开发计划署采用，作为编制"人类发展指数"和发布每年的《人类发展报告》的主要理论参照。

作为新亚里士多德主义者，她试图通过引入诗性正义的概念，超越功利主义对正义的狭隘理解，重拾亚里士多德正义论中的人的目的维度，重返生活世界。在《诗性正义》一书中，纳斯鲍姆批判了"对于与法律和公共审判相关的公正性与普遍性，文学想象和它们没有任何关系"的观点。纳斯鲍姆认为，弘扬真善美、伸张人间正义是人文艺术的永恒主题。古往今来，无数优秀的文艺作品正是通过塑造一个个感人的形象，引导读者发挥生动的道德想象力，实现了基于情感的道德正义判断和价值抉择，如《哈姆雷特》《威尼斯商人》《基督山恩仇记》等文学作品，包含了大量抑恶扬善、复仇惩戒的正义叙事内容。这正是文学的力量，是"诗性正义"的实质所在。"诗性正义"建构在文学基础上，蕴含道德评判和理想追求，是由文学想象和情感构建的正义标准。不过，纳斯鲍姆自己也承认，诗性正义存在着缺陷，即文学想象是公共理性的一部分，但不是全部。

纳斯鲍姆指出，对于那些无法自立者——残疾人、老年人和在家庭中无条件顺从的女性，罗尔斯没能给出一个令人满意的阐释。纳斯鲍姆试图弥补这一缺陷。她认为，一个试图保持稳定、恪守民主原则的社会，不能脱离道义而存在，应当培养特定的情感，并教人们如何移情进入别人的生活，任何正义原则背后的最终推动力源自道德情感。为了论证新的正义原则的合理性，纳斯鲍姆诉诸"同情"（compassion）这一范畴。由此出发，她提出了"可行能力理论"（capability approach），认为培养全体公民的十种核心能力，是社会正义的必要条件。一种体面的政治秩序必须保证全体公民的十种核心能力至少在最低限度水平以上，这些能力包括生命、身体健康、身体健全、感觉、想象和思考、情感、实践理性、归属、与其他物种的共处、娱乐以及对外在环境的控制等。这些核心能力应该被所有国家的政府所尊重、保护，并将之作为人性尊严得到尊重所具备的最基本条件。"我关于社会正义的叙述的基本主张可表述如下：人性尊严应得到尊重，这就要求公民在以上所述的全部十种领域内都发展出最低限以上的能力，而具体所定的最低限应当是充裕的。"① 基于政治自由主义的立场，纳斯鲍姆倡导更为宽泛的人类友谊和人类尊重，提出了全球正义的基本原则，描绘了一个理想化世界的蓝图。

（二）马克思主义与正义问题

1. 经典马克思主义正义理论

马克思主义对正义问题的研究，不是局限在正义本身的范围内，仅就"正义"而谈"正义"，而是深入正义问题背后，探究其物质生产根源与经济社会动因；不是用公平、正义的政治法律概念解释分配关系，而是用生产关系来解释分配关系，用生产劳动解释生产关系，用经济基础解释上层建筑，这是马克思主义正义理论的基本逻辑。

对现实生活、每个人自由全面发展的正义关怀始终构成马克思历史唯物主义内在的政治伦理逻辑。资产阶级启蒙的任务是争取权利的平等，为此它诉诸人性和理性，以"人生而平等"的抽象人性论作为论证的依据。马克思和恩格斯以"现实的人"为起点，从物质生产出发，在社会生产基础上来考察社会结构、分析公平正义原则。在马克思和恩格斯看来，正义作为法的关系的形式正如国家的形式一样，既不能从它本身来理解，也不能从人类精神的一般发展规律来理解，一切法的形式和正义原则仅在它们用于特定的生产方式中才是有意义的。从具体的历史环境中抽象出来的所有形式上的正义原则都是空洞的和无用的。"我们开始要谈的前提不是任意提出的，不是教条，而是一些只有在臆想中才能撇开的现实前提。这是一些现实的个人，是他们的活动和他们的物质生活条件，包括他们已有的和由他们自己的活动所创造出来的物质生活条件。"② "这里所说的人们是现实的、从事活动的人们，他们受自己的生产力和与之相适应的交往的一定发展——直到交往的最遥远的形态——所制约。"③ 他们"不是处在某种虚幻的离群索居和固定不变状态中的人，而是处在现实的、可以通过经验观察

---

① 〔美〕玛莎·C. 纳斯鲍姆：《寻求有尊严的生活：正义的能力理论》，田雷译，中国人民大学出版社，2016，第26页。
② 《马克思恩格斯选集》第1卷，人民出版社，2012，第146页。
③ 《马克思恩格斯选集》第1卷，人民出版社，2012，第152页。

到的、在一定条件下进行的发展过程中的人"。①

　　与西方正义理论对资本主义的批判囿于资本主义体制自身的维护和修补的立场不同，马克思和恩格斯的正义思想同整个马克思主义理论体系一样，是在对资本主义体系的批判过程中形成的，力求在批判旧世界的同时发现新世界，建立一种正义合理的社会制度。马克思和恩格斯对资本主义制度的历史进步性给予了高度赞扬，也肯定了其商品交换中的平等原则和政治领域中的法律平等对封建主义等级制度而言的进步性，但认为这些平等只是形式性正义的要素，仅仅获得法权意义上的自由、平等和公正等权利，并不能保证人的自由解放与全面发展，只要资本主义的剥削关系仍然存在，人在劳动中就不是确证自身而是丧失自身，人类走向自由联合体的目标就无法实现。在马克思和恩格斯的所有著作中，都可以看到他们对资本主义社会中存在的财富分配极端不公平的愤怒，看到他们对资本家掠夺工人剩余价值的谴责。

　　就像罗尔斯选择了"无知之幕"的假设作为讨论问题的入口一样，马克思和恩格斯选择了对"永恒私有制"的解构作为讨论正义问题的垫脚石。马克思和恩格斯认为，只有消灭私有制、消灭剥削、消灭压迫，只有使所有人从异化劳动中解放出来，到了实现人的全面发展的自由王国——共产主义社会，才能消除资本主义社会的不公正、实现人类社会的公平正义目标，正如马克思在《共产党宣言》中所指出的："共产党人可以把自己的理论概括为一句话：消灭私有制。"② 因此，马克思主义正义观不是一种对现存社会的改良方案，而是一种革命性的思想。这种革命性的思想建立在对人类历史发展的客观规律的把握之上，并深刻认识到了推动人类社会发展的内在动力，即生产力和生产关系的矛盾、经济基础与上层建筑的矛盾。马克思心目中的正义，既存在于对现实不合理的制度的判断中，也存在于对未来理想社会形态的追求中，而这中间的桥梁就是革命。

　　马克思在革命和批判的语境中厘定的正义思想，呈现为一个包括"个人所有权"、"分配正义"以及"人的自我实现"等在内的自下而上、层层

---

① 《马克思恩格斯选集》第 1 卷，人民出版社，2012，第 153 页。
② 《马克思恩格斯文集》第 1 卷，人民出版社，2009，第 45 页。

递进的立体性结构。在历史主义视域中，马克思的正义原则并不是单一的，而是一个两层面、多层级相互关联的序列。马克思讨论过不同的正义原则，即权利原则、贡献原则和需要原则。在这些正义原则中，权利原则和贡献原则属于现实性正义原则，而需要原则属于超越性正义原则。这些正义原则是一个从低阶到高阶的序列，而且这个序列既是逻辑序列也是历史序列，是二者的统一。马克思的正义概念从"人类社会或社会化的人类"出发，以"自由人"之间有机的社会合作为基础，刻画出人类社会可能具有的最高正义原则。因此，从根本上说，马克思主义正义观是对全人类的解放而言的。

2. 分析马克思主义对正义理论的重构

自20世纪60年代以来，西方资本主义社会出现一系列巨大转变。在裹挟着"意识形态终结论"并以经济一体化为表征的全球化背景下，英美国家的一些左翼学者试图建构一种不同于传统马克思主义的正义话语体系，使之能够与自由主义正义理论相抗衡。这些学者围绕"马克思与正义"问题，展开了激烈的争论，争论的焦点集中在三个方面：马克思是赞成还是反对正义？马克思缘何批判资本主义？平等是社会主义的价值目标吗？这些讨论引出一个更为基本的问题：马克思主义是否有一种正义论？有学者认为马克思主义是反正义的，罗伯特·塔克（Robert C. Tucker）、艾伦·伍德（A. W. Wood）等人是这种观点的代表，因此又被称为"塔克—伍德命题"。参与争论的还有齐雅德·胡萨米（Ziyad I. Husami）、德雷克·艾伦（Derek Allen）、艾伦·布坎南（Allen E. Buchanan）、罗德尼·佩弗（Rodney Peffer）、G. A. 柯亨（G. A. Cohen）、凯·尼尔森（Kai Nielsen）等分析马克思主义学者。

1969年，美国哲学家罗伯特·塔克出版《马克思主义革命观》一书，在该书第二章"马克思与分配公平"中提出了马克思"赞成资本主义剥削""反对分配正义"的观点，该观点得到了美国斯坦福大学教授艾伦·伍德的支持。伍德于1972年发表《马克思对正义的批判》一文，引发了长达30多年有关马克思与正义理论的讨论。伍德认为，马克思并没有运用法权意义上的正义观去谴责资本主义社会，马克思对资本主义的谴责根本没有依靠某种正义概念，那些试图从马克思对资本主义的诸多谴责中重构"马克思正义理念"的人，最多只是把马克思对资本主义（或资本主义某些方面）

的批判，转换成被马克思本人一贯视为虚假的、意识形态的或"神秘的"形式。在马克思的视域里，正义不是衡量人类行为、制度或其他社会因素的抽象的、理性的标准，而是每种生产方式衡量自身的标准，一种制度或行为是否正义的依据在于它与生产关系的适应性。①

与伍德不同，布坎南认为马克思曾经使用资本主义社会的正义标准去谴责资本主义，并且没有把资本主义剥削视为正义。布坎南认为，伍德的错误在于他忽略了马克思对资本主义的内在批判。与伍德和布坎南相比，佩弗已不再纠缠于解释马克思为何不谴责资本主义为不正义。佩弗认为，马克思对资本主义社会的异化和剥削的批判诉诸一些更为基本的道德价值，即自决的自由、人类共同体和自我实现，从这个道德视角出发，佩弗提出了对马克思社会正义观的理解。柯亨认为，说传统马克思主义不关注分配正义的理由是站不住脚的，因为这种理由或者是基于对社会主义信念的过分悲观，或者是基于对未来社会物质丰富性的过分乐观，"马克思主义者不可能对正义漠不关心"。在马克思的理论视域中，自由平等是物质富足的"馈赠物"，建立在富足基础上的自由平等才具有现实性，柯亨的问题是："没有富足，平等何以可能？""马克思主义认为，平等会由富足的物质赐给我们，但是我们不得不在稀缺的条件下去寻求平等，因此，我们必须比过去更为清楚地了解，我们所需要寻求的是什么，为什么我们的寻求是合理的，如何才能以制度的形式把它加以实施。"② 柯亨认为，只有通过国家税收对人们的收入进行再分配，真正的平等才可能实现。

分析马克思主义对正义理论的探讨最初从争论马克思是否谴责资本主义社会为不正义开始，大致时间是 20 世纪 70~80 年代，随后持续发展。后来的分析马克思主义学派并没有停留在这一论题，而是进一步拓展到对马克思主义正义理论的建构，这项工作一直延续至今。2010 年，李惠斌、李义天选编的《马克思与正义理论》一书收入了在这场争论中有代表性的文章，一方面呈现了西方学界关于马克思的正义理论之争的概貌，另一方面

---

① 〔美〕艾伦·伍德：《马克思对正义的批判》，林进平译，载李惠斌、李义天编《马克思与正义理论》，中国人民大学出版社，2010，第 3~39 页。

② 〔英〕G. A. 柯亨：《自我所有、自由和平等》，李朝晖译，东方出版社，2008，第 13 页。

在理论层面上探讨了马克思的正义理论。分析马克思主义者在正义理论重构上主要做了两件工作：一是将传统马克思主义几近被遮蔽的正义原则予以彰明，从而呈现自我所有权与马克思主义的内在关联；二是在规范性的意义上重新阐释关于剥削的学说，进而使之过渡为一种趋向于平等主义的分配正义理论。不过，分析马克思主义者虽然宣称要复兴马克思主义，但从根本上放弃了作为马克思社会批判理论方法论核心的辩证法。无论是在理论诉求还是分析方法上，这种做法与其说是对马克思主义理论的当代"创新"，不如说仍是在自由主义话语体系之内的"修补"。

二　正义的空间批判性

第二次世界大战以后，百废待兴，欧美国家开始了大规模的城市重建计划，增加固定资产投资，调整产业结构，改善基础设施和住房条件，这对医治战争创伤、恢复城市秩序、提高人民生活质量起到了巨大的作用。但同时，大规模城市化的负面效应逐渐显现，失业、贫困、移民歧视、劳资矛盾、空间隔离等社会问题日益尖锐。1968 年，法国巴黎的"红五月风暴"深刻反映了资本主义体系的内在矛盾。严重的城市危机引起了学者的关注和反思，城市权利、城市正义、空间正义逐渐成为城市研究的中心议题。以列斐伏尔、哈维、卡斯泰尔、苏贾等人为代表的新马克思主义学者认为，城市是一种空间化的存在，空间不仅具有物质属性，也是一种复杂的社会建构。"空间里弥漫着社会关系，它不仅被社会关系支持，也生产社会关系和被社会关系所生产。"[1] 因此，城市权利首先是一种空间权利，没有空间权利为基础，城市权利必然流于空泛。同样，没有空间正义，也就没有城市正义。城市正义是城市空间生产和空间资源配置中的正义性问题，是社会正义在城市空间和城市问题上的投射。城市的非正义，源于城市地理差异和空间资源配置的不平等。只有消除城市空间中的压迫、异化及其背后的资本逻辑，城市权利和城市正义才能得以实现。新马克思主义空间

---

[1]　〔法〕亨利·列斐伏尔：《空间：社会产物与使用价值》，载包亚明主编《现代性与空间的生产》，上海教育出版社，2002，第 48 页。

批判视角的引入，拓展了城市研究的视野，使对正义问题的思考和探究具有了空间维度。"所有社会事物（也包括正义）同时且内在具有空间性，就像任何空间事物，至少在人类世界中，同时且内在具有社会性一样。"① 空间思维越来越多地介入有关人权、社会融合与社会排斥、公民权、民主、贫困、种族主义、经济增长和环境政策等重要公共话题的讨论。

（一）亨利·列斐伏尔：空间的生产与城市权利

亨利·列斐伏尔（Henri Lefebvre），法国哲学家、社会学家，城市空间政治经济学派的创始人，新马克思主义代表人物。著有《日常生活批判》(1946)、《城市权利》(1967)、《城市革命》(1970)、《马克思主义与都市》(1972)、《资本主义的幸存》(1973)、《空间的生产》(1973)、《论国家》(1976) 等。在《空间的生产》一书中，他提出了"空间的社会生产"(the social production of space) 这一核心概念，从而开启了将空间批判视角应用于城市研究的进程，引领西方人文社会科学研究进行了"空间转向"。学者们意识到，"空间的生产" 不仅仅是一种哲学思辨，也是一种方法体系。

列斐伏尔指出，历史和社会生活的"空间性"长期以来被湮没在人文社会科学所编织的"时间-历史"维度中，学者们仅把"空间"看作一个外在于现实社会历史进程的"容器"和社会关系变革的被动载体，而忽略了其丰富的社会内涵。恰恰相反，无论在个体还是集体的意义上，人都是空间性的存在，正因为人涉足其间，空间才显出意义。个人经历的空间性，与时间性和社会性在本质上或本体论上同等重要，在解释功效和行为意义上也是相当的。列斐伏尔将空间划分为"感知的空间"(the perceived space)、"构想的空间"(the conceived space) 和"生活的空间"(the lived space)。在方法论上，列斐伏尔提出了用于分析城市空间及其"总体性"(totality) 的概念三元组（conceptual triad）——空间实践（spatial practice）、空间的表征（representations of space）和表征的空间（spaces of representation）。"空间实

---

① 〔美〕爱德华·W. 苏贾：《寻求空间正义》，高春花、强乃社等译，社会科学文献出版社，2016，第 5 页。

践"是指城市的社会生产与再生产以及日常生活；"空间的表征"是指概念化的空间，为意识形态、权力、资本和知识所建构和支配的空间；"表征的空间"是指"居民"和"使用者"的空间，它处于被支配和消极体验的地位。

列斐伏尔将空间分析与全球化、城市化以及日常生活结合在一起，揭示了资本主义制度和意识形态与城市、贫困、经济及社会危机等问题之间的关系。在列斐伏尔看来，城市化在本质上是一种特殊的社会政治背景下的综合空间生产过程。在现代性的条件下，空间日益丧失其客观性、中立性，日益具有政治性。"空间是政治性的。空间不是一个被意识形态或者政治扭曲了的科学的对象，它一直都是政治性的，战略性的。"[1] 空间的生产和再生产充满了资本和权力的逻辑。资本主义生产关系的实践舞台已经从工厂扩展到人的"日常生活"空间，"日常生活"空间的丰富性、差异性为资本的同质化所吞噬，变成了一个平庸的和受控的领域，列斐伏尔称之为"日常生活空间的殖民化"，社会空间呈现出同质性、支离性和等级性的特点。[2] 当代资本主义的生产重心正在从"物的生产"转移到"空间本身的生产"，空间的自我生产和空间的拓展成为现代资本主义转嫁资本过度积累危机、维系资本主义生产关系再生产的重要方式。

列斐伏尔在对资本主义城市空间中的压迫和异化的批判中提出了"城市权利"的思想。在1967年纪念马克思《资本论》第一卷发表100周年研讨会上，列斐伏尔发表了《城市权利》一文。他把城市权利视为人们试图改变自己命运的表达。城市权利的存在赋予城市生命，城市权利的缺乏意味着城市的消亡。城市权利与"中心性的权利"联系在一起，即占有城市中心的地理权利。在他看来，在现代社会，资本力量与政治权力合谋，造成了空间分隔，剥夺了弱势群体的空间权利。所谓城市权利，就是不被排斥于城市中心和城市运行之外，作为主体，能够全面参与城市事务和城市生活的权利。"将群体、阶级、个体从'都市'中排出，就是把它们从文明中排出，甚至是从社会中排出，拒绝让一个非歧视性的、隔离性的阻止将

---

①　〔法〕亨利·勒菲弗：《空间与政治》（第二版），李春译，上海人民出版社，2008，第46页。

②　高鉴国：《新马克思主义城市理论》，商务印书馆，2006，第100页。

它们从都市的存在中排出，进入都市的权利为这种拒绝提供了合法性。这种市民的权利（如果人们愿意，也可以这样说'人'的权利），宣告了以隔离为基础而建立起来的与正在建立的那些中心所不可避免的危机：这些决策的中心、财富的中心、权力的中心、信息的中心、知识的中心，将那些不能分享政治特权的人们赶到了郊区。"① "城市权利"不仅是公民进入城市空间的权利，更重要的是控制空间生产过程权利，使城市及其空间的变革和重塑能够体现公民意志，打破国家和资本力量对城市空间的单方面控制。"列斐伏尔认为，这个权利既是一种哭泣，也是一种诉求。哭泣是对巴黎日常生活住建凋敝的痛苦反应，诉求是擦亮眼睛去观察这场危机并建设另一种城市生活的指令。"② 唐·米切尔在《城市权：社会正义及为公共空间而斗争》（2003）一书中认为，"城市权利"作为一个口号，无疑是与列斐伏尔紧密联系在一起的。苏贾认为，最早由列斐伏尔提出的城市权利概念，重新确立了寻求正义、民主和公民权利的城市基础。空间正义和城市权利这两个概念，在当代被交织适用，已经越来越难以区分。③

列斐伏尔的空间生产理论和城市权利观，具有强烈的现实批判精神和斗争性，对很多学者都产生了重要影响。苏贾这样评价列斐伏尔："在20世纪的马克思主义所有伟大的人物中，列斐伏尔也许是最不为人所了解，也是最被人误解的人物。他卓尔不群，是后现代批判人文地理学的滥觞，是攻击历史决定论和重申批判社会理论空间的主要源泉。他这种坚定不移的精神引发了一大群人开展其他形式的空间化，如萨特、阿尔都塞、福柯、普兰扎斯、吉登斯、哈维和詹姆逊等人。即便在今天，他依然是富有原创性和最杰出的历史地理唯物主义者。"④ 马休尼斯和帕里罗也说，关于城市发展的大多数理论，虽然并不完全赞同这位法国哲学家的主张，但都在不

① 〔法〕亨利·勒菲弗：《空间与政治》（第二版），李春译，上海人民出版社，2008，第17页。

② 〔美〕戴维·哈维：《叛逆的城市：从城市权利到城市革命》，叶齐茂、倪晓晖译，商务印书馆，2014，前言（亨利·列斐伏尔的展望），第2页。

③ 〔美〕爱德华·W. 苏贾：《寻求空间正义》，高春花、强乃社等译，社会科学文献出版社，2016，第92页。

④ 〔美〕爱德华·W. 苏贾：《后现代地理学——重申批判社会理论中的空间》，王文斌译，商务印书馆，2004，第42页。

同程度上继承了他的话语体系。[①]

（二）大卫·哈维：资本积累、城市权利与城市革命

大卫·哈维（David Harvey，又译戴维·哈维），美国纽约城市大学教授，地理学家、社会学家和政治经济学家，新马克思主义代表人物，著有《地理学中的解释》（1969）、《社会正义与城市》（1973）、《资本的限度》（1982）、《资本的城市化》（1985）、《后现代状况》（1989）、《正义、自然与差异地理学》（1988）、《巴黎城记：现代性之都的诞生》（2003）、《新帝国主义》（2003）、《资本主义全球化的空间》（2006）、《叛逆的城市—从城市权利到城市革命》（2012）等。作为当代新马克思主义空间生产理论的集大成者，哈维认为空间的真正本质是它的社会性，这种社会性附着在特定的物理景观上，并赋予其社会内涵。空间生产总是根植于社会过程，并在其中获得某种"社会定义"，权力系统通过特定的组织模式和景观构建来维系由这种"社会定义"所确定的空间秩序。他将空间生产划分为城市空间生产、全球空间生产和自然空间生产。通过对这三类空间生产过程的分析，哈维对城市正义、全球正义和环境正义等问题进行了极为深刻的马克思主义视角的批判和反思。

资本批判是哈维一系列著作的逻辑主线。他借用列斐伏尔两种资本循环的思想，提出了"资本三重循环"模型，以此解释资本积累、资本危机以及危机转移的内在逻辑与策略。[②] 哈维认为理解城市化进程的焦点是资本积累，城市化是资本积累的重要形式，是资本主义再生产的基本条件。资本积累是塑造空间形式、推动空间生产转换的根本力量。城市空间按照资本积累的原则生产、布局、配置和组合。城市中活跃着的各种资本力量，各自具有不同的空间建构需求，它们以复杂的方式共同作用于城市化的现实进程。"资本致力于塑造地理景观，促进后续其自身的再生产及演化。"[③] 空间为资本逻辑所支配与控制，成为追逐利润、榨取剩余价值的重要手段

① 〔美〕约翰·J. 马休尼斯、〔美〕文森特·N. 帕里罗：《城市社会学：城市与城市生活》，姚伟、王佳等译，中国人民大学出版社，2016，第 158 页。

② 高鉴国：《新马克思主义城市理论》，商务印书馆，2006，第 135 页。

③ 〔美〕大卫·哈维：《资本社会的 17 个矛盾》，许瑞宋译，中信出版社，2017，第 157 页。

和途径。"长期以来我一直坚持认为，贯穿整个资本主义历史，城市化从来都是吸收剩余资本和剩余劳动力的关键手段。"① 资本竞争引起的城市空间地租差异导致了空间资源的剥削性再分配，而"那些支配着空间的人可能始终控制着地方的政治，即使对某个地方的控制要首先控制空间，这是一条至关重要的定理"。② 城市的空间异化、空间极化、空间操控和空间生态环境等问题造成了严重的空间非正义，因此资本主义城市空间生产是不正义的，资本主义城市化的历程就是不断生产和再生产不正义的过程。哈维对罗尔斯的分配正义论进行了批判性的重构，认为应该摒弃对结果的强调，把关注的焦点放到正义产生的过程。哈维一方面揭示了由资本主导的空间生产是造成资源分布差异和分配不公的根源，主张只有改变资本主义生产关系，实现生产正义，才可能真正实现分配正义；另一方面，面对日益恶化的生态危机和分配严重不公的国际政治经济秩序，将正义研究的视野从城市正义进一步拓展到了全球正义和环境正义。哈维认为，全球化使不同的国家都卷入其中，并成为资本全球空间生产中的某个"环节"或"节点"，但全球化并没有带来普遍的繁荣，不平衡性、不平等性始终存在，并且愈演愈烈。哈维指出，全球化实质上是资本积累的空间修复策略，通过在全球寻找新的资本投资机会，中心国家来化解资本过度积累所导致的资本主义生产危机，使资本主义获得再生，但新殖民主义的全球化生产却造成了全球生产体系"中心－边缘"的空间等级、依附关系以及环境污染灾难，给广大的发展中国家和地区带来了破坏性后果并埋下了全球性危机的种子。针对全球性危机，"唯一的解决方案是对资本主义生产方式当中的关系——包括起协调作用的等级安排——进行彻底的结构转换"。③

哈维借用布莱迪·戴维斯于 1968 年提出的"领地正义"（territorial jus-tice）概念，提出了"领地再分配式正义"概念，并将之定义为"社会资源以正义的方式实现公正的地理分配"，空间正义就是要"公正的地理差异的

---

① 〔美〕戴维·哈维：《叛逆的城市：从城市权利到城市革命》，叶齐茂、倪晓晖译，商务印书馆，2014，第 43 页。
② 〔美〕戴维·哈维：《后现代的状况》，阎嘉译，商务印书馆，2003，第 292 页。
③ 〔美〕大卫·哈维：《资本的限度》，张寅译，中信出版社，2017，第 657 页。

公正生产"。① 在秉持某种具有普遍意义的正义理念的同时，空间正义必须
要关注"差异性""特殊性"，关注各种抵抗空间、边缘空间的生产和日趋
多元化的身份政治。寻求正义就是要对空间生产所体现和维护的社会秩序
进行价值评价，并在此基础上进行社会动员。正义的意义在于它是一种重
要的政治批判力量，这种批判力量集中体现在它所具有的"政治行动中发
挥强大的动员话语功能"。② 哈维认为，当代自由市场资本主义代表着一种强
势话语和意识形态霸权，以自由主义为基础建立起来的市场导向的正义观，
只是在分配方式上做文章，没有触及资本主义生产体系，实质上是在不正义
的基础上寻找正义，因此不可能实现资源的公正分配，只有根本改变"空间"
的生产过程，进行社会结构和制度的变革才可能真正实现正义。哈维认为，
"城市权利是一种按照我们的期望改变和改造城市的权利。……城市权利是
一种集体的权利，而非个人的权利。……我们在改造城市的同时也在改造
着自己"。③ 通过对巴尔的摩、伦敦、巴黎、首尔、孟买等城市的土地再开
发和住宅更新案例的研究，哈维指出，现存的这些似乎"进步"的方案不
仅只是转移了问题，而且在实际中更深更重地把弱势和边缘化群体禁锢在
资本流通和积累的链条上。现有的城市权利是非常狭隘的，而且在大部分
情况下，落入少数政治和经济精英之手，从而能够按照他们自己的需要和
愿望不断地改造城市。哈维指出，"城市权利即是一种对城市化过程拥有某
种控制权的诉求，对建设城市和改造城市方式具有某种控制权的诉求，而
实现这种对城市的控制权需要采用一种根本的和激进的方式"。④ 城市是政
治行动和反抗运动的重要场所，"革命必然是城市的"。在 1989 年出版的
《城市经历》中，哈维这样写道："如果资本和意识的城市化，对资本主义
的永存和经历是如此关键……，那么我们除了将革命的城市化作为我们政

---

① 〔美〕大卫·哈维：《正义、自然和差异地理学》，胡大平译，上海人民出版社，2010，
  第 6 页。
② 〔美〕大卫·哈维：《正义、自然和差异地理学》，胡大平译，上海人民出版社，2010，第
  416 页。
③ 〔美〕戴维·哈维：《叛逆的城市：从城市权利到城市革命》，叶齐茂、倪晓晖译，商务印
  书馆，2014，第 4 页。
④ 〔美〕戴维·哈维：《叛逆的城市：从城市权利到城市革命》，叶齐茂、倪晓晖译，商务印
  书馆，2014，第 5 页。

治战略的中心之外，没有别的选择。"①

苏贾认为，以哈维的《社会正义和城市》为起点，学者们开始利用地理方法来研究正义，这是哈维的开创性贡献。他的批判性的地理想象催生出许多辉煌的见解，但其社会对策似乎比较狭隘，最终只能依靠革命性实践才能实现。"平等权利相遇，力量说了算。"在资本主义未进行整体变革的情况下，停留在哈维的理论体系中，使得对社会正义与城市变革感兴趣的实践者和研究者们缺乏施展的空间，因而越来越多地转向了诸如正义城市这样更温和、更模糊的空间概念。②

（三）爱德华·W. 苏贾：寻求空间正义

爱德华·W. 苏贾（Edward W. Soja），美国后现代地理学家，加州大学洛杉矶分校城市规划系教授，后现代都市研究"洛杉矶学派"的领军人物。早年出版了"空间三部曲"，即《后现代地理学——重申批判社会理论中的空间》（1989）、《第三空间——去往洛杉矶和其他真实和想象地方的旅程》（1996）、《后现代大都市——城市和区域的批判性研究》（2001）。2010 年出版的《寻求空间正义》是对"空间三部曲"的延续和升华。空间正义研究是苏贾学术思想的重要内容。

苏贾较为忠实地继承了列斐伏尔的空间观点，在列斐伏尔概念三元组的基础上，建构了"空间三元辩证法"（spatial trialectics）概念，并用"第三空间"（the third space）称呼超越二元对立并持续衍生的可能性场所。他以正义的社会性、历史性和空间性为基础，分析了空间存在的重要意义，提出"空间是人类生活的第一原则"。在苏贾看来，过去社会理论的解释框架采用二元的"社会 - 历史"的二元解释框架。对空间因素的忽视使这个框架存在重大不足，已经无法解释日益复杂的城市现象。以空间为核心的"社会 - 历史 - 空间"三元辩证法是解释城市现象的合理框架。"空间转向逆转了历史想象优于空间想象的局面，它的最大目标就是恢复历史与地理

---

① 高鉴国：《新马克思主义城市理论》，商务印书馆，2006，第 26 页。
② 〔美〕爱德华·W. 苏贾：《寻求空间正义》，高春花、强乃社等译，社会科学文献出版社，2016，第 88 页。

思维及阐释互补性的再平衡。……我对空间视角前景化的强调不是要抵制历史和社会学的逻辑，而是要打开在过去被忽视或边缘化的一扇新窗户。"①人类生活从根本上来说是空间的、暂时性的及社会化的，是共时性、交互性的真实与想象。社会进程在塑造空间性的同时，空间性同样在塑造着社会进程。苏贾所谓的空间性，是一个异质于传统地理学研究对象（自然空间）的概念，是社会力量营造出来的空间，是关系和意义的集合。② 空间性、社会性及历史性共同成为人类社会的基本因素，并无天生优劣之分。在他看来，空间始终是城市发展的一个决定性因素，城市权利、社会权利的实现、维护、斗争，始终围绕空间进行。"空间不是一个绝对的真空，空间中总是充斥着政治、意识形态及其他暴力。"③ 空间已经成为社会斗争的焦点，当代诸多重大社会冲突，往往围绕空间问题展开。

苏贾指出，发生在 20 世纪 60 年代的一系列城市骚乱将原本隐藏在正常且自然的地理环境下的对空间的剥夺以及空间非正义推上历史舞台，摆在了公众面前。不合理的选区划分、污名设施布局、南非种族隔离、巴以领土纷争、世界生产体系的"中心 - 边缘"结构、城市的堡垒化、公共空间的碎片化、福柯意义上的微观权力网络等现象，从不同层面呈现了空间的不正义。分布不平等是空间非正义最主要和最明显的表现，从至关重要的公共服务，如教育、公共交通和犯罪防治，到更具私人性的充足的食物供应、住房和就业机会，这些与城市生活相关的最基本需求都存在着地理的差异性，形成了地域歧视。苏贾指出，资本和权力是造成空间非正义的"罪魁祸首"。空间是资本最好的投资场所，也是资本主义得以延续的活跃力量，空间资本化具有政治性。权力系统通过城市规划塑造了"中心 - 边缘"二元空间结构，进而维护了资本利益和城市秩序。边缘空间远离城市中心，是被训诫的"他者"场域，弱势群体被剥夺了进入城市中心的权利。弱势群体要想摆脱"边缘"处境，占据"中心"位置，就要行动起来。"边

---

① 〔美〕爱德华·W. 苏贾：《寻求空间正义》，高春花、强乃社等译，社会科学文献出版社，2016，第 15 页。
② 〔美〕爱德华·W. 苏贾：《后现代地理学——重申批判社会理论中的空间》，王文斌译，商务印书馆，2004，第 120 页。
③ 〔美〕爱德华·W. 苏贾：《寻求空间正义》，高春花、强乃社等译，社会科学文献出版社，2016，第 18 页。

缘空间既是镇压之地也是反抗之地",争夺空间的控制权是抗争运动的主要目标。

在苏贾看来,空间正义是对空间支配、空间剥夺与压迫的一种批判,旨在培育一种空间化意识并激励社会运动来抵制根植于空间生产实践中的非正义现象,其实质是一种反抗空间霸权的努力。空间正义包含城市权利理念以及相关的差异和抵抗的权利。苏贾认同美国当代著名政治哲学家、新马克思主义代表人物艾丽斯·M. 扬(Iris M. Young)在《正义与差异政治》(1990)中的观点。扬强调正义应该在具体的地理、历史和社会的术语中来体现,应更多关注产生不平等、不正义的社会力量及过程,尊重差异和多元化,认为不正义主要有五个方面,即剥削、边缘化、无力、文化帝国主义和暴力。① 苏贾认为,寻求正义已经成为当代很多不同类型的城市运动共同的、强有力的呐喊。正义是一个富有动员力的概念,它可以起到"黏合剂"的作用,在各种行动之间建立关联,促进和维持异质、建立多样的联合和联盟的建立。"今天,寻求正义似乎渗透到了一个符号性力量之中,它超越了阶级、种族、性别等层面,更加有效地发挥作用,强化了集体政治行动意识,形成了一种建立在分享经验基础上的团结感。"②

苏贾对弱势群体争取空间权利的行动给予了特别关注,从交通正义到最低生存工资运动,再到社会公共服务,均在苏贾的学术视野中。例如,20世纪80年代的"阻止工厂关闭联盟"运动,该联盟的主要目的是在全球去工业化背景下,组织工人阻止工厂关闭;1990年的"门卫正义"运动,旨在提高非洲裔移民劳工的最低工资水平,争取必需的社会福利;1996年的巴士乘客联盟交通公平运动,法院判决洛杉矶城市交通局在未来十年中以最高的优先预算,提升巴士服务水平,保证买不起车、依赖公共交通的城市贫民能够平等乘坐各种形式的公共交通工具出行;等等。通过对上述城市行动案例以及洛杉矶劳工运动史的研究,苏贾指出,关于城市权的斗争,争取公平合理地分配城市资源固然重要,但更要重视获得对产生不公正的

---

① 〔美〕艾丽斯·M. 扬:《正义与差异政治》,李诚予、刘靖子译,中国政法大学出版社,2017,第57~77页。
② 〔美〕爱德华·W. 苏贾:《寻求空间正义》,高春花、强乃社等译,社会科学文献出版社,2016,第19~20页。

城市地理过程的控制权。行动若想取得成功，必须要建立多样化的联盟，开展网络化社会运动。在《寻求城市正义》一书中，苏贾用了较大篇幅介绍劳动/社区策略中心等劳工与社会组织开展的活动。苏贾本人及所任教的加州大学洛杉矶分校的城市规划系长期致力于城市社区运动的理论研究与实践活动，使加州大学洛杉矶分校逐渐成为空间正义研究的学术重地。

（四）苏珊·S. 费恩斯坦：城市正义与政策评估

苏珊·S. 费恩斯坦（Susan S. Fainstein），美国哈佛大学研究生院教授，城市规划学家，著有《城市的缔造者》（1994）、《城市的重构与城市政治运动》（1999）、《规划理论读本》（2003）、《正义城市》（2010）等。费恩斯坦是较早地进入城市正义研究领域的学者。1994年在牛津召开的纪念大卫·哈维《社会正义与城市》出版二十周年的研讨会上，费恩斯坦萌发了将城市正义作为研究问题的想法。2010年出版的《正义城市》一书，是费恩斯坦"致力于理论探讨与实践相结合的最佳代表"。在书中，作者对纽约、伦敦和阿姆斯特丹三座城市进行了个案研究，探讨它们在城市复兴方面所做的努力，并以正义作为核心指标，对这三座城市的公共政策制定及其效果进行了评估。费恩斯坦指出，撰写该书的目的是要提出一种城市正义理论，并且用这种理论来评价现有的、潜在的制度与规划。

费恩斯坦认为，在城市语境下，所谓的正义包含了平等、民主以及多元性三个要素，所要论证的是正义产生的影响以及正义应该如何推动所公共政策的制定，并非要提出一种完美城市的理论。[①] 正义一旦成为评价公共政策的首要标准，就应直面在城市环境中的应用问题并提出解决的思路，如正义内涵的界定、正义实现程度的操作性标准、影响正义的因素和博弈力量，以及改善社会公正的策略等。在该书的结论部分，费恩斯坦提出了指导规划和政策的原则清单，以秉承公平、促进多元性和推进民主为原则，包括为低收入家庭提供住房、为满足公共利益需要而进行的搬迁应基于自愿原则、保证低收入人群充分享受公共交通工具的权利、混合居住、公共空间共享、规划应有广泛的协商等内容。费恩斯坦认为，这份清单"将有

---

① 〔美〕苏珊·S. 费恩斯坦：《正义城市》，武烜译，社会科学文献出版社，2016，引言第5页。

利于处于相对弱势的社会群体并呼吁决策者在选择特定的策略时做出正义影响声明"。① 当然，费恩斯坦也承认，该书仅在发达国家的案例中进行分析，不适用于分析发展中国家的城市正义问题。在她看来，虽然正义原则应当在任何地方都适用，但是在相对富裕的地方可以运用的方法不能简单地复制于贫穷的城市。此外，费恩斯坦也指出，虽然公平、民主与多元性构成了正义的三个基本元素，却找不到一个统一的方法来解决它们之间的矛盾与各自内在价值的矛盾，并且在都市层面所能实现的事情有明显的局限性。但是，费恩斯坦也认为，关心正义"会引导政策更加积极地促进政府收入的公平分配，产生一个有活力的、多元性的以及便利的公共领域，并使目前被地方决策排除在外的群体的观点更加透明和开放"。② 寻求正义的价值是显而易见的。

总体而言，费恩斯坦的城市正义思想是温和的、建设性的，希望能够推动符合正义理念的城市公共政策的制定。费恩斯坦这一立场受到了一些激进学者的严厉批评，正如她所说："在富裕与形式上民主的西方国家的资本主义城市化背景下，笔者的分析仅限于表面上具有可行性的内容。正因如此，由于无力应对资本主义派生出的非正义，因而屡遭批判。"③ 在众多批评者中，哈维和波特的观点最为激烈，他们在《正义之城的权利》一文中指出，任何试图在资本主义关系环境中实现正义的努力都不会认识到非正义的根源。乌托邦式的规划无论在理论上还是在实践中似乎都有致命缺陷，"这样的思想架构忽略了当墙、桥梁和门成为社会行为的框架和不公平的基础时所发生的情况。……这一点恰恰是费恩斯坦在正义城市理念上的徘徊之处。从一开始，这个理念就被限定在现行资本主义政权的权利和自由范畴内运作，因而只能减轻不公平体制的最糟结果。……正义之城的权利不是一种恩赐，它必须由政治行动争取"。④ 对于这些批评，费恩斯坦说：

---

① 〔美〕苏珊·S. 费恩斯坦：《正义城市》，武烜译，社会科学文献出版社，2016，第154页。
② 〔美〕苏珊·S. 费恩斯坦：《正义城市》，武烜译，社会科学文献出版社，2016，第170~171页。
③ 〔美〕苏珊·S. 费恩斯坦：《正义城市》，武烜译，社会科学文献出版社，2016，引言第5页。
④ 〔美〕彼得·马库塞等主编《寻找正义之城：城市理论和实践中的辩论》，贾荣香译，社会科学文献出版社，2016，第60~64页。

"传播理论家强调文字的重要性无疑是对的，但是要弘扬正义，言辞内容就要包括对认可和公正分配的要求，这点是必需的。"① 阐明哲学观念中正义的固有价值并积极对话，是引导创建"美好城市"（good city）、改变"将社会正义排除在城市政策目标之外"状况的第一步，也是非常重要的一步。

费恩斯坦对城市正义理念的发展起到了推动作用。2006 年，她从哥伦比亚大学建筑规划历史保护研究院调往哈佛大学任教，彼得·马库塞（Peter Marcuse）等哥伦比亚大学的同事和学生为了向费恩斯坦的学术贡献表示敬意，召开了一个题为"寻找正义之城"的学术会议，与会学者围绕城市的正义和非正义问题展开了激烈的讨论，2009 年出版了会议论文集。该书由三部分内容构成：第一部分是为什么要求正义，涉及正义之城讨论的理论基础；第二部分是正义之城的局限是什么，扩展讨论的主题；第三部分是如何实现正义之城，关注城市正义的具体案例。会议组织者希望能够建立一个理论框架，为正义之城制定标准，推动城市正义问题的理论研究和实践活动。

20 世纪 60 年代末至 70 年代初，欧美社会动荡，城市骚乱、反战运动接连不断，导致人们对社会的看法具有强烈的批判性和意识形态性。城市财富与政治权力的公正分配问题吸引了研究者的注意力，成为后现代主义哲学、批判城市社会学和新政治经济学关注的焦点。新马克思主义空间批判视角的引入，使城市正义研究有了新的视野和方法论，成为哲学家、人文地理学家、社会学家和其他城市研究者所青睐的理论利器，城市化、信息化和全球化的快速发展则进一步丰富了这一领域的研究。新马克思主义者对城市正义问题的关注，始终充满行动的力量。正如萨义德（Edward W. Said）在《知识分子论》中所言："知识分子的代表是在行动本身，依赖的是一种意识，一种怀疑、投注、不断献身于理性探究和道德判断的意识。"② 城市正义主题所涉及的内容是非常宽泛的，相关的学术贡献也非少数学科所能垄断，尽管这些学科做出了突出贡献并有较为成熟的话语体系。城市正义是

---

① 〔美〕彼得·马库塞等主编《寻找正义之城：城市理论和实践中的辩论》，贾荣香译，社会科学文献出版社，2016，第 46 页。

② 〔美〕爱德华·W. 萨义德：《知识分子论》，单德兴译，三联书店，2002，第 23 页。

社会正义在城市空间和城市问题上的投射，是均衡、统筹城市秩序与城市发展的一个重要的价值范畴，其理论范式不是一整套宏大的理论体系，而是一种正义建构的场域，是从社会正义的范式中生长出来的。因此，城市正义问题需要更多的学科参与研究，需要有更多的现实关照。

三　城市正义的缺失及其根源

寻求正义，意味着现实生活中正义的缺失。实现正义的过程，就是从非正义到逐渐获得正义的过程。人类社会通过逐步消除各种非正义而不断前行。人们可能无法就绝对的正义达成共识，但对现实生活中的非正义现象却很容易感知。因此，对城市正义问题的探索，可以从城市生活中显而易见的非正义现象入手。正义理论需要一个关于"非正义"的批判概念，正如约翰·穆勒所说："正义就像其他许多道德属性一样，最好用它的对立面来加以规定。"[①] 城市非正义主要表现在城市开发的正当性危机、居住空间分异、贫困与社会排斥以及移民与种族冲突等问题上。

（一）城市开发的正当性危机

城市开发是指以土地利益和空间效益为指向的旧城改造、城市更新和土地再开发等"士绅化"（gentrification）活动。通过修缮、拆迁或重建，改变城市中产业和人口的空间分布，复兴衰败区域，振兴凋敝经济，寻找新的经济增长点。然而，权力和资本的"合谋"却使这种空间再生产无可避免地遭遇了正当性危机。

罗根（J. R. Logan）和莫洛奇（H. L. Molotch）的增长机器论（growth machine theory）认为，地方官员发展地方经济的强烈动机和基于土地的经济精英聚敛财富的动机主导着城市开发的方向和进程，并因此在城市发展中形成了政治精英和经济精英的联盟，而联盟形成后的城市行政体系则被比喻为一架"增长机器"。有时地方政府与增长机器之间也会有不一致的看法，

---

① 〔英〕约翰·穆勒：《功利主义》，徐大建译，上海人民出版社，2008，第43页。

但实际上除非地方政府不愿意，更多的时候地方政府还是支持增长机器的。① 地方政府关心持续的经济增长，地方财政严重依赖房地产税。并且，来自开发商的竞选经费也是地方政客获得竞选或留任的金钱的首要途径。此外，城市对投资的激烈竞争也会促使地方政府尽力满足经济精英的要求。无论食利者和商业力量如何行动，"增长机器的成功取决于地方政客和官僚的各种形式的支持或默许"。② 同增长机器论一样，埃尔金（S. Elkin）和斯通（C. Stone）的城市机制理论（urban regime theory）认为，政治和市场之间有很强的相互依存关系，政府官员和商业领袖在一般意义上是相互依赖的，当涉及城市发展的政治时，他们彼此之间的联系就更为密切。商业力量在城市决策系统中扮演着强大直接的角色，甚至可以说，商业利益集团是独一无二的优势集团。毕竟，城市发展战略主要是依靠私人部门的资源。③

城市增长和发展并非对所有人都是有益的，财富和生活的机会从普通民众手中转移到了食利者及其联盟者的手中。哈维指出："房地产开发——特别是在大型城市之内和城市周边，以及出口发展地区——似乎是另外一种有利手段，借以将大量财富积聚到少数人手里。由于农民并不拥有土地，他们可能很容易就一无所有，土地转而为城市牟利所用，导致劳作者在农村无计谋生，被迫离开土地加入劳动力市场。提供给农民的补助通常仅相当于土地价值的一小部分，而土地则被政府官员转手给开发商。"④

空间以追逐剩余价值为目的而被不断地再生产。空间被资本逻辑所支配与控制，成为追逐利润、榨取剩余价值的重要手段和途径。空间资源占有造成的不平等成为社会不平等的重要根源。这种以牺牲弱势群体的利益为代价来谋求城市发展的模式是一把双刃剑，在给城市带来短期快速增长的同时，也产生了巨大的社会矛盾和隐患。城市开发过程充满了社会不公平感和怨恨情绪。城市开发活动不仅遭遇到动迁居民、征地农民的强烈抵

① 〔英〕阿兰·哈丁：《精英理论与增长机器》，载〔英〕戴维·贾奇、〔英〕格里·斯托克、〔美〕哈罗德·沃尔曼编《城市政治学理论》，刘晔译，上海人民出版社，2009，第53页。
② 〔英〕艾伦·哈丁、〔英〕泰尔加·布劳克兰德：《城市理论》，王岩译，社会科学文献出版社，2016，第93页。
③ 〔英〕艾伦·哈丁、〔英〕泰尔加·布劳克兰德：《城市理论》，王岩译，社会科学文献出版社，2016，第96页。
④ 〔美〕戴维·哈维：《新自由主义简史》，王钦译，上海译文出版社，2010，第169页。

抗，还引发了以政府、开发商和物业公司为对象的业主维权运动，以及白领群体对高房价的抗议行动。制度约束、社会资本的缺乏以及行动能力的局限性，使得利益博弈很容易转化为非理性的抗争行动。

（二）居住空间分异

住房既是基本的生活消费品，又是财富的重要形式，其可获得性和可负担性在任何国家都不是一个轻松的话题。在城市居住空间的生产、分配和消费过程中，资本扮演着重要的角色。资本对城市空间的不断重构导致了居住贫困和空间隔离。"恶劣的住房正是贫困的一种症状，也是贫困的最为糟糕的表现形式。"① 在资本逻辑下，城市居住空间呈现从奢华社区、中产阶级社区、廉租公寓区再到贫民窟不同等级的居住空间格局。贫民窟（slum）人口始终是少数民族和种族的穷人。收入水平和种族偏好是邻里选择的关键因素。购房和租赁市场上的"种族引导和建议"（racial steering），强化了少数群体的空间隔离。空间隔离将人们彼此区分开来，进而形成了阶层差异，社会身份与空间资源的占有与分配内在地联系在一起。英国社会学家弗兰克·帕金（Frank Parkin）认为，"胜利者"和"失败者"构成了城市社会空间的等级结构。"胜利者"利用权力性资源，将地位较低的群体排斥在自己想得到的空间和资源之外。②

1967年，雷克斯和墨尔在《种族、社区和冲突》一书中提出了"住房阶级"理论，强调城市的住房分配体系创造了一个新的阶级划分标准，即是否拥有以及拥有何种获得稀缺并被普遍期望的住房的途径，使城市居民分化为不同的"住房阶级"，不同群体在获取稀缺住房资源途径上的不平等。③ 哈维指出："巴黎每个区各有其'模式'，能够显露出你是谁，你的工作，你的身家背景以及你所追求的目标。"④ 马尔库塞认为，"空间上的

---

① 〔英〕约翰·伦尼·肖特：《城市秩序：城市、文化与权力导论》，郑娟、梁捷译，上海人民出版社，2015，第193页。
② 〔美〕保罗·诺克斯等：《城市社会地理学导论》，柴彦威、张景秋等译，商务印书馆，2005，第211页。
③ 蔡禾主编《城市社会学：理论与视野》，中山大学出版社，2003，第192～195页。
④ 〔美〕戴维·哈维：《巴黎城记》，黄煜文译，广西师范大学出版社，2010，第46页。

隔离甚至给了雇主、政府官员和机构的一种识别某个求职、申请入学或福利的申请者的经济和社会地位的简单方法：通过他们的居住地址便一目了然了"。① 在美国，城市贫民被日益隔离在高度贫困的邻里街区，这些地方也越来越按照种族界线加以划分。空间隔离的背后意味着人与人之间的尊卑关系，居住空间的等级化加剧了都市空间资源占有与配置的不平等性，弱势群体的空间权益日益边缘化，产生了区位歧视、社会排斥等问题，凸显了空间的非正义性。"社会正义原则总是与空间政治联系在一起。"②

资本通过塑造"中心－边缘结构"的空间形式来施加自己的影响，"把穷人赶出市中心"成为一种趋势。"中心－边缘结构"不仅在现实空间中有着特定的位置，而且总是对应着特定的社会阶层，契合一定的社会结构和社会运作机制。边缘空间远离社会生活重心，贫困者、少数族裔、失业者或者低收入者集聚于此，交通不便、住房恶劣、公共设施匮乏、卫生条件和治安环境令人不安，且往往与污名设施（stigma facility）为伍，如污水处理厂、垃圾填埋场和焚烧炉、公交车站、化工厂、监狱等。污名化（stigmatization）是美国社会学家戈夫曼（Erving Goffman）于 1963 年在《污名：受损身份管理札记》一书中提出来的议题。高度贫困的居住区被消极刻板地视为危险的、不能去的地方，生活在其中的人们可能因空间污名化而遭受居住歧视。③ 当地居民因担心建设项目对身体健康、环境质量等带来负面影响，往往会爆发激烈的、情绪化的抗争行为，出现所谓"邻避效应"（Not-In-My-Back-Yard，简称"NIM-BY"，意为"好是好，但不要建在我家后花园"）。由于缺乏足够的税源，这些贫困的郊区地带的管理者们常常捉襟见肘，勉强维系基本的社会服务。拥有选择能力的居民大量逃离，使这些边缘地带变得日益糟糕、毫无生气。④ 事实上，在很多欧美城市，极端贫困与少数种

---

① 〔美〕彼得·马尔库塞：《城市四分法》，载〔美〕加里·布里奇、〔英〕索菲·沃森编《城市概论》，陈剑峰、袁胜育等译，漓江出版社，2015，第 297 页。

② 〔英〕弗兰·通金斯：《社会正义与城市：平等、融合与空间政治》，载〔美〕加里·布里奇、〔英〕索菲·沃森编《城市概论》，陈剑峰、袁胜育等译，漓江出版社，2015，第 625 页。

③ 〔英〕艾伦·哈丁、〔英〕泰尔加·布劳克兰德：《城市理论》，王岩译，社会科学文献出版社，2016，第 146 页。

④ 〔加拿大〕简·雅各布斯：《美国大城市的死与生》，金衡山译，译林出版社，2006，第 250 页。

族地位有着很强的联系，高度贫困的区域往往也是少数种族群体聚集的地方，因此必须把种族主义和歧视作为边缘化的因素加以考虑。

哈维指出，城市空间生产使绝大多数优质的空间都不可避免地被资产者所占据，用于商业目的以实现土地资本的增值；而城市中的劳动者、低收入阶层在空间的占有与控制中往往处于劣势，他们从事着空间生产，为城市建设做出了贡献，但自己的生存空间却在资本的强势逻辑下被不断挤压和重塑。资本任性和权力滥用是导致居住空间非正义的"罪魁祸首"。受收入水平、住房价格等条件的约束，低收入者不得不在居住地和工作地之间疲于奔命，咀嚼着"中心-边缘"城市结构而酿成的苦果。①

（三）贫困与社会排斥

贫困问题是世界各国普遍面临的社会问题，经济欠发达国家尤为突出。对于"贫困"的界定，世界银行给出了一个描述性的解释："贫困就是这样一种人们想逃避的生存状态，贫困就意味着饥饿，意味着没有栖身之地；贫困就是缺衣少药，没有机会上学也不知道怎样获得知识；贫困就是失业，害怕面对未来，生命时刻受到威胁；贫困就是因为缺少清洁的饮用水而导致儿童生病甚至死亡；贫困就是权力和自由的丧失。"资本剥削、较低的生产率、经济停滞、失业、种族歧视、贫困文化、家庭解体等，都是致贫的重要原因。阿玛蒂亚·森认为，贫困不只是经济概念，其实质是一种权利和能力的贫困。"贫困不是单纯由于低收入造成的，很大程度上是因为基本能力缺失造成的。"②

尽管从全球范围上来说，大部分贫困人口仍然居住在农村地区，但世界上居住在城市中的贫困人口比例正在提高。在亚非拉不少经济欠发达国家，城市人口失业率居高不下，居民通过非正规经济渠道获取微薄的收入，一些城市连最为基本的水电气、医疗卫生、住房及治安消防等生活设施和生活服务都十分缺乏，腐败、犯罪、环境污染、贫富悬殊等问题非常严重。发

---

① 〔美〕爱德华·W. 苏贾：《寻求空间正义》，高春花、强乃社等译，社会科学文献出版社，2016，"译者的话"第8页。

② 〔印度〕阿玛蒂亚·森：《论经济不平等/不平等之再考察》，王利文、于占杰译，社会科学文献出版社，2006，第59页。

达国家也同样存在贫困和财富分配不平等问题。在所有工业化国家中，美国的财富分配最不平等。收入最高的家庭占 20%，年平均收入在 2010 年达到 10 万美元，占据了所有收入的 50.2%，相当于 80% 家庭的收入；收入最低的家庭占 20%，年平均收入不足 2 万美元，占据了所有收入的 3.3%。2010 年，一个四口之家的贫困线是年收入 22314 美元，贫困率是 15.1%。据此计算，美国共有 4620 万贫困人口。① 2008 年诺贝尔经济学奖获得者、美国经济学家保罗·克鲁格曼说（Paul R. Krugman）："我们已经不再是一个中产阶级社会了，不再是那个经济增长的好处可以广泛分享的社会了。"②"少数民族与贫困状态之间的交叉联系对于美国城市而言相当鲜明，而且最令人困扰。"③ 生活在贫困压倒一切的邻里街区的破坏性影响是多种多样的，包括高质量学校的缺乏、传统榜样的剥夺、获取工作和工作网络能力的缺失以及犯罪和受害的高风险。

关于贫困问题最悲观的理论无疑是精英理论和相关的政治经济学范式，以及诸如"增长机器"和城市战壕（city trenches）这样的马克思主义范式。它们的共同之处是，认为商业导向的地方精英会以牺牲穷人的利益为代价，运用权力来谋取自身利益，城市增长的代价是由低收入群体来承受的。④ 美国著名公共政策学家托马斯·R. 戴伊（Thomas R. Dye）指出，现行社会福利政策是造成美国贫困人口持续存在的重要原因。穷人并不是福利支出的主要受益者。大多数社会福利支出，包括最大的福利项目——社会保障和医疗保险，都流向了非贫困人口，中产阶级是主要的受益者。⑤ 贫困带来了严重的社会排斥问题，让利益相关者都参与公共政策制定中的想法是改善

① 〔美〕约翰·J. 马休尼斯、〔美〕文森特·N. 帕里罗：《城市社会学：城市与城市生活》（第 6 版），姚伟、王佳等译，中国人民大学出版社，2016，第 227~231 页。

② 〔美〕霍华德·丘达柯夫、〔美〕朱迪丝·史密斯、〔美〕彼得·鲍德温：《美国城市社会的演变》（第 7 版），熊茜超、郭旻天译，上海社会科学院出版社，2016，第 273 页。

③ 〔美〕马克·戈特迪纳、〔英〕莱斯利·巴德：《城市研究核心概念》，邵文实译，江苏教育出版社，2013，第 87 页。

④ 〔美〕马拉·悉尼：《贫困、不平等与社会排斥》，载〔英〕乔纳森·S. 戴维斯、〔美〕戴维·L. 英布罗肖主编《城市政治学理论前沿》（第二版），何艳玲译，格致出版社，2013，第 214 页。

⑤ 〔美〕托马斯·R. 戴伊：《理解公共政策》（第 12 版），谢明译，中国人民大学出版社，2011，第 81 页。

贫困群体政策效果的必要前提。

此外，资本主导下的全球空间生产布局造就了"中心－边缘"的空间等级与依附关系，进而形成了"具有特定的空间和地理特征的不平等环境",[1] 导致资源与财富的分配以极不平等的形式呈现。这意味着，资本主义的全球空间格局生产了剥削，也生产了贫穷，带来了全球的非正义，需要改变这种不合理的全球秩序。法国经济学家托马斯·皮凯蒂（Thomas Piketty）在 2014 年出版的《21 世纪资本论》一书中认为，从长期来看，无论在世界层面还是在民族国家层面，资本回报率总是高于经济增长率，社会贫富两极分化是常态。这表明，在有关经济和社会平等问题上，理想和现实存在着尖锐的矛盾。只有先承认存在着这样一个规律，才能设法创造条件、控制贫富分化、调节财富和收入差距、缓和经济和社会不平等加剧的趋势。社会正义是以平等价值和公民尊严原则为基础的，政府应当在与各种形式的否定公平的歧视现象斗争中担负起责任。"给所有社会成员以平等的公民待遇，可以说是现代社会正义的优先和基本的要求。"[2]

（四）移民与种族冲突

人口迁移既带来希望，又引起恐慌。国际人口迁移对迁入地城市的政治和政策具有重要影响，体现在人口、就业、福利、婚姻家庭、文化习俗、公民身份、邻里关系、社会网络等诸多方面。世界上主要的移民目的地国家，如美国、加拿大、英国、法国和德国等国，呈现种族、族群的多样性。多种族和族群大量聚集，使整个城市成为一个由无数小世界构成的"马赛克"。人口构成的多样性以及差异性，给城市带来了活力，许多城市的增长和发展是通过移民的贡献而实现的，因此不应把移民视为城市的负担而排斥，他们有权过上有尊严的生活。但毋庸讳言，移民的大量涌入也给迁入地城市带来了诸多纷争，甚至激烈的冲突。"种族的多样性以及种族的差

---

① 〔美〕大卫·哈维：《新帝国主义》，初立忠、沈晓雷译，社会科学文献出版社，2009，第28 页。

② 何怀宏：《伦理学是什么》，北京大学出版社，2015，第 234 页。

异，都会引起一个城市的接受与拒绝、容纳与排斥问题。"①

　　美国《解放奴隶宣言》的发表距今已有 150 多年，马丁·路德·金发表"我有一个梦想"的演讲已有 50 多年，而首位黑人总统奥巴马也走完了8 年的白宫之路，但是美国社会的种族矛盾仍未解决，种族问题仍能轻易触动敏感神经。从 1992 年的洛杉矶骚乱，到 2014 年的弗格森抗议，再到 2017年的夏洛茨维尔冲突，暴露了美国深刻的种族裂痕。《华盛顿邮报》曾断言，种族问题在美国犹如一座活火山，"随时都会爆发"。历经百年仍未消除的种族歧视与仇恨，与现实生活中经济层面的焦虑感融合，让美国的种族问题复杂又难解。"种族问题长久以来一直是美国国内政治的核心问题"。② 精英与大众，白人与少数族裔，在种族问题上难以达成共识，种族歧视和不平等在经济、政治、教育、居住、就业等领域依然大量存在。种族之间的不平等可以从收入、贫困人数、失业率及其他"生活机会"指标中反映出来。被用来量化少数群体空间隔离的最常用的模型是相异性指数（index of dissimilarity）。根据美国城市人口调查数据，非洲裔美国人是受隔离最明显的美国少数群体。马西和登顿发现，美国有近 1/3 的黑人人口仍旧生活在极端隔离的状态之下，黑人不仅在任何单一的隔离维度上较其他群体遭到更多的隔离，而且在同时存在的所有维度上都是如此，这可称为"超级隔离"。③汤姆森认为，种族烙印深深地刻在非洲裔美国人的心中，他们对白人和政治极不信任，对黑人政治领袖也极为不满。2000 年，非洲裔美国人中有71％认为美国的去种族歧视进程在有生之年将不可能实现，或者永远都不会实现。大量非洲裔美国人和低收入黑人一样，对美国政府机构大失所望或刻意疏离。④

　　移民潮是动态的，受到多方面的因素的影响，如移民来源国的政治因

---

① 〔美〕约翰·J. 马休尼斯、〔美〕文森特·N. 帕里罗：《城市社会学：城市与城市生活》（第 6 版），姚伟、王佳等译，中国人民大学出版社，2016，第 253 页。

② 〔美〕托马斯·R. 戴伊：《理解公共政策》（第 12 版），谢明译，中国人民大学出版社，2011，第 205 页。

③ 〔美〕马克·戈特迪纳、〔英〕莱斯利·巴德：《城市研究核心概念》，邵文实译，江苏教育出版社，2013，第 47 页。

④ 〔美〕J. 菲利普·汤姆森：《种族和城市政治理论》，载〔英〕乔纳森·S. 戴维斯、〔美〕戴维·L. 英布罗肖主编《城市政治学理论前沿》（第二版），何艳玲译，格致出版社，2013，第238 页。

素，以及目的地国家的经济机会的吸引等。全球化影响的扩大和不稳定的地缘政治所引起的难民迁徙（叙利亚、伊拉克和阿富汗是当下难民的主要来源地），使欧美国家正在越来越多地经历在种族和人种方面都具有多样性的群体的流入。近年来美国、法国和德国等国爆发的反移民抗议示威和冲突以及政府移民政策的调整，反映了移民、种族与宗教问题的复杂性，折射了解决"全球正义"问题的艰巨性。如何构建公民身份和政治认同，处理由少数族群在居住上的隔离、高失业率、低受教育率、社会排斥、高犯罪率以及对于公共政策的不信任而引起的紧张局面，考验着各国政府的智慧。

美国社会学家萨斯基娅·萨森（Saskia Sassen）在 2014 年出版的《驱逐：全球化经济中的野蛮性与复杂性》（*Expulsions：Brutality and Complexity in the Global Economy*）一书中，认为贫困和不平等的概念不足以理解当今世界的混乱秩序，它们应当被更准确地理解为一种"驱逐"（expulsions）——把弱势者和穷人从土地上、工作中和家园里驱逐，甚至驱逐出生命赖以生存的生物圈，这是当下全球资本主义经济的残酷逻辑。

四　走向正义之城

公平正义不是天生的，不会自动实现。那么，在一个多元社会中，公平正义如何实现？思想家们给出的答案大致有两种：一是基于理性商谈的路径；二是基于社会运动的路径。简而言之，就是凝聚共识和付诸行动。

（一）理性商谈

正义是社会制度的首要美德，秩序良好的民主社会承载了人们对正义的想象和期待，但是，秩序良好的民主社会有一个普遍的事实：合乎理性又不相容的宗教、道德和政治的完备性或全面性学说的多元存在是公共文化的一个永久特征，任何人也别指望在可预见的将来，它们中的某一种学说或某种别的合乎理想的学说将会得到全体公民或几乎全体公民的确信。只有靠压迫性地使用国家权力，人们对某种全面性的宗教、哲学和道德学说的持续共享性理解才能维持下去，如中世纪的宗教裁判所对异教徒的压制。然而，这种压迫性在现代民主社会是无法容忍的。"在存在一种合乎理性的学说之多元性的时候，要求利用国家权力的制裁来纠正或惩罚那些与我们观点相左的人，是不合乎理性的或错误的。"① 但是，一个持久而安全的民主政体必须至少得到该社会在政治上持积极态度的公民的实质性多数的自愿支持，才能具有政治合法性，才是正义的。社会的统一与公民的团结既然不可能建立在某种全面性学说的基础上，又不能够依靠权力压制，那么，它的基础又在何方？

罗尔斯认为，这个问题可以通过重叠共识和公共理性这两个理念得以解决。"为了了解秩序良好的社会怎样才能达到统一和稳定，我们引进了政治自由主义的另一个基本理念，该理念与政治的正义理念相辅相成，它就是各种合乎理性的完备性学说达成重叠共识的理念。在此种共识中，各合乎理性的学说都从各自的观点出发共同认可这一政治观念。社会的统一建立在对该政治观念的共识之基础上。"② 重叠共识不是一种临时协定，并非建立在各自利益平衡基础上的权宜之计，它是在合作德性这一道德的基础上被人们所认可的。"接受该政治观念不是那些持不同观点的人们之间的一种妥协，而是依赖于在每一个公民认肯的完备性学说内部所具体规定的种种理性的总体性。"③ 重叠共识与公共理性存在内在联系。重叠共识的核心和公共理性的基本内容都是公平的正义原则。这两个理念所应对的都是民主政体的长治久安问题。"公共理性是一个民主国家的基本特征。它是公民的理性，是那些共享平等公民身份的人的理性。他们的理性目标是公共善，此乃政治正义观念对社会之基本制度结构的要求所在，也是这些制度所服务的目标和目的所在。"④ 罗尔斯指出，公共理性不是公民个人对政治问题的思考和看法，也不是某一团体关于政治问题的推理，而需要在公共论坛上各方进行公开的政治讨论。公共理性是公平的合作体系的支撑。"正是通过理性，我们才作为平等的人进入他人的公共世界，并准备对他们提出或接受各种公平的合作项目。这些项目已作为原则确立下来，它们具体规定

① 〔美〕约翰·罗尔斯：《政治自由主义》，万俊人译，译林出版社，第146页。
② 〔美〕约翰·罗尔斯：《政治自由主义》，万俊人译，译林出版社，第133页。
③ 〔美〕约翰·罗尔斯：《政治自由主义》，万俊人译，译林出版社，第181页。
④ 〔美〕约翰·罗尔斯：《政治自由主义》，万俊人译，译林出版社，第226页。

着我们将要共享、并在我们相互间公共认作是奠定我们社会关系之基础的理性。"① 在价值多元化的社会中，公民只有按照相互性的标准，从双方都同意的理由出发，才能在多元差异中达成政治共识，实现社会的良序稳定。公共理性的关键是，公民将在每个人都视为政治正义观念的框架内展开基本讨论，而这一政治正义观念则建立于那些可以合乎理性地期待他人认可的价值和每个人都准备真诚捍卫的观念上。

德国哲学巨擘尤尔根·哈贝马斯（Jurgen Habermas）认为正义是一个综合概念，它既具有高度的思辨性（从理想语境中的话语有效性引申出正义的普遍性），又有强烈的现实性指向（以理性商谈这种实践形式作为达到现实正义的路径，以形成完善的生活空间和健全的社会秩序作为正义的主题）。哈贝马斯坚持真正的正义应该是程序性的，正义不是先天的、既定的和抽象的，而是后天的、选择的和具体的，是公正合理的程序之结果，是通过所有相关者在自由平等的对话、协商、交流、谈判过程中达成的。人们要想实现完美的对话、交流和协商，进而在正义上达成共识，关键是要构造一种社会交往的"理想语境"，话语的有效性构成了人们在交往中通过理性商谈而实现正义的根本前提，舍此则一切都无从谈起，"真实性"、"正确性"和"真诚性"是有效性的要求。人们在理性商谈的过程中，只要公共理性的运用程序是合理的或合法的，就一定能保证结果的正义性。"'理性'是道德人格的一个特征。只有正义感的人，才是有理性的人，他们愿意并能够充分考虑合作的公平条件，但是，那些认识到人类认识能力不可靠—即承认'理性负担'的人也是有理性的。他们公开论证他们的政治正义观念。……所谓'公共性'，是指共同的视角，由此出发，公民相互也能过更好的论证说服对方究竟什么是正义的，什么是非正义的。这种公开使用理性的视角是所有人都共有的。只有它才赋予道德信念以客观性。"② 正义最基本、最重要的内容是生活世界中交往权利的公正分配。在《交往行为理论》一书中，哈贝马斯对沟通行动理论作了概要说明：沟通行动是主体与主体之间运用语言进行沟通的行动，在"理想语境"下，交往主体基

①〔美〕约翰·罗尔斯：《政治自由主义》，万俊人译，译林出版社，第56页。
②〔德〕尤尔根·哈贝马斯：《包容他者》，曹卫东译，上海人民出版社，2002，第76页。

于商谈和合意之程序正义，达成"无强迫的共识"和真理。哈贝马斯认为，理性商议有如下特征：商议过程采取论证的形式；商议是广泛的和公共的；商议没有外部压力，也没有内部压力，参与者有平等的机会，仅受规则约束；商议目的是形成共识，但为了做出决定，必须实行多数决定的规则；商议的议题不受限制；等等。① 沟通理性是一种反复辩驳的理性。在有效性声称受到严重的诘疑、沟通行动无法继续进行时，行动者能够进入理性的讨论，经由反复的辩驳，达成共识。哈贝马斯认为，只有经过理性商谈这种合法程序而形成的正义，才可能是合法的、真正的正义。

重叠共识、公共理性、理性商谈都是协商民主（deliberative democracy）的重要内容。就其内涵而言，协商民主是指自由平等的公民在公共协商过程中，通过对话、讨论、审议等手段，审慎考虑各种相关理由，从而赋予立法和决策合法性的一种治理模式。协商民主这一概念在1980年由约瑟夫·毕赛特首次提出之后，经过米勒、瓦拉德斯、詹姆斯·伯曼、哈贝马斯、吉登斯等学者的丰富与拓展，在20世纪末的西方学术界受到广泛关注。"协商民主是一种具有巨大潜能的民主治理形式，它能够有效回应文化间对话和多元文化社会认知的某些核心问题。"② "通过充分的公共讨论，各种观点在公共论坛中进行交流，彼此的立场和想法得到相互认识，在保证公共利益不受侵害下的条件下，寻求可达成一致可行性方案。"③

（二）社会运动

过去几十年里，世界上的许多城市成为国内和国际举行抗议运动的场所，这些运动关注的是社会和经济的公平正义和民主参与。"城市社会运动"这个术语第一次出现于20世纪70年代曼纽尔·卡斯泰尔的著作中。④

① 姚大志：《何谓正义：当代西方政治哲学研究》，人民出版社，2007，第442页。
② 〔美〕博曼、〔美〕雷吉：《协商民主：论理性与政治》，陈家刚等译，中央编译出版社，2006，第86~89页。
③ 〔美〕詹姆斯·博曼：《公共协商：多元主义、复杂性与民主》，黄相怀译，中央编译出版社，2006，第5页。
④ 〔英〕乔丹娜·拉布雷诺维奇：《城市社会运动》，载〔英〕乔纳森·S. 戴维斯、〔美〕戴维·L. 英布罗肖主编《城市政治学理论前沿》（第二版），何艳玲译，格致出版社，2013，第296页。

随着时间的流逝，城市社会运动的概念不断扩大，新议题不断出现。20 世纪 70～80 年代兴起了"新都市运动"，斗争的形成、策略和行为都发生了改变，邻里安宁、社区再开发、环境运动、女权运动、反核和平运动的盛行，吸引了不少积极分子。对城市社会运动的研究，涌现了资源动员理论、政治机会结构理论和框架理论等学说，相关的学术经典如《抗争政治》（查尔斯·蒂利和西德尼·塔罗著）、《社会运动：1768—2004》（查尔斯·蒂利著）、《运动中的力量：社会运动与斗争政治》（西德尼·塔罗著）、《斗争的动力》（道格·麦克亚当、西德尼·塔罗和查尔斯·蒂利著）、《弱者的武器》（詹姆斯·C. 斯科特著）以及《农民的道义经济学：东南亚的反叛与生存》（詹姆斯·C. 斯科特著）等。查尔斯·蒂利（C. Tilly）和西德尼·塔罗（S. Tarrow）认为，社会运动可以置于种类繁多的民众斗争的背景下加以研究。社会运动可以界定为："提出要求的持续运动，该运动以维系这些活动的组织、网络、传统以及团结一致为基础。然而，大多数形式的抗争政治却并非社会运动。"① "抗争政治包含着这样一些互动：在其中，行动者提出一些影响他人利益或导向为了共同利益或共同计划而做出协同努力之要求；政府则在这些互动中作为所提要求的对象、要求之提出者抑或第三方而介入其中。抗争政治由此而将人们所熟悉的社会生活的三个特征：抗争、集体行动以及政治，聚合到了一起。"②

在美国，反抗拆迁的行动风起云涌，与当时的民权运动、反战运动合流。在欧洲，针对各种福利计划引发了激烈的辩论、争吵和争斗，来自贫民窟的骚乱更是让政府头痛不止。关注社区生活和公共服务需求，是新都市运动的主题。20 世纪 70 年代的美国邻里运动要求"社区控制"以及市民在土地利用规划中的参与，人们在选举舞台上动员，将许多传统的支持增长的政治家们赶下台，住房所有者和低增长组织成功地挑战了一系列地区以增长为导向的机制；同时期发生在伦敦和巴黎的住房消费者运动反对政府的大规模改造计划，这些计划严重影响了邻里生活；税率的增长、快速

① 〔美〕查尔斯·蒂利、〔美〕西德尼·塔罗：《抗争政治》，李义中译，译林出版社，2010，第 14 页。
② 〔美〕查尔斯·蒂利、〔美〕西德尼·塔罗：《抗争政治》，李义中译，译林出版社，2010，第 9 页。

的通货膨胀以及地方工党在公共住房和服务上的花费，引发了英国的纳税者运动，纳税者要求降低税率，并且废除税收和这些地方税支持的公共支出；德国的排外和右翼运动对难民提出的社会服务和住房诉求表示不满，将外国人视为工作的竞争对手。这些运动的出现成功地迫使移民控制提上国家议程。新都市运动本质上是中产阶级运动，对城市政治产生了重要的变革，阻止了一些更具破坏性的国家改造活动，从而扩展了地方政治的界限，改变了国家政治力量之间的权力平衡。①

长期以来，马克思主义注重从生产领域研究社会冲突和城市正义问题，卡斯泰尔则选择了消费领域。他认为，在当代发达资本主义社会的城市中，一个基本的结构性矛盾是生产与消费之间的矛盾，即劳动力的再生产与必要消费品的供给之间的矛盾。政府通过对集体消费品（如住房、交通、闲暇设施、医疗、教育等）供给的干预，深入人们日常生活领域，尤其是城市规划过程。政府承担的责任越来越大，其结果是财政收支不平衡，导致财政危机。面对通货膨胀和经济衰退，政府的反应是削减开支，却引起了集体消费供给的危机，如缺少住房、糟糕的医疗服务、学校不足、恶劣的交通等。围绕集体消费供给所形成的社会分层和不平等是城市社会运动的重要诱因。②"在发达资本主义国家，城市问题实际上主要表现为集体消费的供给问题。消费原本是一个日常生活的问题，但现在变得极为政治化，因为它与政府的责任和权力紧密地联系在一起，政府对日常生活干预的越多，日常生活就越政治化。不过，城市问题的政治化并不必然地引起阶级斗争的加剧，它往往是以民众运动的形式表现出来。"③城市社会运动成为当代发达资本主义社会最主要的反抗形式和社会动力。卡斯泰尔在1983年出版的《城市与民众》一书中，将城市社会运动定义为："由于社会的统治利益已经制度化并且拒绝变迁，所以在城市角色、城市意义、城市结构方面发生的主要变化一般来自于民众的要求和民众运动，当这些运动导致城市

---

① 〔英〕苏姗·S. 费斯汀、〔英〕克利福德·赫斯特：《城市社会运动》，载〔英〕戴维·贾奇、〔英〕格里·斯托克、〔美〕哈罗德·沃尔曼编《城市政治学理论》，刘晔译，上海人民出版社，2009，第227页。
② 柴彦威等：《城市地理学思想与方法》，科学出版社，2012，第105页。
③ 蔡禾主编《城市社会学：理论与视野》，中山大学出版社，2003，第152页。

结构变迁时，我们就把它称为城市社会运动。"① 在卡斯泰尔的视野里，巴黎市民对住房政策的抗议、旧金山同性恋社区保护自己的文化活动以及拉美城市"非法占地居住"运动等，都是城市社会运动的典型案例。集体消费和都市运动成为新都市社会学两个最重要的批判主题。美国社会学家彼得·桑德斯（P. Saunders）在《社会理论和城市问题》一书中，将生产和消费进行了二元区分，认为由于政府对生产领域和消费领域的干预，形成了两种不同类型的政治形式，即生产政治（politics of produce）和消费政治（politics of consume），由此建构了"二元政治理论"模型。消费分层在形塑人们生活、决定社会关系、影响社会冲突模式方面如同传统阶级分层一样重要。未来的社会革命不再发生在生产领域，而是在消费领域。

从启蒙运动以来，人的自由和解放是现代性的政治旨趣。英国著名社会学家安东尼·吉登斯（Anthony Giddens）将这种政治称为"解放政治"。"作为一个一般性的观点，它首先关注的是一种力图将个体和群体从对他们的生活机遇有着不良影响的束缚中解放出来。"② 解放政治的根本目的是要消灭剥削、压迫与不平等，视主持正义为己任，现代政治总体上受解放政治的支配。然而，在吉登斯看来，尽管解放政治把社会正义问题作为最重要的问题来抓，但是，由于它只注重从法律、规则等外在方面来保障社会正义性，而缺乏从个体或集体的道德内在层面来捍卫和促进社会正义，所以这种社会正义最终必将流于虚幻。解放政治这种宏观政治对不断出现的新的社会问题无所适从。如何破解解放政治的困境，吉登斯认为只能付诸生活政治。"我们所说的生活政治学是关于生活方式的一种政治学，且在制度反射性语境中运作。它关注的不是狭义上的'政治化'，即生活方式的种种决定，而是对这些决定加以重新道德化——更准确地说，是把日常生活中被经验所隔离且被搁置一边的那些道德和生存问题挖掘出来。"③ "生活政

---

① Castells, M., *The City and the Gassroots*, Edward Arnold, 1983, 转引自蔡禾、何艳玲《集体消费与社会不平等——对当代资本主义都市社会的一种分析视角》，《学术研究》2004 年第 1 期，第 60 页。

② 〔英〕吉登斯：《现代性与自我认同——现代晚期的自我与社会》，赵旭东译，三联书店，1998，第 247 页。

③ 〔英〕安东尼·吉登斯：《亲密关系的变革》，陈永国、汪民安等译，社会科学文献出版社，2001，第 251 页。

治不是属于生活机会的政治，而是属于生活方式的政治。"① 学生运动和女权运动都是生活政治的范畴，这些城市社会运动的主要目的在于改善个体或某个群体的生活质量、生活方式及生存体验，关注的是生活的意义和价值问题。生活政治是日常生活中的微观政治，要完成解放政治的宏大使命，只能从生活政治入手。但是，解放政治的重要性并没有随着生活政治的到来而削弱；相反，前者成为后者的先决条件。

在罗尔斯的《正义论》（1971）问世不久之后，哈维就出版了《社会正义与城市》（1973）作为对罗尔斯正义论的理论回应。哈维认为，罗尔斯的自由主义正义论是脱离生产过程来论分配的，实质上是在非正义的基础上去寻找正义，不能撇开生产来谈分配正义。对劳动力而言，工作场所和居住场所分离意味着劳动力对其生存社会状况控制的斗争分成了两个明显独立的斗争：一个是工作场所，即"工厂车间"斗争；另一个是居住场所的斗争，以商业资本、土地资本为代表，主要表现为劳动力与租金占有者及建筑商之间的对立斗争。资本主导的空间生产是造成空间分配不公的根源，只有改变资本主义生产关系，实现生产正义，才可能真正实现分配正义。正义的事业必须直接挑战在目前仍然占统治地位的资本积累，致力于将不同空间规模上的反全球化运动、城市运动和环境正义运动综合起来，形成一个普遍广泛的反资本主义运动。只有这样，才能对抗空间生产对反资本主义斗争的分裂和瓦解，才能打破主导非正义空间秩序的资本逻辑。通过对玻利维亚工会运动、土著运动以及美国茶党"占领华尔街"运动的观察分析，哈维认为，"任何一个反资本主义力量都必须在更高规模的一般性上统一起来，以免在国家层次陷入议会和宪法的改良主义，而议会和宪法改良主义只会在延续帝国主义主导的缝隙中重新构造新自由主义"。② "我们的任务是要在具有摧毁性的资本主义城市化的废墟上，集体地建设社会主义城市。"③

---

① 〔英〕安东尼·吉登斯：《超越左与右——激进政治的未来》，李惠斌、杨雪冬译，社会科学文献出版社，2000，第14页。

② 〔英〕戴维·哈维：《叛逆的城市：从城市权利到城市革命》，叶齐茂、倪晓晖译，商务印书馆，2014，第153页。

③ 〔美〕戴维·哈维：《叛逆的城市：从城市权利到城市革命》，叶齐茂、倪晓晖译，商务印书馆，2014，第155页。

　　与偏重微观政治或生活政治的城市社会运动不同，马克思主义实现正义的路径不是一种对现存社会的改良方案，而是一种革命性的思想。马克思和恩格斯认为，只有消灭私有制、消灭剥削、消灭压迫，使所有人从异化劳动中解放出来，到了实现人的全面发展的自由王国——共产主义社会，才能消除资本主义社会的不公正、实现人类社会的公平正义目标。

效率至上？管理主义对城市官僚体系的冲击和反思

梁雨晴

管理主义的出现和发展无疑为官僚体制带来了一系列积极的影响。例如，"效率至上"的原则提高了官僚体制的运作效率，而以"顾客为导向"的信条则提升了政府公共服务的质量等。因而管理主义的理念在过去几十年很快风靡全球，受到很多国家政府的欢迎和采纳，给传统的城市官僚体系带来了冲击。然而，近些年来，对于管理主义的反思也越来越多。政府与企业有着不同的使命，企业的目标是追求利润，因而效率的提高无疑促进利润的增进；而政府则需要兼顾效率与公平，有时二者很难兼得，如果也简单以管理主义的理念去进行决策，则会偏离政府应有的使命，对社会发展形成不利的影响。

一　管理主义的理论渊源

彼得斯说过，"治理是一件需要付出代价的事"。各国政府都在不断努力进行改革，寻找更好的治理方法。从传统官僚主义模式到新公共管理运动的兴起，无不反映着人们的这种尝试。20 世纪 80 年代，管理主义这一概念被提出。伴随着新公共管理运动在西方国家的兴起，这一概念被冠以不同的名称，如"管理主义""政府再造""企业化政府"等。尽管名称不同，但其核心均包括重视市场机制、主张公共物品供给的市场化、强调效率与效果、引用企业管理的方法于政府内部、政府行为以"顾客为导向"

等。英国学者波利特（Christopher Pollitt）将管理主义的内涵做了如下定义。第一，管理主义是一种意识形态（managerial ideology），它是一整套对世界的实然和应然状态的信仰和价值观。第二，管理主义具有五大要素，分别是社会进步取决于经济增长意义上的生产力发展、生产力发展取决于先进技术、先进技术的运用依赖于训练有素的高素质的劳动力队伍、管理人员必须有权进行管理、企业的成功依赖于管理者的专业素质。波利特对管理主义的定义使得该概念的范围被扩大。可以说，自管理学兴起时，便已有了广义的管理主义所涵盖的主要内容。

（一）管理主义萌芽期

美国学者威尔逊作为公共行政学的早期创始者，通过借鉴企业管理的原则，首次提出了"政治－行政"二分法。自此，行政学从政治学中分离出来，成为一门独立的学科。威尔逊认为政治与行政是可以分离的，政治是政治家的活动范围，而行政则是技术性职员的事情。[①] 因而，行政学研究可以摆脱传统的政治学研究范围，而从技术和科学层面予以研究。管理主义注重行政理性，提高行政工作的效益、效能和效率。据此，威尔逊认为行政学研究的目标在于首先要明确政府能够承担什么任务，其次要搞清楚政府如何能够在完成这些任务时达到高效率和低成本。

古德诺则在威尔逊的基础上对"政治－行政"二分法做了进一步的阐述。[②] 他认为政治是一种国家意志的表达，而行政则是对国家意志的执行。前者主要表现在立法及政策的制定过程，后者则体现在政策的实施过程。政治与行政是相对分离的，并非绝对分离，两者相互协调才有助于提高行政效率。虽然威尔逊和古德诺的最重要的贡献在于提出政治行政二分法，不过通过梳理他们的主要思想可以看出行政组织的管理效率是其探讨的重要理论问题。

---

① Wilson, Woodrow. "The Study of Administration," *Political Science Quarterly*, 2.2（1887）: 197–222.

② 〔美〕弗兰克·古德诺：《政治与行政——政府之研究》，丰俊功译，北京大学出版社，2012。

（二）传统管理主义理论

随着行政在一定程度上从政治中抽离出来，行政本身最重要的一项任务和目标便是如何更有效地执行政策。公共行政的发展，加上18世纪西方工业革命引起的社会经济环境的变化，大规模工厂劳作方式的出现，如何更好地组织和管理规模化的生产和人员成为一个现实问题。在这种背景下，泰勒的科学管理理论应运而生。整个理论体系体现了以效率为中心的管理目标，主要内容是通过改善管理方法和方式，提高生产效率。具体包括以下内容。第一，工作定额和刺激性的工资报酬制度。给工人布置好需要完成的工作任务，如果他们很好地完成，就可以给予其合理的高工资。而工人也应该按照他们各自能力和特点，分配给他们适合的工作内容，这样可以最有效地提高工人的工作效率。第二，标准化工作原理。工艺流程的制定、机器、设备、材料等都要标准化。第三，计划职能与执行相分离。管理者和工人的职责需要更加有效地划分，管理者应该担负起制定任务、在科学原则下提供指导等职责，而工人则负责好好地执行管理者制定的计划。① 泰勒的科学管理思维对整个管理学界产生了非常重要、深远的影响。之后，法约尔提出的14条管理原则、古利克提出的"管理的7项职能"等均是在如何提高管理效率和效能方面进行的科学探讨。行政管理领域也深受这一思想的深远影响。既然公共管理从政治中抽离出来，那么对于前者的探讨就被看作一个纯粹的管理学问题。而效率的提高是管理学所追求的重要目标之一，因而许多公共管理学者也倾向于认为效率是公共行政的目标之一。

作为公共行政领域最具影响力的理论之一，韦伯的官僚制曾被认为是最有效率的官僚组织形式。在韦伯看来，官僚制是一种理想状态。② 它是以高度非人格化、标准化、理性化为特征的组织形态，具体表现为以下方面。第一，职能分工。复杂的工作职能需要进行分工，形成多个简单的工作。第二，科层制、机关等级制和职务等级制。按权力自上而下排列成等级层

---

① 〔美〕费雷德里克·泰勒：《科学管理原理》，马风才译，机械工业出版社，2013。
② 〔德〕马克斯·韦伯：《经济与社会》，阎克文译，上海人民出版社，2010。

次结构体系，并按等级赋予相应的权力，组织成员服从于规则赋予某人的权力，而非个体本身。第三，法制化。组织的运行有明确的规章制度来进行规范和指导，组织成员的行为需要遵守既有的明文程序，组织成员之间的工作协调也由规章制度来予以明确。第四，非人格化。韦伯主张严格的公事公办、公私分明。在组织中，管理工作是以法律、法规、条例等正式文件来规范组织成员的行为，包括职员的晋升等，因而任何决策均是对事不对人。韦伯的官僚制适应了行政管理工作的复杂性，体现了对法律、规章的尊重和对自由裁量权被滥用的防范，相对之前的政治形态来说是较为理想的组织形式。韦伯的官僚制可以有效地提高官僚组织的行政效率，因而在过去相当长的一段时期内被很多国家政府视为政府架构和治理的理想模式。

我们用广义的视角去追溯管理主义相关理论，可以看到效率是贯穿于其理论核心的关键之一。提高管理手段和方法的终极目标之一是提高组织的生产效率，这与工业革命后的社会生产形态息息相关。不过在公共行政领域，传统管理主义的探讨一般只局限于如何提高政府内部组织架构及其协作，然而，随着 20 世纪 70 年代末世界主要国家出现了经济危机和滞胀，传统的管理模式开始被质疑。彼德斯在《政府未来的治理模式》一书中则清晰地指出了传统公共行政在多个方面存在问题，例如，传统观念所强调的公务员中立和现实社会中公众对加强责任的要求存在矛盾；传统政府模式强调层级管理的治理模式，底层公务员难于及时有效参与决策等。①这些对现实的反思都促使各国政府及理论界采用新型的行政管理方式和手段，以解决现实的问题。因此，新管理主义应运而生。

二 新管理主义的兴起及对城市官僚体制的冲击

（一）新管理主义的兴起背景

传统的官僚管理主义在过去的确起到了重要的推动作用，而从 20 世纪

---

① 〔美〕B. 盖伊·彼得斯：《政府未来的治理模式》，吴爱明、夏宏图译，中国人民大学出版社，2013。

80 年代开始，政治、经济领域发生的一系列事件都促使了新的管理变革的产生。Savoie 将变革的主要原因归为经济因素。① 经济增长放慢或经济发展变得不稳定或两种情况都存在时，政府不再能够像以往通过扩大财政支出来满足增长的开支，因而就想着用一切办法提高行政效率、降低提供公共服务的成本。

20 世纪 30 年代世界经济大危机爆发后，受凯恩斯主义影响，传统放任的自由经济模式被认为会引发一系列经济问题，而凯恩斯主义主张政府干预经济，提供工作机会和刺激消费，对经济复苏起到了非常好的效果。但是与此同时，随着人们对政府职能正面效果的认同，政府的职能范围和权力也不断扩大。例如，许多大型企业为国有经营，政府通过财政支出为公民提供大量福利，结果为了维持不断扩张的政府机构及职能，政府需要投入大量的公共资源，进而需要向公民增加税收负担。政府过多干预经济、社会生活，加之民众的税负越发严重，引发对政府的各种批评和不满。

第二次世界大战之后，很多欧美发达国家纷纷开始重视福利制度的建设，为此政府每年必须支付庞大的转移性财政支出，影响了政府的经济调控能力。而 20 世纪 70 年代出现的石油危机成为导火线，加剧了西方国家经济的衰退。Kooiman 从经济以外的因素指出，政府之所以重新反思治理问题，源于政府原本控制和管理的经济与社会变得越来越难以控制和管理。② 大多数西方国家的贫富差距拉大，移民问题也带来社会群族关系紧张的问题。面对更加复杂、动荡以及层出不穷的公共问题，人们对于政府的治理能力提出怀疑。日益复杂的社会问题的涌现，使政府传统的运作方式和方法越来越无法处理社会事务。更有甚者，一些官僚体制的弊病也更加凸显。例如，官僚体系较为保守、墨守成规，官僚机构存在大量繁文缛节、行政效率低下现象。无论东方国家抑或西方国家，许多行政问题是类似的。行政傲慢、低效能、低效率等现象均广泛存在。③

---

① Savoie, Donald J., "Globalization and Governance," In Peters, B. Guy, and Donald J. Savoie, eds, *Governance in a Changing Environment*, Vol. 2. McGill-Queen's Press-MQUP, 1995.

② Kooiman, Jan, "Governance and Governability: Using Complexity, Dynamics and Diversity," In Jan Kooiman eds, *Modern Governance*, London: Sage, 1993.

③ Caiden, Gerald, "Public Administration in Asia," *Public Administration Review*, (2013): 540 – 546.

官僚机构固有的问题在外界环境恶化的情况下，更易引发民众对政府的信任危机以及合法性的怀疑。而与官僚机构的问题频出相反，私营企业的运营效果明显。自由经济的思潮因而重新燃起，要求政府改革、减少政府对经济的控制的呼声日盛。执政者也需要通过改革节省政府开支和施政成本，促进国内经济的发展，提升国际竞争力。

（二）彼得斯的政府治理新模式

大部分学者普遍将新的管理主义内容限制在市场化改造上。20 世纪 80 年代，由英国政府率先开始的"政府再造"运动，表现为政府大规模地削减人员和开支、很多国有企业私有化等，进而催生了"新管理主义"理论。波立特在《管理主义和公共服务：盎格鲁和美国的经验》一书中也指出，"新管理主义"主要由 20 世纪初发展起来的泰勒主义的管理原则所构成，强调商业管理的理论、技术、方法及模式在公共部门管理中是如何应用的。胡德认为"新管理主义"以强调明确的责任制、绩效评估和产出导向，借用私人部门的管理、技术、方式，并将市场机制引入公共部门等为特点。在《荷兰的行政改革与公共部门管理》一书中，瓦尔特·基克特将"新管理主义"界定为一种强调商业管理风格、顾客至上和市场竞争的改革取向。彼得斯则指出以市场模式来改革政府仅仅代表了一种思想。① 通过分析各国政府部门正在进行的行政改革，他认为目前的政府治理新模式可以归纳为四种：市场模式、参与模式、弹性模式以及解制模式。这四种模式是基于人们对现实问题的判断及变革的期望而形成。每一种模式都回答了"政府应该如何来治理，以及政府应该做什么"的问题。我们下面将主要根据彼得斯的分类进行相关阐述。

1. 市场模式

市场模式认为传统官僚制的问题根源在于它无法提供充分的激励机制以鼓励组织成员有效率地做好分内工作。而市场模式的倡导者则相信市场作为分配社会资源的机制是有更高效率的，官僚体制的分配形式则是对自

---

① 〔美〕B. 盖伊·彼得斯：《政府未来的治理模式》，吴爱明、夏宏图译，中国人民大学出版社，2013。

由市场体系运作结果的歪曲，如 Oates 所指出的"以市场为基础的激励机制比过去使用的命令－控制式更可靠"。① 以市场为基础进行改革的第二个依据是公共选择理论。公共选择理论用经济学的视角研究官僚制，提出"政府失灵"的概念，即在"经济人"的前提假设下，政府官僚行为也同私人市场的理性人一样没有本质的区别。官僚机构倾向于不断扩大自己的资源规模来取得更多的影响力和支配力度，官僚制在公共服务供给中的垄断特性导致政府低效和机构规模不断膨胀。作为个体的官僚成员怀有私心，他们总是想通过获得更多的权力来增加个人利益，而他们之所以能够增加自己的权力，部分原因在于他们拥有更多接近信息的机会，尤其是他们比其经费提供者更了解公共产品的实际成本。所以，私人部门的生产效率往往更高，因而被认为可以在很多方面引入竞争，而传统的行政机构实际上是为行政系统所固有的低效率和特权进行辩护的工具。Hood 指出，管理主义者进行改革的部分目标，就是要取消行政部门的特权，并且开放传统的内部劳动力市场以吸引更多来自外部的竞争对象。②

彼得斯认为根据新管理主义的论述，效率这一私人部门所强调的价值观念在公共部门中应该受到重视。此外，在组织架构方面，改革的原则之一就是分散政策制定和执行的权力，不再强调分级管理的控制方式，从而更灵活地应对外界环境的变化。这种权力分散可以通过将大的部门分解或者以权力下放的形式来实现。③ 在人事管理方面，按照绩效考核的方式分配员工报酬，工作业绩越好，获得的报酬越多，从而改变过去强调统一的公务员制度模式。

政府绩效评估是考核公务员工作业绩的重要方法。政府绩效评估其实就是根据绩效目标，运用各种评估指标对政府部门履行行政职能所产生的结果及其影响进行评估、划分绩效等级和提出绩效改进计划的活动过程。

---

① Oates, Wallace E., "Green Taxes: Can We Protect the Environment and Improve the Tax System at the Same Time?" *Southern Economic Journal* (1995): 915 – 922.

② Hood, Christopher, "'Deprivileging' the UK Civil Service in the 1980s: Dream or Reality'" In Pierre, Jon, ed., *Bureaucracy in the Modern State. An Introduction to Comparative Public Administration*, Aldershot: Edward Elgar (1995): 92 – 117.

③ 〔美〕B. 盖伊·彼得斯：《政府未来的治理模式》，吴爱明、夏宏图译，中国人民大学出版社，2013。

主要内容包括：政府绩效评估强调以结果为本；评估活动过程谋求信息沟通机制在政府部门之间、政府部门与公众之间的建立与完善；评估结果谋求政府责任实现机制的加强与完善；评估标准包含行政能力、效率、公共责任、服务质量和公众满意程度等方面的绩效指标；评估希望能够实现规范行政行为，提高行政效能，使政府部门在管理公共事务、提供公共服务和改善公众生活质量等方面发挥积极作用。因此，政府绩效评估通过对整个政府活动的资金支出、运作过程以及取得的效果等方面的测定，测量行政行为实现政府绩效目标的程度并由此划分绩效等级、发现绩效问题，从而改进政府绩效。

根据新管理主义理念，政府官僚机构不仅仅是社会治理者，也负责提供公共服务，而普通公众则成为公共服务的接受者或"顾客"。因而，公众对政府提供服务的质量和效果的评价也是绩效评估中需要考量的一个重要因素。公众成为政府行为的监督者和评估者，体现了政府与社会之间关系的一种转变。政府官僚机构的权力在一定程度上受到了制约，而绩效评估恰好通过制度设计将公众对公权力的监督权真正落实到位。这一设计可以有效提高政府的服务质量和效率，并且减少政府公权力的垄断和滥用，保护公众的权力不被随意侵犯。英国的撒切尔政府最早开始引入政府绩效评估来刺激政府工作效率和效果的提升，"雷诺评审"则是对政府既定的目标和过程进行效率评审，并在此基础上建立起较为成熟完善的绩效评估机制；"下一步行动"则是为每个单位设置目标、明确预算，根据目标对政府支出情况进行评估。此外，将各部门的服务职能和执行职能进行分离，使组织的目标、预期结果和绩效结果更加明确。英国政府还建立了"部长管理信息系统"，该系统将目标管理、绩效评估等现代管理方法和手段融为一体。美国大规模的政府部门绩效评估开始于 20 世纪 70 年代初期。1973 年，尼克松政府颁布了"联邦生产力评估方案"，试图令政府部门的绩效评估变得规范化、系统化和常态化。1993 年，美国通过了《政府绩效与结果法案》，该法案描述了公共部门的战略目标以及目标设定、年度目标与措施方法以及对所取得的进展进行测量与报告等一系列过程，重新界定了规划与预算之间的关系，并将绩效评估与预算配置结合起来，要求各部门、各机构根据可以测量的标准来提供促进绩效管理的框架。在州级政府中，"俄勒冈进步委员会"最具代表性。该委员会对本州政府的绩效情况进行管理，由委员会设置绩效目标与160项指标，涵盖卫生、教育、家庭、平等就业、公民参与、环保、社会和谐、运输系统、住宅、财政收支、公共安全、经济发展等重大公共事务，为指标体系设定明确且可以量化的目标。在这样的情况下，所有公务人员均清楚他们所要达成的任务目标，并尽力实现组织的整体目标，整个组织的效率因而得到有效提高。在新管理主义引领的以效率优先为导向的价值体系中，绩效评估日益成为从效能、效率与责任等方面来提高生产力的重要工具。除英国、美国外，芬兰、丹麦、加拿大、澳大利亚、荷兰、法国、新西兰等国也都将政府绩效评估作为提高政府的效率和服务水平的重要手段。

自从绩效评估制度被设计及引用，对于整个官僚机构都带来很大的冲击。第一，冲击了官僚机构一直存在的较为低效、懒散的行为模式。公务人员的日常工作和行为均有了清晰的目标设置，且使其行为效果有了可测量的指标体系，因而对于公务人员来说，形成了一种外在的压力。不过这确实有效地提高了整个官僚机构的运行效率，人浮于事的现象在一定程度上得到缓解。绩效评估制度使公务人员的绩效与政府组织目标的达成、奖惩、培训等结合起来，既有利于开发人力资源，又能创造一种充满竞争、激励向上、追求卓越的组织文化。绩效评估系统将权力与责任直接挂钩、绩效与奖惩相联系，强化了政府部门的激励约束机制。绩效评估通过将个人与组织绩效相结合创造激励和责任机制，提高组织绩效。第二，政府与公众的关系在潜移默化中得到改变。政府改变了过去高高在上的管理者的形象，而更多地体现为公共物品和服务的提供者；公众也不再是毫无权利的被管理者，而是可以对服务进行批评、评估的服务接受方。这一关系的重新确立，实际上是给予了公众更多的权威和权利，因而体现了整个社会的民主性。第三，绩效评估制度体现了管理主义的精髓，通过更为科学和精确的手段对政府进行管理，有效提高了管理效果。

2. 参与模式

参与模式是目前治理改革的第二种方法，彼得斯认为在观念上，与市场模式相对立；在政治意识上，反对市场，追求用一个政治性更强、更民主、更具集体性的机制来向政府传达信号。不过在某些情形下，参与模式和市场模式之间也有相似之处。例如，都反对传统官僚体制中的层级制。层级制限制了下级员工对公共事务的参与，缺乏参与则让他们产生距离感，进而削弱了对组织的承诺，因而是有效管理的严重障碍。与市场模式不同，市场模式较为关注公共组织中较高的管理阶层，他们被认为是政府企业家，而参与式管理关注较低阶层的员工和组织服务对象。假设大量有才能的低级员工没有空间很好发挥他们的才能，而他们恰是与公众接触最多，相关专业知识最丰富的那群人。因而应该提供空间让他们参与到管理当中，将这些低级员工的才能更好地发挥，有助于提高政府的效率。除了政府组织中较为低级的官员外，大众参与也是其所涵盖的重要群体之一。斯蒂尔曼主张以更开放的治理方式去寻求提供公共服务的方法，这些方法不能损害员工和顾客的人性价值，[①] 而传统的层级制是有违人性价值的。Lipsky 提出公共组织中的基层官员是整个组织有效运作的核心，基层官员的作用需要得到承认。[②] 官僚体制内的专家无法获得制定政策所需要的全部信息，甚至得不到正确的信息。通过分权化的方式让底层员工参与决策则避免过去自上而下的僵化。从政策制定方面看，参与式治理方法也更倾向于自下而上的政策制定模式。因此，按照这种模式，组织的底层员工对政策会发挥相比于过去自上而下政策制定模式中更大的影响力。

3. 弹性模式

弹性模式是治理改革的第三种模式。彼得斯认为在当代政府改革中，这一方案最受关注但其概念也最含糊不清。[③] 一般理解为政府及其机构有能力根据环境的变化制定相应的政策，而非用固定的方式回应挑战。公共机构一直以来被认为是一个稳定的、永久的存在，公务员体系更是采用终身雇用制。但是，政府在公共组织的永久性和人员任用上的终身雇用制的负面影响受到了广泛的关注。公务员习惯安定的生活，不过这却是有效治理的障碍。弹性模式的基本设想是在政府内部设置可选择的结构机制，从而

---

① Stillman, Richard Joseph, *Preface to Public Administration*: *A Search for Themes and Direction*, Chatelaine Press, 1999.

② Lipsky, Michael, "Street-level Bureaucracy," 30th ann. Ed., *Dilemmas of the Individual in Public Service*, Russell Sage Foundation, 2010.

③ 〔美〕B. 盖伊·彼得斯：《政府未来的治理模式》，吴爱明、夏宏图译，中国人民大学出版社，2013。

代替永久性的传统部门和机构，并且主张不断撤销现有组织，即该组织的任务一旦完成，便立即终结。

4. 解制模式

解制模式是治理改革的第四种模式。霍纳阐明通过解除对公共部门的管制而进行改革的观点："公共部门的解制与私人部门的解制一样重要，而且也是基于同样的理由，即为了释放员工的创新活力，我们需要坚决果断的公务员，有能力做出决定与开展行动，而不是一味地等待观望。"[①] 解制模式的含义是解除内部繁文缛节的限制，使政府的活动更具有创造力、效率及效能。可以说，解制模式兼具市场模式、参与模式的一些特点，如反对僵化的官僚层级制。如同 Campbell 和 Szablowski 所指出的，解制模式不强调集中化的控制结构，而是鼓励单个组织制定并执行自己的目标。[②] 该模式倡导者认为公共管理者需要具备企业家的创新精神，也要具备参与模式所要求的民主领导人的某些品质。同时，这些公共管理者还需要成为道德领袖。不过，和参与模式类似，解制模式认为公共部门的各个员工具有力图做好本职工作的意愿，如果给他们更多的自由，他们将会用这些自由为组织和顾客谋求更多利益，所以在组织架构上应该解除传统官僚体制内的各种束缚。

彼得斯的上述四种治理模式，虽然彼此之间有区别，但其实涵盖了新管理主义的主要内涵，尤其是市场模式受到了更多的关注。如奥斯本、盖普勒在《改革政府——企业精神如何改革着公营部门》一书中，具体解释了"企业家政府模式"，包括政府的职能是掌舵而不是划桨；在提供公共服务中需要引入竞争机制；政府需要注重效果而不是按照投入拨款；等等。新管理主义目前已被各国广泛接受，成为大多数国家行政改革的主要理论。对于它的确切定义，目前学界还未达成共识。一些学者指出新管理主义更多的是一种思想潮流，但还是有一些基本理念是可以达成共识的。具体包括转变政府职能、在官僚体制中引入竞争机制、注重行政效率和效果、实

---

① Horner, Constance, "Deregulating the Federal Service: Is the Time Right?" In DiIulio, John J. eds., *Deregulating the Public Service: Can Government be Improved*, (1994): 85 - 101.

② Campbell, Colin, and George J. Szablowski, *The Superbureaucrats: Structure and Behaviour in Central Agencies*, Toronto: Macmillan of Canada, 1979.

施绩效评估、强调以"顾客"为导向的服务理念、注重基层参与决策等。具体来说，包括以下几点。第一，政府以效益为主要的价值目标。根据新管理主义的观点，政府的管理程序、过程以及规章制度是管理者需要关注的内容之一，但是管理活动的产出与绩效是管理者需要更为注重的方面。简言之，管理的结果更为重要，而政府管理结果则以效率和效果来进行衡量。比较有效率的、高质量的公共部门提供服务，应该能够主动、灵活，并以较低成本应对外界环境的变化以及针对不同的利益诉求做出有效的反应。据此，新管理主义主张在政府管理中应该模仿企业的做法，资源配置应该与管理人员的业绩和效果相联系；按照个人业绩而非传统的任务来发放酬金；在对财力和物力的控制上，强调采用根据实施效果而非投入多少来拨款的预算制度。第二，政府与市场进行合作。虽然政府通常被认为是公共服务的提供者，但是其实一些公共产品和服务由私人部门参与进来可以更好地提高产品和服务的效果。通过服务外包或购买服务，让更多的私人部门参与公共服务的供给，从而把竞争机制引入政府管理中。第三，建立企业式政府和以顾客为导向的政府。新管理主义学者认为，在政府与社会的关系中，政府并非一个拥有绝对权力的管理者，而是可以更多地向企业学习，建立一种"企业式的政府"；相应地，政府官员则成为企业管理者或者企业工作人员；民众也并非被管理者，而是向政府纳税后理应获得相应高质量服务的"顾客"。作为"企业式"政府，需要注重服务的效率和效果，并且将公众作为"顾客"，政府需秉持"顾客是上帝"的理念来提供公共服务，公众有权对政府的工作效果和态度进行评价，这些评价会反馈给相关的政府官员，以促进政府改善工作、提高服务质量。

新管理主义的观念批评和继承了传统管理主义的一些主要观点。一方面，与传统管理主义相同，新管理主义仍然认同效率是行政管理追求的重要目标。另一方面，新管理主义认为传统的官僚制存在很多根深蒂固的弊端。政府的行为效果缺乏客观的判断标准，加之缺乏对成本、收益的控制，烦琐的政府内部程序也会加重政府低效运作的情况。因而引入私人企业的运作方式，如市场模式、参与模式、弹性模式以及解制模式，可以作为有效应对官僚体制顽疾的策略。新管理主义增强了政府的回应性，在提高政府的管理效果和能力方面起到了重要的作用。尤其是新管理主义强调"顾客为导向"、考虑"成本与效果"等理念在一定程度上适应了日益复杂的社会管理要求，因而获得了很多政府的采纳。在实践操作上，主要体现为政府绩效管理、政府购买服务、竞争招标等领域的兴起。政府购买服务的出现和发展是新管理主义在实践应用中的另一个明显的体现，在转变政府职能、提高服务质量、节省行政成本等方面起到了比较积极的作用，因而成为各国政府进行公共部门改革的一项重要的手段和工具。例如，英国作为新管理主义的发源地，最早对一些公共服务产品及服务的提供方式进行改革，积极引入私人经济，包括公私合作、政府购买服务、提倡公平竞争等，取得了很好的效果。目前很多国家都采取政府购买服务或服务外包的形式来提供一些公共产品和服务。一般来说，政府针对一些公共物品或服务提出需求，负责资金的提供，通过招标的方式，由私人服务机构或企业在公平的环境下进行竞标。政府与竞标成功的公共物品的非政府提供者签订合约，政府作为采购方对提供的产品和服务质量进行验收。这种模式充分发挥了政府和非政府组织各自的优势，通过充分竞争提升公共产品提供的效率，并且提升了服务质量。

无论是传统管理主义还是新管理主义，其追求的一个重要核心目标均是提高政府行政效率。对于政府来说，效率与公平是其制定公共政策时需要考虑的重要两个要素。效率目标与公平目标之间在很多情况下存在着矛盾。私人部门是以追求效率至上作为其组织行为目标，公共部门则是公共利益的维护者、公共服务的提供者，应该在什么情况下追求效率目标、在什么情况下追求公平目标，以及在多大程度上可以牺牲公平以换来效率等问题是公共部门始终需要思考和面对的重要问题。过分地追求效率或公平，都有可能对整个社会带来不利的影响，损害社会成员的长远利益。而目前公共行政中的管理主义大规模地借鉴企业的管理理念和方式，无疑会偏重于将效率作为其行为指导的原则。在效率与公平无法兼顾时，公共部门偏重于效率的公共政策给社会带来了很多成本，受到了越来越多的批评，下面将对此展开详细的分析。

三　对管理主义的反思和批判

自从泰勒提出科学管理主义以来，以效率为中心的管理主义就受到广泛怀疑。随着公共服务市场化带来的弊端日益凸显，学界涌现了很多对管理主义的反思和批判。管理主义目前之所以风靡全球，有其必然性。首先，管理主义强调效率和以顾客为导向，是对官僚机构弊端的一种积极回应，它反映了人们对于美好治理的追求，切实有力地推动了各国政府相应的改革。具体说来，管理主义提倡效率为先，制定以结果为导向的绩效考核制度，以政府的绩效与良好的社会服务来衡量政府组织的表现，这些措施都有效提高了政府效率。其次，对于公众来说，可以接受更好更快的服务。管理主义强调"顾客导向"，注重培养官僚机构的服务意识，其实这是对之前公众权利被剥夺或被忽视的一种解决策略，使公众获得了更多的选择机会，增强了公众的主人翁和权利意识，有利于在政府与公民之间形成良性互动关系。最后，管理主义提倡管理机构学习企业化运作方式，将市场化手段引入政府管理。鼓励私人部门参与公共物品的提供，通过公共部门之间、公共部门与私人部门之间、私人部门之间的竞争，使公共物品的提供具有竞争性，有利于降低成本、提高公共物品的质量。而与此相伴而生的一种更加弹性化、更具有创新性的组织文化对官僚机构带来了新的冲击，促使政府不断地转变职能、适应日益复杂多变的环境，这也是对过去官僚机构僵化、低效、不喜变化的工作状态的改善。总之，管理主义对各国的政府改革发挥了重要的指导作用。但是，"管理主义是在政府实施干预市场失灵的政策却又出现政府失灵时寻求的新出路"，其自身仍然充满了矛盾，具有价值二重性。近些年来，随着管理主义的实践发展，其本身的一些不足及缺陷也逐渐暴露出来，引起人们的反思和讨论。

汉森指出，公共部门推崇和效仿私人部门的管理方式，是混淆了教科书中对私人企业的理想描述与现实。① 格林沃德和威尔逊批评说，公共部门和私人部门在公共责任、公平、合法性和多样性方面均存在差异，因而公共部门不能照搬私人部门的管理方式。② 莫尔则批评了管理主义对市场机制

---

① Hansen, Susan B., "Public Policy Analysis: Some Recent Developments and Current Problems," *Policy Studies Journal* 12.1 (1983): 14 – 42.

② Greenwood, John R., and David Jack Wilson, *Public Administration in Britain Today*, Routledge, 1989, pp. 7 – 10.

的推崇，他认为采用市场机制解决公共问题基本上违背了政府存在的目的。①

彼得斯分别指出了四种治理模式存在的问题。② 对于市场模式，他认为行政改革必须符合社会的需求，而不应该习惯性地过分追求简单化和机械化。在一些情况下，轻率地进行以市场为基础的改革反而使改革蒙上阴影。对于参与模式，有关组织中顾客参与的问题是争论的焦点。谁是顾客，是间接受到计划影响的个人还是一般公众？不同的答案意味着不同的参与渠道。参与权的定义虽然被解释为公民权，但实际上仍是指公共服务的消费者权利。此外，大部分现存的公共部门参与方案的制定，很多都是事后运作而不是对事前控制，在设计上很难让公众真正参与。参与模式关注的是低级员工，因此忽略了高层官员的参与。弹性模式主张建立虚拟组织，但是这种组织对实现政策目标是否承担共同的责任？是否能像其他组织那样有维持制度存在的欲望？解制模式缺乏高层官员直接参与决策则可能导致弊多于利。其他一些学者则更多从公平与效率的角度去分析管理主义。他们认为以"效率"为重要导向的管理主义弱化了公共行政本应有的价值取向。登哈特指出，以效率为导向的工具理性只会引导人们关注达成既定目标的手段，而忽略对目的本身的关注。也就是说，在工具理性下的种种行动，将使行政工作逐渐远离社会价值的体现，而只是斤斤计较如何减少行政成本，以至于沦为公务产生过程中的工具，完全丧失作为行政体系行动本身的道德内涵。③ 奥斯特罗姆指出，对行政过程的效率问题过于关注，主张通过集权和控制机制促进效率，这与民主思想背道而驰，并且已经带来了美国公共行政思想的危机。④ 现代政府的正当性或合法性必须奠基于承担责任的能力，并以能实践民主为价值前提。公共部门的"公共性"，是一种来源于历史发展过程的客观性规定，它本质上要求公共行政以民主宪政为

---

① Moe, Ronald C., "The "Reinventing Government "Exercise: Misinterpreting the Problem, Misjudging the Consequences," *Public Administration Review* 54.2 (1994): 111–122.

② 〔美〕B. 盖伊·彼得斯：《政府未来的治理模式》，吴爱明、夏宏图译，中国人民大学出版社，2013。

③ 〔美〕珍妮特·V. 登哈特、〔美〕罗伯特·B. 登哈特：《新公共服务：服务，而不是掌舵》，丁煌译，中国人民大学出版社，2010。

④ 〔美〕埃莉诺·奥斯特罗姆：《公共事务的治理之道——集体行动制度的演进》，余逊达、陈旭东译，上海三联书店，2000。

基石，强调追求人民主权、公民权利、人性尊严、社会公正、公共利益、社会责任等多元价值；而管理主义则强调经济、效率和效能的单一价值取向，也就是强调企业价值的优先性和工具理性，特别强调管理中的绩效考核、绩效责任和诱因控制。这在一定程度上使公共行政无力反省自身以及公共服务的根本价值、目的，成为执行与管理之工具，不但无力担负起对民主政治价值的捍卫责任，也无法实现改善公民道德生活的使命。

新管理主义，尤其是以市场模式为主导的理论倡导者在思维方式上存在"政府－市场"两极思维的偏颇，在价值取向上偏向"效率至上"，而"效率与公平的二难选择"是其面临的最大挑战，即新管理主义"未能解决的最大困难仍是正统行政模式所面临的效率与民主的两难问题"。之所以无法解决这一矛盾是因为公共行政中的管理主义与经济理论运用同一个假设条件，即每个人都是理性人，他们的行为选择都是以自利为出发点。而这样的分析属于一种静态的分析，无视个人在互动过程中虽有自利的动机，但也可能受到理智上和情感上的启迪而接受"利他亦能自利"的见解，从而出现为了整体或他人的利益而看起来牺牲自我利益的行为表现。这一偏颇源于对经济理论的简单移用。市场经济在方法论上以个人主义为基础，以人是自利的与理性的为前提假定，以演绎推理与计量模型证明市场经济是最有效率的制度。市场经济在理论和实践中的有用性使管理主义者也对市场机制产生了一种过度迷信。一方面，管理主义者借用经济学的观点分析公共组织。分析的基本假设就是经济人假设，即人们总是趋利避害，谋求自身利益的最大化是人们做决策的目的和出发点，利他只是实现利己的途径和手段。经济人假设认为：第一，理性行动者是为利己所激励的；第二，理性行动者是机会主义的、欺诈的、自我服务的、怠惰的和善于利他的；第三，由于这种假设，理性行动者不能被信任。既然人性如此，则这种利己的、追求效用最大化的"经济人"不尽存在于私人市场中，公共领域中人的行为逻辑也是如此。政府官僚也是利益最大化者，其行为动机也是追求最大化的个人利益，这些利益包括权力、名声、地位、威望等变量，公共利益可能是其中的一个变量，但不是权重最大的一个变量。在一些情况下，官僚会牺牲公共利益来追求个人利益最大化，或出现懒政等行为，因而需要建立各种指标对他们的行为进行监管。然而，尽管政府的确在许多方面存在不足，许多官员也确实存在利己的行为取向，但是不能忽视其公共道德行为取向。如彼得斯在提出解制模式时指出，官僚行政人员大多具有高度的职业道德和奉献精神，他们愿意为公众提供尽可能好的服务，只要能解除加诸其身的种种束缚，这些具有企业家精神的公共行政人员就能释放出巨大的能量，造福民众。"经济人"假设忽视了互惠、互信、宽容等因素对人性的影响，否定了公共伦理存在的可能性，不仅是片面的，也不符合公共行政的现实性特征。根据新管理主义对公共行政人员绝对利己的角色假设，他们是仅具有工具主义思维又倾向利己的技术官僚，这些利己的官僚不会致力于提升公共福祉。因而，管理主义主张用各种手段和措施来限定他们的行为并予以监督，这种做法的负面影响很可能在一定程度上降低了有理想的官僚行政人员的能动性和积极性，会令官僚机构走向另一种僵化模式。

另一方面，管理主义主张尽可能将公共产品与服务交由更有效率的市场来提供。减少政府的职能和财政开支，使政府变得更加精简和有效。然而，对于市场的过分迷信使得一些公共物品的提供丧失了应有的公益性和福利性。市场机制自身由于外部性、公共产品、垄断以及非对称信息等因素的作用也会失灵。政府的介入是弥补市场失灵的一个重要方法和手段。新管理主义强调市场机制相对于政府机制的比较优势，主张政府转变职能，重新回到"守夜人"的角色，但是对于如何解决市场缺陷仍然没有很好的答案。通过私人市场提供一些公共服务虽然提高了效率，但是在保证公平性、体现道德价值等方面却有所偏失。而且许多产品完全转移到私人市场、变成私人产品更是遭到诟病。比如，在一些国家，地铁的运营是由私人公司承担，结果票价往往较高。但是对于经济贫困的人员来说，公共交通支出过高对他们的生活产生的负面影响极大。又如，教育也是另一个容易引起争议的领域。私人教育往往更有效率，服务质量也更高，私人市场可以满足更高的需求。但是这也造成社会教育资源分配的不公平，社会成员之间的贫富差距加大。这些物品或服务到底是否应该交由市场去运作受到很多怀疑。有些学者认为，私人部门提供的产品服务不一定比公共部门更有效率。在市场竞争环境中的私人公司比政府的官僚组织更有效率，但是不一定能由此推论出私人组织在没有竞争和市场的情况下同样具有很高的效率。因而，认为私人部门的服务适用于复杂的公共领域，并成为政府失灵的补救措施的结论还较为武断。例如，多纳休指出民营化可能造成公共财政混乱，使公共管理更为复杂和困难，背离了公共目的中最重要的方面——将资金从公共工作人员转入承包商而没有任何盈余上缴国库，允许质量下降、成本提高。

此外，将公民视为"顾客"与公民的本质含义存在矛盾。新管理主义将公共服务的接受者——"公民"看成顾客，主张以顾客为导向，为顾客提供回应性、及时性的服务。顾客至上的理念促使垄断性政府发生转变。但是，如同波利特所指出的，公共服务比任何一般的消费者模式所允许的内容更特殊。其原因有两点：一是，公共服务的提供者与消费者的交易模式比其他在市场上与顾客面对面交流的方式更为复杂；二是，公共服务的消费者不仅仅是"消费者"，他们还是公民，这使得公共服务的交易模式不同于私人市场上的交易模式。休斯也认为，消费者的公民地位增加了问题的复杂性。很多公民既要求政府提供更多更好的服务，又埋怨政府税收太高。"顾客"隐喻至少存在两个方面的问题。一方面，"顾客"隐喻降低了公民的法律地位和宪政权利。作为政府权力的委托人和最终所有者，公民是政府唯一的主人，政府是社会公民的公仆。因此，从本质上来说，公民的地位是高于政府的。而顾客是一个基于市场交换关系或契约的概念，市场交换的主体都是平等的，交换是在自愿平等的基础上进行的。以顾客代替公民，在这个层面上实际是降低了公民的宪政和法律地位。另一方面，"顾客"隐喻忽略了公民参与。按照多元社会治理的理念，社会治理并不仅仅是政府的职责，每一个公民都可以也应该参与社会治理，为建设更好的社会而努力。市场中的顾客则是处于被服务的地位的，顾客是以购买或不购买来表明自己对企业提供的产品或服务的选择，但是提供什么样的产品和服务是由企业决定的，顾客并没有参与权。而从政治学意义上，公众并不仅仅是服务的接受者。顾客导向理论仍然没有摆脱政府单向行政的思维模式，政府仍然是单向行使权力，只不过在一定程度上考虑到公众的需要。但是，顾客理论却忽略了公民参与这一当代公共行政最重要的基础。如果没有公民参与决策、没有公民参与对政府的监督，就不可能确立公民在国家生活中的主体地位。

四　结论

　　管理主义的发展和出现是人类在长期实践发展中不断摸索出来的，是人们不断追求美好生活的智慧的结晶，也跟它所处的时代环境相一致。管理主义的核心概念和价值理念，主要是由 20 世纪初在美国发展起来的古典泰勒主义原则所构成的，"管理主义代表了弗雷德里克·泰勒科学管理思想的回归"。管理主义的很多理论内涵对于解决我们官僚机构的问题起到积极的作用，包括在公共行政中引入市场竞争机制、提高公共部门服务质量、改善公共部门的管理方式、建立企业化政府等。我国当前正在进行政府体制改革，也大量借鉴了西方新管理主义的理论，取得了很多积极效果。但是，以"效率"为核心目标的管理主义引起的一些深远的社会问题也需要引起足够重视。我国自 20 世纪 80 年代以来，市场经济的引入不仅使中国社会发生巨大转型，也给政府官僚机构带来巨大冲击。中国的社会体制、社会结构和社会发展阶段都发生着剧烈的变迁，传统的计划经济向市场经济转变，市场机制在资源配置中逐渐占据主导地位，社会结构转型也改变了人们的行为方式、生活方式、价值体系。这场深刻的社会革命涉及人们生活的方方面面，因而对政府管理的理念和方法也带来了实质性的改变。在这一过程中，追求效率逐渐成为各行各业的重要指导原则。而政府公共部门也不例外，以强调效率和效用为主要内容的管理主义理论深刻影响着整个政治官僚机构。

　　虽然一些学者认为我国的政府机构仍然带有特色鲜明的中国传统官僚体制特征，但是新管理主义无疑已成为中国行政体制改革的主要理论依据。无论在理论上还是实践中，管理主义的效率取向对转型期的中国的政府管理行为产生重要影响。与此同时，整个社会对效率的片面追求，也导致社会二元结构畸形发展。近些年来，片面追求效率引发的问题也越发凸显。市场经济改革后的中国，更是以实用、效率的角度出发，强调"发展是硬道理""时间就是生命，效率就是金钱"等，致力于推进工业化和城市化的快速发展。其中，为了最大限度地调动人们的生产积极性，政府的理念是允许让一部分地区和个人先富起来。因而，在经济发展的这一阶段，政府容易忽视了对公平正义等社会价值的维护。可以看到，我国现在的确取得了举世瞩目的经济成就，但是社会上也出现了越来越严重的贫富两极分化，这些都带来了很多社会问题。而地方官僚的行为受到"效率"尤其是"经济效率"优先的指导原则的影响，很多地方政府往往以"企业家"的姿态进行行为决策：一方面，各地在招商引资方面进行竞争；另一方面，为了发展当地经济，地方政府决策者不惜牺牲一切资源。效率和公平是政府需要始终追寻的两个价值导向，不可只求其一，而无视另一个的存在，否则整个社会也将不得不为此付出沉重的代价。这需要我们对管理主义有更多的思考和认识，在改革实践中来补充与修正这一理论。

网络、分权与协作：治理理论视野下城市管理新趋势

罗文恩

1887年，威尔逊发表题为《行政之研究》的论文，学术界一般把它看作公共行政学诞生的标志。迄今为止，公共行政学这门学科已有一百多年的历史，经历了从传统公共行政学到新公共行政学、新公共管理以及新公共服务，再到当今大行其道的治理理论的发展路径，这一演进脉络彰显了政府管理方式与价值取向的转变。

治理理论作为公共行政学的一种新思潮，自20世纪后期出现以来就在学术界引起热议。罗茨（Robert Rhodes）对于这种新发展做了总结，"治理标志着政府管理含义的变化，指的是一种新的管理过程，或者一种改变了的有序统治状态，或者一种新的管理社会的方式"。①治理理论以罗西瑙（James Rosenau）、罗茨（Robert Rhodes）、斯托克（Gerry Stoker）等为代表人物，主张采用多中心、分权与协作等新型模式解决公共问题，强调公私合作伙伴关系及参与主体之间的互动。由于经济全球化的趋势日益凸显，加上凯恩斯主义和福利国家模式的破产，民族国家对社会、经济和地方政府的控制力明显下降，许多国家的政治与经济状况发生改变，无论是以命令、服从为特征的等级制统治模式，还是以自由竞争、无为而治为特征的市场机制模式，都无法有效解决在各个层面上出现的公共问题，无法有效

---

① 〔英〕罗伯特·罗茨：《新治理：没有政府的治理》，杨雪冬译，《经济管理文摘》2005年第14期。

回应民众的需求，这是治理理论兴起的宏观背景。

在这种背景下，当谈及城市发展议题时，"治理"也成为比"管理"更为时髦的词汇。管理，在意大利语的原意是指"对人的操控和训练"，从 16 世纪开始其英语词汇含义则拓展为"一般意义上的控制、负责和引导"。[①]故此，传统的城市管理意味着一种"自上而下"的统治方式，即地方政府在中央政府的授意之下处理城市公共事务，同时垄断城市公共权力。治理则蕴含着政治上的去中心化，一方面地方政府从上级部门获得了更多的自治权；另一方面也与市政事务中的利益相关者，包括居民、非政府组织和其他机构分享决策权，通过互动与协作共同解决城市公共问题。需要说明的是，尽管城市治理内涵并无太多争议，但是在不同的公共生活领域，政府与其他参与主体的权责角色如何界定，如何互动与沟通才能实现"善治"，仍然需要进一步的探讨。随着城市成为人类经济与社会活动最为重要的场域，城市治理模式的相关研究必将在长时间内成为一种显学。

一 治理与城市治理

（一）治理理论的发展路径与内涵

1. 治理理论兴起的背景

20 世纪 90 年代以来，"治理"一词已成为当今政治学、公共管理、经济学、商业管理、社会学等研究领域的热门词汇，不论是在理论还是实践层面，都广泛地运用治理理论来理解现实并解决问题。治理理论的兴起主要有以下两方面的原因。一方面，在 20 世纪后期，凯恩斯主义的失败和全球化带来的种种变化与冲击，"出现了重要的经济及社会新情况和与之相伴随的问题，这些问题再也不能简单地借助自上而下的国家计划或凭借市场中介的无为而治方式寻求解决了。这种长期性变化反映了社会复杂性的极度加剧，而社会复杂性又来自一个日益全球化的社会里种种机构序列功能

---

① 转引自 Kearns, Ade, and Ronan Paddison, "New Challenges for Urban Governance," *Urban Studies* 37, 5 – 6 (2000): p. 845。

的不断分化——这又反过来导致不同系统跨越社会、空间和时间的距离而更加相互依存"。① 杰索普认为，治理兴起的部分原因在于全国许多国家的政治经济状况发生了深远的变化，使自组织（self-organizing heterarchy）在经济、政治和社会方面发挥的作用超过市场或者以等级制为特征的政府。②

另一方面，随着冷战的结束，经济全球化进程的加快使世界日益连成一个整体，发达国家与发展中国家的联系尤其是经贸联系越来越紧密。但是，发展中国家与发达国家之间在经济、政治、社会发展水平方面还是有较大差距，一些国际组织尝试以第三方机构的身份来促进或者援助这些国家的政治经济发展。1989 年世界银行在概括当时非洲的情形时，首次使用了"治理危机"（crisis in governance）一词，此后该词在一系列的国际政治与经济组织中得到了广泛使用。"治理"概念在国际事务中的流行有其背后的原因，这些国际组织想通过第三方身份来变革第三世界国家的社会经济体制，尤其是以世界银行、地区开发银行、国际货币基金组织为代表的金融机构希望受援国能遵循它们所确立的诸如自由市场、公民参与等制度理念，但是又不得干预主权国家的内政，因此便用"治理"一词来指代"改革国家"或"社会政治变革"的含义，从而以"一个相对而言没有攻击性的论题用技术性措辞来集中讨论敏感问题，而以免让人认为这些机构越权干涉主权国家的内政"。③故此，从多边国际关系的发展历程来看，"治理"一词是借贷国和国际经济组织刻意使用的一个技术语言，在不涉及政治敏感问题的前提下，通过倡导发展中国家凭借"良好治理"来实现改良受援国经济与社会制度的目标。

2. 治理的内涵

根据杰索普的考察，英语中的"治理"（governance）一词可以追溯到古拉丁语和古希腊语中的"操舵"一词，原意主要是指控制、引导或者操纵。自 20 世纪 90 年代以来，学术界掀起研究治理理论的热潮，但对于究竟

---

① 〔英〕鲍勃·杰索普：《治理的兴起及其失败的风险：以经济发展为例的论述》，《国际社会科学》（中文版）1999 年第 1 期，第 34 页。

② 〔英〕鲍勃·杰索普：《治理的兴起及其失败的风险：以经济发展为例的论述》，《国际社会科学》（中文版）1999 年第 1 期，第 35 页。

③ 〔法〕辛西娅·休伊特·德·阿尔坎塔拉：《"治理"概念的运用与滥用》，《国际社会科学》（中文版）1999 年第 1 期，第 106 页。

何谓"治理"则莫衷一是，不同语境中的用法也大相径庭。正如杰索普所言："它在社会科学界的用法仍然常常是'前理论式的'，而且莫衷一是；外行的用法同样是多种多样，相互矛盾。"①杰索普批判道，由于治理内涵含糊不清，"以至成为一个可以指涉任何事物或毫无意义的'时髦词语'"。②

罗西瑙则是从将治理与政府统治（government）作对比的角度来剖析治理的含义。政府统治依赖于正式权力和警察力量的支持来确保其适时制定的政策能够得到执行；治理则是由有共同目标的参与者所支持的，这个目标未必来源于正式颁布的宪法法律以及规定的职责，它也不一定需要依靠强制力量使别人服从。换句话说，治理是只有被多数人接受才能生效的一套规则体系，而政府的政策即使受到普遍的反对，仍有可能得到执行。故此，治理的内涵比统治更为丰富，"它既包括政府机制，同时也包含非正式、非政府的机制，随着治理范围的扩大，各色人等和各类组织得以借助这些机制满足各自的需要、并实现各自的愿望"。③

罗茨曾概括了治理的六种不同用法：第一，作为最小国家的治理，它指的是政府缩小规模、削减公共开支以获得最大效益；第二，作为公司的治理，特指一种监督和控制组织（企业）活动的体制；第三，作为新公共管理的治理，该种用法强调将私人部门的管理手段引入公共部门，把激励机制（如市场竞争）引入公共服务中；第四，作为善治（good governance）的治理，指的是一种有效率的、独立的、强调法治、负责任的公共服务体系；第五，作为社会－控制系统的治理，它指的是一种在社会政治体系中出现的模式或结构，在此模式下的行为者是相互依存的关系，是所有被涉及的行为者互动式参与的"共同"结果或者后果；第六，作为自组织网络（self-organizing network）的治理，它指的是提供公共服务的组织网络体系，包括政府、私人部门以及自愿部门等，这些组织之间是相互依存的关系，

---

① 〔英〕鲍勃·杰索普：《治理的兴起及其失败的风险：以经济发展为例的论述》，《国际社会科学》（中文版）1999 年第 1 期，第 31 页。

② 〔英〕鲍勃·杰索普：《治理的兴起及其失败的风险：以经济发展为例的论述》，《国际社会科学》（中文版）1999 年第 1 期，第 32 页。

③ 〔美〕詹姆斯·N. 罗西瑙主编《没有政府的治理》，张胜军、刘小林等译，江西人民出版社，2001，第 5 页。

需要相互间交换资源。① 罗茨特别强调自组织网络的治理，认为其作为一种新的治理结构，对于政府运行和民主责任制具有重要意义。②

另一学者斯托克梳理了治理理论的五种论点：第一，治理指出自政府但又不限于政府的一套社会公共机构和行为者；第二，治理明确指出在为社会和经济问题寻求解答的过程中存在的界限和责任方面的模糊之点；第三，治理明确肯定涉及集体行为的各个公共机构之间的权力依赖；第四，治理指的是行为者网络的自主自治；第五，治理主张办好事情的能力并不在于政府的权力，政府可以动用新的工具和技术来控制和引导，而政府的能力和责任均在于此。③ 斯托克指出，这五个论点的关系是互补而非竞争，更不是冲突。尽管治理有种种的用法和含义，但其内涵仍然有相同之处，"治理所指，是统治方式的一种新发展，其中的公私部门之间以及公私部门各自内部的界限均趋于模糊。治理的本质在于，它所偏重的统治机制并不依靠政府的权威或制裁"。④

奥斯特罗姆（Elinor Ostrom）也对治理的含义做了分析，主要体现在其提出的自主治理论中。该理论是针对如何管理"公共池塘资源"（common pool resources）⑤ 提出来的，自主治理论认为，单一的依靠政府裁决的"利维坦"方案或私有化方案都不能有效地解决"公共资源池塘"所面临的集体行动困境，应当在政府和市场之外寻求新的路径。奥斯特罗姆正是在看到这一问题——由于追求个人理性所造成的集体利益受损——并在承认其存

---

① 〔英〕罗伯特·罗茨：《新治理：没有政府的治理》，杨雪冬译，《经济管理文摘》2005 年第 14 期，第 41 ~ 46 页。

② 〔英〕罗伯特·罗茨：《新治理：没有政府的治理》，杨雪冬译，《经济管理文摘》2005 年第 14 期，第 41 ~ 46 页。

③ 〔英〕格里·斯托克：《作为理论的治理：五个论点》，《国际社会科学杂志》（中文版）1999 年第 1 期，第 19 ~ 30 页。

④ 〔英〕格里·斯托克：《作为理论的治理：五个论点》，《国际社会科学杂志》（中文版）1999 年第 1 期，第 19 页。

⑤ "公共资源池塘"这个术语指的是一个自然的或人造的资源系统，这个系统之大，使得排斥因使用资源而获益的潜在受益者的成本很高（但并不是不可能排除），具有以下特征：一是可再生的而非不可再生的资源；二是资源是相当稀缺的，而不是充足的；三是资源使用者能够相互伤害，但参与者不可能从外部对其他参与者加以重大的伤害。引自〔美〕埃莉诺·奥斯特罗姆《公共事务的治理之道——集体行动制度的演进》，余逊达、陈旭东译，上海三联书店，2000 年，第 48 页。

在的前提下提出自主治理的重要性。自主治理论关注的是"一群相互依赖的委托人如何才能把自己组织起来进行自主治理，从而能够在所有人都面对搭便车、规避责任或其他机会主义行为诱惑的情况下，取得持久的共同收益"。①为此，奥斯特罗姆通过对公共资源治理的案例分析提出了五项自主治理的制度设计原则，引导参与者做出谨慎、有利和可信的承诺，② 从而保证公共资源自主治理的成功与可持续发展。

尽管讨论治理的学术论文形形色色，但是我们仍然可以从中窥见治理模型相对稳定的内核。斯托克指出，"治理所求的终归是创造条件以保证社会秩序和集体行动"。③治理，不管被视为一种管理方法、一个管理过程，还是一套制度规则，甚至是一门处理公共事务的新范式，其最终落脚点都在于创造一种良好的秩序，从而能够调和个体利益与集体利益之间的张力。为了实现这一目标，治理理论采取了有别于以等级制或命令、服从为特征的政府统治或以自由竞争、追求私益最大化为特征的市场机制的新模式，强调参与者之间的互动、信任和合作，从而达成共同利益。

具体而言，治理理论包含如下相互关联的三个关键词。一是网络。彼得斯等人认为治理模型的首要特征就是网络（networks）能够控制公共政策。④戈丹发现，在法国"城市规划已经是构建不同行为者之间的谈判与互动规则的场合，把种种非官方的势力在全国和地方的层次上结成网络，使他们以种种方式相互依存而共同参与公共的行动"。⑤ 这里的网络是指各类行动者所组成的松散集合，包括中央政府、地方政府、非营利团体、私人组织乃至个人等。在网络之中所有的行动者相互依赖，每一个行动者都能贡献相关的知识或其他资源，而没有一个行动者，不管是公共部门抑或是

① 〔美〕埃莉诺·奥斯特罗姆：《公共事务的治理之道——集体行动制度的演进》，余逊达，陈旭东译，上海三联书店，2000，第51页。
② 〔美〕埃莉诺·奥斯特罗姆：《公共事务的治理之道——集体行动制度的演进》，余逊达，陈旭东译，上海三联书店，2000，第278页。
③ 〔英〕格里·斯托克：《作为理论的治理：五个论点》，《国际社会科学杂志》（中文版）1999年第1期，第19页。
④ Peters, B. Guy, and John Pierre, "Governance without Government? Rethinking Public Administration," *Journal of Public Administration Research and Theory* 8.2 (1998)：223–243.
⑤ 〔法〕让·彼埃尔·戈丹：《现代的治理，昨天和今天：借重法国政府政策得以明确的几点认识》，《国际社会科学杂志》（中文版）1999年第1期，第53页。

私人部门，拥有足够的知识或者资源让公共政策有效运作，从而使行动者之间的互动和协商成为可能。① 二是分权。分权可能包括中央政府与地方政府之间的分权，也包括政府与非官方势力之间的分权。分权意味着政府不再是公共政策的控制者或主导者，而仅仅是一个参与者。甚至在某些情形下，公共事务的处理并不需要政府的直接参与和干预，也就是所谓的"没有政府的治理"。分权对于非政府行动者而言，也意味着一定程度上的自治，即私人部门能够自主决策而不必依附于政府。三是参与者之间的协作。行动者之间的相互合作而非彼此竞争是治理模型的一个重要特征。但需要注意的是，行动者向来是理性和利己的，自身利益和他人利益、集体利益之间难免存在冲突，如何设定合适的条件让行动者乐于合作，是治理研究的重要内容。

（二）城市治理

1. 从官僚制到城市治理

城市是人类经济与社会活动最重要的空间载体，尤其是进入现代文明社会之后，人口、财富及各类资源向城市聚集的趋势愈加明显。朱维认为城市治理理论在国际上的流行在很大程度上是由一大批社会科学家推动的结果，这些学者在关注 20 世纪 70~80 年代现代国家的转型时发现，民族国家和地方公共机构制定和执行城市政策的能力不能高估。为了提高决策能力，城市决策系统不应该被封闭，而是必须向市民社会开放。"因此，治理作为一种公共行动工具的发展史可以被理解为社会科学家所进行的一系列诊断和分析的历史，他们关注当代国家的转型并积极介入公共行动领域。……非等级制的公共政策网络中各种参与主体之间的新型的谈判，联合与契约性关系，取代了地方公共机构与中央政府之间在城市权力方面所形成的等级制关系。"②

城市治理作为一种话语开始流行，与新公共管理（new public manage-

---

① Rhodes, Roderick Arthur William, "The New Governance: Governing without Government," *Political Studies* 44. 4（1996）: 652 – 667.

② 〔法〕巴纳德·朱维:《城市治理: 通向一种新型的政策工具?》，焦兵译，《国际社会科学杂志》（中文版）2009 年第 4 期，第 26 页。

ment）的兴起密切相关。在 20 世纪 70 ～ 80 年代，凯恩斯主义的发展模式导致政府规模臃肿、效率低下，加上石油危机使能源价格急剧上升，不少西方国家出现了通货膨胀严重、财政赤字飙升和失业率高居不下的"滞胀"局面，这表明"政治组织的国家中心主义模式正在失去生命力"。①为了应对经济及社会危机，不少西方发达国家纷纷发起以削减财政规模、提升行政效率和公民满意度为目标的改革运动。私有化、合约外包、市场检验、顾客至上等商业领域流行的理念和手段开始引入公共部门，"新公共管理"应运而生。在欧洲很多国家，中央政府由于遭遇财政危机而限制对地方的拨款，从而将负担转向地方，同时下放权力，赋予地方政府新的责任。在这一背景下，地方政府一方面承担了沉重的财政压力，但另一方面也获得推行改革的权力和自由。为了克服财政削减所造成的问题，地方政府通过职责外包、内部审计和内部竞争、职能下移乃至私有化等多种企业化手段来提升财政资源的使用效率。"整体而言，90 年代的城市政府面对的是一种分权和政府形式变得更加多样化的趋向；地方政府变成了城市治理。"②

此外，城市治理与可持续发展概念的普及亦有重要联系。可持续发展作为一种政治意识，在 20 世纪中后期才逐渐被联合国成员国所认可。它兴起于 1972 年的斯德哥尔摩"地球峰会"，历经 1992 年的里约"地球峰会"，直到在 2002 年的约翰内斯堡"可持续发展峰会"才得以最终确立。③ 可持续发展是一个三维概念，将经济、社会与生态问题结合在一起，坚持经济绩效、社会正义和生态平衡三大原则。④ 城市作为人类活动最为密集的地域，时常遇到生态环境破坏、自然资源过度利用、贫富分化乃至文化冲突等诸多难题。城市的可持续发展则是对城市发展过程中各种难题的回应，主要包括控制城市扩张规模、保护市区自然空间、整治环境污染、鼓励节

---

① 〔法〕巴纳德·朱维：《城市治理：通向一种新型的政策工具？》，焦兵译，《国际社会科学杂志》（中文版）2009 年第 4 期，第 26 页。

② 〔瑞典〕英厄马尔·埃兰德：《伙伴制与城市治理》，《国际社会科学杂志》（中文版）2003 年第 2 期，第 21 页。

③ 〔瑞士〕弗朗索瓦丝·利勃海尔－加迪奥尔：《城市可持续性与治理：二十一世纪的重大课题》，《国际社会科学杂志》（中文版）2009 年第 4 期，第 11 页。

④ 〔瑞士〕弗朗索瓦丝·利勃海尔－加迪奥尔：《城市可持续性与治理：二十一世纪的重大课题》，《国际社会科学杂志》（中文版）2009 年第 4 期，第 12 页。

能、促进邻里和谐和社会融合等目标。利勃海尔－加迪奥尔认为，"城市可持续性是一种途径和进程，它涉及所有社会成员，从决策者到普通民众。实现城市可持续性，要求各种社会利益攸关者之间进行谈判，以此作为城市工程的基础。"① 故此，城市可持续性属于治理领域，传统的政府主导的官僚制管理模式难以从真正意义上实现城市可持续性，而以网络、分权和协作为特征的治理模式，则能够更有效地动员各种社会力量和资源，共同应对城市持续发展面临的挑战。

2. 城市治理的内涵

朱维认为，治理概念有助于重新兴起城市权力分析中有关合法性形式的研究，因为它强调市民社会在政治行政和经济体系中制定城市政策，"功能合法性"（functional legitimacy）的重要性日益提高，这相对损害了民选官员的"代表合法性"（representative legitimacy）。朱维将"治理"理解为可以改变城市权力运作的话语及其实践运用，将其看作一幅由民选公共机构、国家与市民社会共同构成的三维图。正如他所言，"在城市研究领域，'治理'指的是一种重建城市权力平衡的进程，这种平衡乍看似乎损害了国家和城市机构（民选官员和地方技术官僚）的利益，但它却有利于市民社会的利益攸关者"。② 这里的城市权力指的是具有不同地位的各种利益攸关者拥有设置城市政策议程、依据他们的思想倾向和利益确定公共资源的属性、影响城市规划的集体决策以及部门管理等方面的能力。在朱维看来，"治理"成为城市政策领域一种新的公共行动工具，这种工具遵循认知性、规范性与工具性三重逻辑，包括通过城市政策分析来诊断城市治理方面的危机、描述城市建设新环境下的社会和政治现实以及提供具有合法性的行动方案。

亨吉斯（Hendriks）则认为，城市治理（urban governance）是在一定程度上制度化的、得以运作的制度安排，能够塑造高效的、正确处理城市议题的能力，其中涉及政府与非政府行动者（non-governmental actors）。③ 城市

---

① 〔瑞士〕弗朗索瓦丝·利勃海尔－加迪奥尔：《城市可持续性与治理：二十一世纪的重大课题》，《国际社会科学杂志》（中文版）2009 年第 4 期，第 14 页。

② 〔法〕巴纳德·朱维：《城市治理：通向一种新型的政策工具?》，《国际社会科学杂志》（中文版），2009 年第 4 期，第 24～25 页。

③ Hendriks, Frank, "Understanding Good Urban Governance: Essentials, Shifts, and Values," *Urban Affairs Review* 50. 4（2014）：553－576.

治理并非只有一种理想类型，而是存在多种可能性。亨吉斯把城市治理的主体分类两类，一类是"真正决策者"（real decision makers），即都市社会与经济精英阶层，另一类是"日常居民"（ordinary citizens）；决策方式或者公共产品的产生方式也分为两类，分别是"整合式协商"（integrative deliberation）和"选择式挑取"（selective choice），前者偏向采取更加沟通性的、综合性的方式来集体决策，而后者则偏向通过竞争性的、排他性的机制来清除选项和实现公共选择。在此基础上，他指出城市治理有四个转型方向，分别是城市政体（urban regime）、城市信托（urban trust）、城市市场（urban market）以及城市平台（urban platform）。①

皮埃尔（Pierre）指出，唯有把价值维度引入分析中来才能真正理解城市治理，而制度理论恰恰是理解赋予政治过程方向、目标和意义的一把钥匙。这里，制度是指塑造或约束政治行为的价值、传统、规范和实践的总体系统。皮埃尔认为，治理是地方政府与协作寻求实现公共目标的过程，这一过程受到都市政体得以建立的经济、政治和社会价值系统的影响。尽管这些合作战略加强了地方政府的治理能力，但是同时也将这些机构完全暴露在私人部门和公民社会的政治压力之下。因此，城市治理是"一种融合和协调公私利益的过程"，② 或者是一条跨越公私边界传导压力和目标的双向道路。城市治理的相关理论强调正式的政治过程产生的结果以及公共部门与私人部门在正式的政策执行方面的互动。

此外，列斐伏尔从欧洲国家由"都市政府"（metropolitan government）向"都市治理"（metropolitan governance）的转型过程来探索治理的含义，视之为"公共行动的一种新形式"。③ 列斐伏尔提出，城市空间的扩张、新的信息技术的发展、福利国家的危机以及欧洲一体化和全球化，意味着传统的都市政府必须转型，展开一场新的"实验"，基于灵活性、伙伴关系和志愿参与等原则，构建更加复杂的行动者系统和开展不同形式的活动。在

---

① Hendriks, Frank, "Understanding Good Urban Governance: Essentials, Shifts, and Values," *Urban Affairs Review* 50.4 (2014): 558.

② Pierre, Jon, "Models of Urban Governance: The Institutional Dimension of Urban Politics," *Urban Affairs Review* 34.3 (1999), p.374.

③ Lefèvre, Christian, "Metropolitan Government and Governance in Western Countries: A Critical Review," *International Journal of Urban and Regional Research* 22.1 (1998), p.9.

都市治理模式中，制度不再是从头就有的、提前设计的或者随时可用的，而是在一个构建的过程中逐步呈现出来。城市管理的目标也不是提前设定的，而是随着治理过程的展开由系统中的行动者共同决定。简而言之，"都市治理强调构建新的结构中的协商、伙伴关系、志愿参与和灵活性的价值"。①

总的来说，城市治理作为治理理论在行政学的延伸，依然遵循了治理理论的核心内涵，即由多样化的参与主体构成的一张扁平化的网络，而不是一个由市政府控制的金字塔结构。这意味着在处理城市事务时权力是分散的，政府主动或者被动地放弃一部分权力及职责，通过协商的方式调节公私利益，与其他机构结成伙伴关系共同应对日益复杂的公共问题。

二 皮埃尔的四种城市治理模式

由于不同国家和地区的政治制度、文化传统和经济发展千差万别，城市治理模式呈现形态的多样性。皮埃尔指出，城市治理的不同治理模型折射出不同的有关价值、规范、信念和实践的系统。这些价值系统产生不同的城市政策选项和结果。从这一意义上讲，一方面，城市治理嵌入于复杂的经济、社会、政治和历史因素之中，涉及地方政权和地方市民社会之间的各种交换。但另一方面，"民族（national）政治与国家（state）传统仍然是解释城市政治差异性的最有力的因素，包括城市政治经济、城市政治冲突和地方资源动员战略等"。② 即使选择明显差异的城市政策选项，地方精英出于政治和意识形态的考虑仍然会做出相似选择。

皮埃尔依据核心参与者的构成、治理总体目标、实现目标的主要工具以及治理模型等四个变量，区分了城市治理的四种制度模型：管理主义（managerialism）模式、法团主义（corporatist）模式、支持增长（progrowth）模式和福利（welfare）模式。值得注意的是，这些模型应该被看作理想类型，而不是不同国家、地区和政策部门对城市治理经验进行的准确描述。

---

① Lefèvre, Christian, "Metropolitan Government and Governance in Western Countries: A Critical Review," *International Journal of Urban and Regional Research* 22.1 (1998), p. 18.

② Pierre, Jon, "Models of Urban Governance: The Institutional Dimension of Urban Politics," *Urban Affairs Review* 34.3 (1999), p. 375.

（一）管理主义模式

学界通常从两个不同的视角来看待地方政府的功能：一个是民主、参与式的视角，把地方政府描绘成管理政治冲突的一个工具；另一个则是管理主义的视角，把地方政府看成通过服务生产和提供来满足集体需求和利益的一个公共组织。皮埃尔认为，在过去几十年新公共管理流行的背景下，管理主义视角显然占据了统治地位。这一观点强调不同服务供应商之间的竞争以及顾客选择。"总体目标是在城市服务的生产者和顾客之间创造一种公共选择风格的、类似市场的交易模式，在这一模式中顾客选择，而非民选官员的偏好，决定提供哪些服务以及由谁提供。"①

从参与者来看，管理主义治理强调专业人士而非政治精英的参与，因而生产与提供公共服务机构的经理们是这一模式的主角。另外，由于顾客满意度是一项核心评估指标，故而顾客在管理主义模式中也扮演着不可或缺的角色。从目标来看，管理主义治理旨在提高公共服务生产和供应的效率，同时为使用这些服务的顾客在产品供应方面提供真正的选择权。为了达成这些目标，地方政府引进了多样化的管理工具，包括与营利组织签订外包合约、在公共部门采取新的人力资源招聘战略、内部市场以及其他竞争形式、重新定义民选官员的角色等。最后，从结果来看，管理主义模式通过引入私人部门的专业管理技能，在一定程度上提高了公共服务供应的效率。但是在内部市场或者顾客选择的效率方面，新公共管理带来的影响并不确定。总体而言，管理主义的治理模式下民选官员扮演了非常有限的角色，它强调的是依据私人部门的管理标准来衡量地方政府的产出和绩效。通过把服务提供商和客户视为市场中的行动者，以及把基于市场的评估准则作为评价公共服务的主要标准，管理主义的治理模式刻意模糊了公共与私人部门之间的界限，最起码从理想类型来看是如此。

尽管管理主义治理模式提升了公共部门的成本意识、增强了公共服务供应的专业性，但是对于地方政府而言同样面临一些挑战。首先，新公共

---

① Pierre, Jon, "Models of Urban Governance: The Institutional Dimension of Urban Politics," *Urban Affairs Review* 34.3 (1999), p. 378.

管理认为公共服务的提供应该在生产者与顾客之间进行，故而服务供应商应该与民选官员保持距离，因为后者主要是制定城市公共服务的长期目标。然而民选官员的边缘化未必能够真正落实，比如西方城市政策的制定总是受到政党因素的强烈影响。其次，传统治理模式中民选官员作为决策者对公共服务负有责任，但是新公共管理则认为公民与顾客对于城市公共服务的产出有着更加直接和深刻的影响，在这种情况下民选官员是否需要为服务供应承担责任则值得推敲。再次，公共部门强调程序的合法性，而商业部门则强调结果和产出，当把商业管理引入公共部门时，这两种截然不同的组织文化难免产生冲突。最后，把新公共管理引进城市政治中隐含着这样一种假设，即地方政府享有一定程度的组织灵活性，但是这一假设在大部分国家都不成立。

（二）法团主义模式

法团主义的城市治理模式以工业化的、高度民主化的西欧国家为典型代表。这些国家通常拥有大规模的公共部门、全面的福利国家服务供应、高度的政治参与、比例代表制以及强势的志愿团体。法团主义是一个政治代表模型，通常出现在地方政府的利益分配部门当中。尽管强调捍卫和促进组织成员们的利益，法团主义模式也追求广义上的参与式民主。在这一模式下，地方政府通常被描绘成一个政治与民主系统，或者是一个"参与式地方民主"（participatory local democracy）体系，目的在于吸纳城市政治过程中的社会团体和组织的利益，而利益代表机制是法团主义治理模式最为核心的部分。

法团主义治理包括两个层次的参与者，即普罗大众和社会精英。前者并没有真正涉入利益协调机制当中，只有社会团体的高层领导才有机会参与这一政治过程。法团主义治理的主要目标是利益分配，确保会员的利益能够影响服务和政策，而那些没有机会参与这一过程的选民和社会团体的利益通常会被忽略。故此，法团主义模式可以看成地方政府与组织化利益之间协调项目和行动的一个工具，双方都涉入城市政治和公共服务的供给。由于所有重要利益相关者都参与了城市政治过程，城市的政治选择通常容易被公民社会所接受。对于法团主义而言，最重要的治理工具就是这些政治过程的这些机构本身，它们控制了巨大的人力和财务资源，能够承担提供公共服务的责任。从治理结果来看，法团主义模式降低了财政纪律的要求，平衡财政预算几乎是不可能的，因为强大的利益团体往往主张额外的公共支出而极少有人要求增加公共收入以匹配开支。此外，法团主义模式经常产生强势的利益团体和其他社会团体之间的不平等。

值得注意的是，法团主义模式在本质上是一个"只能同甘不能共苦"（fair-weather）的模型，① 尽管利益团体倾向于跟地方政府协商和参与政治过程来实现公共利益，但这些团体的首要角色还是捍卫会员利益，因此它们的战略会随着不同层次政府的经济活力的变化而改变。当地方财政急剧缩减以致威胁到会员利益分配时，这些团队可能会由参与式战略转化为对抗式战略，如通过游说立法会就某一些公共政策向地方政府施压。

（三）支持增长模式

支持增长模式的核心议题是城市的政治经济在多大程度上允许政治选择。这里的政治选择指的是创造一系列的制度安排，借此得以调适国家权力和行使市场权力。② 除了政治选择外，治理的决策也包括追求何种发展战略以及在战略执行中选择哪些合作伙伴。对于决定推进地方经济发展的城市而言，政治通过多种方式发挥作用，主要体现在制定经济发展战略和搭建治理架构两个方面。支持增长式治理的一个重要特征是紧密的公私互动，也就是通过构建具体的、公私合作的行动来促进地方经济。这种合作取决于政府和商业精英之间在经济增长方面的共同利益。尽管不同国家的地方经济发展政策面临的法律和经济环境有所不同，但是大部分的政府都以私人资本作为税收和收益的源泉，或者需要私人部门创造就业机会和工作岗位，故而支持增长模式在大多数发达的工业化国家中都能寻得踪影。

需要指出的是，该模式在四种城市治理模型中的公众参与度最低。大众介入从来就不受欢迎，因为这种参与往往会要求加入诸如社区更新和其

---

① Pierre, Jon, "Models of Urban Governance: The Institutional Dimension of Urban Politics," *Urban Affairs Review* 34.3 (1999), p. 381.

② Pierre, Jon, "Models of Urban Governance: The Institutional Dimension of Urban Politics," *Urban Affairs Review* 34.3 (1999), p. 383.

他分配政策等增加政府开支的选项，从而导致支持增长战略的政治化。尽管支持增长模式很少有反对者——地方行动者大多直接或者间接支持经济增长，但是这种模式也极少有拥护者，除了公共和私人部门的精英之外。

支持增长模式的首要目标是经济增长，并且这种增长是长期的且可持续的。为了达成这一目标，地方政府引进各种各样的政策工具，包括城市规划、向地区或者中央政府动员资源以及发展基础设施。此外，也包括构建良好的城市形象来吸引投资。那么，这些手段是否有实际效果呢？有一些研究表明在限定经济的结构性变迁的前提下，政治选择确实在一定程度上能够影响地方经济的增长。[①] 但总体而言，与宏观经济结构变迁对地方经济的影响力度相比，政治选择的效果要小得多。

（四）福利模式

福利模式主要针对西方发达国家一些特定的城市而言，通常是早期的工业城市。这些城市曾经有繁荣的工业经济，但因种种原因衰落之后再也没有恢复往日荣华，经济增长非常有限。城市的工业遗产，加之高失业率和企业战略遭受挫折，导致这些城市在政治上"左倾"，有时候甚至出现极端的左翼主义。商业萧条和税收缺乏，使流向地方经济的资本主要来自福利系统，因而这些城市特别依赖中央政府的财政开支。这种治理模式在最大程度上把国家吸纳进来，使之作为资源供应者或者发动者。城市政治领导层的主要精力也是放在向国家争取补偿性的项目而不是考虑重新激活私人部门，一方面是因为这一战略存在不确定性，另一方面在于与私人部门搭建关系网络不是一个有吸引力的政治选项。

福利模式下的大众参与往往对私人部门怀有敌意，认为它们是导致城市困境的根源。决策者优先强调通过政治或行政渠道与国家保持亲密接触，倾向于把城市与地方经济剥离开来，这也反过来加剧了经济衰退的问题。尽管国家补贴在短期内有助于城市恢复和处理经济问题，但很快使地方政

---

① Clarke, Susan E., "Institutional Logics and Local Economic Development: A Comparative Analysis of Eight American Cities," *International Journal of Urban and Regional Research* 19.4 (1995): 513 – 533.

府沉溺于此从而缺乏拓展地方税基的动力。此外，这些城市的政治敌意也吓跑了潜在的私人投资者。简而言之，福利模式呈现反资本主义（anti-capitalist）的气氛，并且利用与上级政府的网络来弥补税基的萎缩。在皮埃尔看来，这是一种包容性最差的城市治理模式。[①]

从参与者来看，地方官员（officials）、国家官员和官僚（bureaucrats）构成了福利模式的主要参与者。地方和国家机关之间的政党关系可能成为国家选择某些城市加以扶持的一个工具。从短期来看，福利模式的目标是寻求国家资金来维系城市经济和运作，但长期目标却并不清晰，强调再分配政策以及尽可能减少与私人资本的交易。从结果来看，福利模式不可能在长期范围内得以持续。依据达尔文主义的观点，在经济上不能自给自足的城市不应该由中央政府人为地去扶持。更为重要的是，在诸如斯堪的纳维亚和荷兰等福利国家，中央政府正在经历持续的财政赤字增长，从而不得不削减对地方政府的资助。因此，利用国家财力支持衰退的城市和地区，将不再是一个理想的选项。

三　伙伴制与城市治理模式

20 世纪 90 年代以来，为了应对中央政府削减财政所造成的问题，欧洲各国的地方政府尝试了不同的制度创新，政府分权并且与各类机构合作共同提供服务或者应对地方公共问题成为其中一个受欢迎的模式，"伙伴制"这个概念开始在有关城市政策的文献乃至全球重要会议之中流行起来。英厄马尔·埃兰德认为"在一个很多重大问题都没有固定的区域限制、很多领域权力重叠的时代，伙伴制和其他体制可能是一种填补空白和建立至少是部分责任制的前提的方式"。[②]通过集合各方力量，包括跨区域组织、中央和地方政府、非政府组织、地方社区，以及受排斥的群体如移民、失业者

---

① Clarke, Susan E., "Institutional Logics and Local Economic Development: A Comparative Analysis of Eight American Cities," *International Journal of Urban and Regional Research* 19.4 (1995): 387.

② 〔瑞典〕英厄马尔·埃兰德：《伙伴制与城市治理》，《国际社会科学杂志》（中文版）2003年第 2 期，第 32 页。

和残疾人等来共同解决这些跨区域甚至跨国的问题，伙伴制的方式似乎比传统的治理模式具有更大的灵活性，更能打破部门的界限，更有利于联合多重利益相关者的力量。

所谓的"伙伴制"（partnership），简单来说就是"为重整一个特定区域而制定和监督一个共同的战略所结成的利益联盟"。①伙伴制既可能表现为政府部门和其他机构联合起来推行一项政策的临时性安排，也可能是一个更为长久和制度化的跨部门协作机制。从形成过程来看，伙伴制的创始过程可能始于政府提出的一项自上而下的政策，也可能始于多少独立于公共政策的非公共组织所采取的行动。大部分伙伴制的创始过程是这两种类型的混合体。

在早期，伙伴制被英国保守党视为在重振城市计划中重构公共经济和私人经济之间的界限的一种手段，但很快有了更为广泛的含义，并且用于重振城市政策之外的其他政策领域。例如，在1996年的联合国第二次人类居住大会上，伙伴制的治理模式被延伸到国家援助项目以及国家和地方的能力建设项目，大会认为每个人都能从广义的伙伴制方式中获益而且没有人会遭受损失。② 迄今为止，伙伴制项目的范围和层次十分广泛，包括经济发展和创造就业、培训和教育、住房改造、环境政策、公共服务配套、社区安全和防止犯罪、医疗和地方社区发展等。伙伴制方式的扩大反映了其实践范围的广泛性，以致在定义具体项目的参与者时有很多可能性。

支持伙伴制的学术观点主要有三个：协同效应、转换和扩大预算。协同效应指两个或更多的合作者为了共同目标而一起行动时所获得的增值效益。这里的增值效益大于合作方单独行动时获得的效益之和。例如，一家商业公司和一个慈善机构合作，将销售产品的部分收入捐赠于慈善用途。这种战略联盟不仅给慈善机构增加了善款，同时公司也因慈善机构的品牌光环而增加了市场销售份额，从而取得"一加一大于二"的效果。转换是指合作方彼此之间的行为和观念相互影响，例如，公共机构或者非营利组

---

① 〔瑞典〕英厄马尔·埃兰德：《伙伴制与城市治理》，《国际社会科学杂志》（中文版）2003年第2期，第21页。
② 〔瑞典〕英厄马尔·埃兰德：《伙伴制与城市治理》，《国际社会科学杂志》（中文版）2003年第2期，第23页。

织可以使私人经济的合作方更加注重社会效益，而私人公司则可以使对方更加市场化和注重效率。扩大预算是指整合各方的资源来筹集更多的资金，从而获得更多伙伴的支持。这种现象在欧洲各国中央政府和欧盟已经非常普遍。例如，两个或者更多伙伴达成合作行动后，就可能得到中央政府或欧盟的额外支持，从而扩大项目的预算。

在总结前人研究基础上，埃兰德总结了伙伴制的六个优势，即认为伙伴制能够制造合作者之间的协同效应，能将风险分散给各参与者，有助于一个参与者影响另一个参与者的世界观和行为方式，成为参与者获得更多财政资源的手段，减少公开冲突和创造和谐气氛，以及减少对政府过多的要求，并创造更广泛和更分散的责任制。①

然而，也有一些学者质疑"伙伴制"治理模式是否能够真正提升效率和促进民主，甚至认为这一模式之所以对地方政府有吸引力是因为它"分散了成败的责任，并保证相对低一级的公共开支能被用来调节大量的私人投资"。② 同时，伙伴制虽然赋予市民和其他机构更多的参与权，并且宣传合伙人具有相等的价值和实力，但实际上他们代表了社会中不同地位的人并掌握着不同的资源，因此在分析一个特定的伙伴项目时，"必须分析参与者之间的力量范围和平衡"。③ 此外，伙伴制项目在制定和实施过程中经常被某些利益团体和强大的官僚机构所控制，而民选的政治家和边缘群体则处于不利的地位，甚至被排除在外，伙伴制项目留给大众参与、建议、辩论和施加影响的空间很小。因此，埃兰德认为应该谨慎地分析伙伴制是否"具有可信度，同时平衡效率与公平"。具体而言，相关研究需要回答一些至关重要的问题："伙伴制应包括何种利益和当事人，又应排除何种利益和什么人？谁应在伙伴制中充当领导？谁的任务应该优先？"④

---

① 〔瑞典〕英厄马尔·埃兰德：《伙伴制与城市治理》，《国际社会科学杂志》（中文版）2003年第2期，第28页。

② 〔瑞典〕英厄马尔·埃兰德：《伙伴制与城市治理》，《国际社会科学杂志》（中文版）2003年第2期，第23页。

③ 〔瑞典〕英厄马尔·埃兰德：《伙伴制与城市治理》，《国际社会科学杂志》（中文版）2003年第2期，第24页。

④ 〔瑞典〕英厄马尔·埃兰德：《伙伴制与城市治理》，《国际社会科学杂志》（中文版）2003年第2期，第24页。

伙伴制和民主的关系非常复杂，至今仍然没有定论。埃兰德认为伙伴制只是一种治理模式，不会取代政府的权威。伙伴制对"特定的参与者和利益群体"负责，而权威机制中的国会和市政厅则对所有公民负责。"代表机构要警惕的是不要让伙伴制发展成为全国性和地方性的决策机构。同时在治理的时代，需要有一个对在自由选举中有投票权的所有公民负责的政治政府。"[①] 埃兰德特别强调，如果公民不能了解和监督政治程序，或者这一过程被掩盖在封闭的伙伴制模式之后，则存在丧失民主合法性的危险。简而言之，我们可以出于追求效率的目的而需要治理，但不能由此而丢掉政府和民主。此外，伙伴制模式避免公共利益不能惠及弱势群体的方式是把弱势群体也纳入治理参与者的体系。"伙伴制方式不要自我封闭，排除已经处于弱势的群体。通过选举代表、计划者和其他行政官员，各级民选政府有照顾弱势群体的特殊义务，实施传统的政策项目，在计划和政治上促进他们的利益，鼓励他们组织起来。"[②]

最后需要指出的是，为了应对诸如经济波动、环境污染、气候变化、战争和人权、贫困和传染病等全球性问题，光靠国家政府和国际组织构是不够的，还需要各种层面上的跨国伙伴制项目在补充传统政治体制上发挥重要作用。

四　简要总结：寻求城市治理的价值体系

从经验的角度看，正如上文所言，城市治理的模式多种多样，不一而足。但是从规范视角来看，这些多样化的城市治理实践似乎都要回应这个问题，即什么是"好"的城市治理？抑或如何评价城市治理的好坏？随着"善治"（good governance）概念大行其道，城市治理的核心价值开始受到学者们的关注。基于洛克的"生而平等"（intrinsic equality）主张——没有人天生就要屈服于其他人的意志和权威，斯图尔特（Stewart）提出，城市

---

① 〔瑞典〕英厄马尔·埃兰德：《伙伴制与城市治理》，《国际社会科学杂志》（中文版）2003年第2期，第32页。

② 〔瑞典〕英厄马尔·埃兰德：《伙伴制与城市治理》，《国际社会科学杂志》（中文版）2003年第2期，第32页。

善治（good urban governance）最重要的内核是公民参与（citizen participa-
tion），也就是说一个共同体（community）里面的成员在制定关乎他们利益
的政策时，不仅可以表达他们的主张和偏好，而且他们的主张或偏好应该被
平等地考虑。即使不能完全平等，城市善治也要求尽可能减少实现这一理念
的障碍。①

　　亨吉斯则在借鉴联合国开发计划署（NUDP）和欧洲委员会（Council of
Europe）关于地方治理质量标准的基础上，提出城市善治在输入、输出和系统
本身三个方面应该包括五个核心价值，分别是响应（responsive）、有效（ef-
fective）、程序正义（procedural Justice）、韧性（resilience）和平衡（coun-
terbalance）。"响应"强调组织化的代表（organized representation），即城市
政策制定中的公民参与度、参与通道和公开性。"有效"意味着真抓实干、
解决问题的能力以及让公共财政发挥价值。"程序正义"是法治（rule of
law）的体现，包括更加合法（legal）（如符合法律、问责和权利平等）和
互动（interactionist）（如正确、诚实和文明）的各种价值主张，尤其要体现
公平性（impartiality）。"韧性"是针对城市治理系统自身而言，指在治理的
过程中要保持包括动态稳定性、自我调节、可持续性、可接受性、多样性
的融合。"平衡"包括抗衡势力与责任性、检查与平衡、监督、控制。② 从
理想状态来讲，城市治理过程中如果能同时实现这五个价值则无疑是"善
治"。但更为现实的一种方法是"因境制宜"，即在某些场合中特别强调其
中的部分价值，而同时其他价值只要达到可接受的水平即可。

　　需要指出的是，大部分已有成果关注的是城市治理"何为"的问题，
即从经验上总结城市治理的实践模式，而少有文献探讨城市治理"为何"
的问题，即剖析城市治理应该追求哪些价值。笔者认为价值体系是城市治
理的最终归宿，也是从城市管理向城市治理的范式转变过程中必须审视的
一个重要议题。

---

① Stewart, Kennedy, "Designing Good Urban Governance Indicators: The importance of Citizen Par-
ticipation and Its Evaluation in Greater Vancouver," *Cities* 23. 3 (2006): 196 – 204.

② Hendriks, Frank, "Understanding Good Urban Governance: Essentials, Shifts, and Values,"
Urban Affairs Review 50. 4 (2014): 553 – 576.

生态之城：可持续发展城市的追求

刘　筱

生态城市建设已经成为人类社会可持续发展的重要挑战，据联合国统计，至 2050 年全球有 66% 的人口将会居住在城市，这一城市化水平随之带来的能源问题、健康问题、社会安全问题等，对于全世界来说都将是严峻的挑战。

20 世纪 60 年代西方发达国家环境问题的爆发，引起东西方国际社会的共同关注，同时也掀起了环境与生态问题科学研究的热潮。1970 年，联合国教科文组织在第十六届大会上提出开展"人与生物圈"国际科学合作长期研究计划，并于次年正式启动。1972 年，联合国人类环境大会同期启动"人与生物圈"计划，标志着人类环境问题已经得到国际社会共同关注，同时国际科技界不仅就人类环境问题开展长期广泛合作达成共识，而且提出了对 21 世纪的今天仍然有着深刻重要影响的研究纲领。[①]

生态城市（eco-city）是一个相对较新的名词，但这一概念却由来已久，在城市规划和建设领域已讨论了几十年之久。1984 年，苏联城市生态学家雅尼斯基（O. Yanitsky）[②] 基于 20 世纪 70 年代的研究成果，首次对生态城市的概念进行了系统定义和构想。之后，美国一些学者也对此进行了相关研究，都强调人与社会、环境的协调发展，经济发展不再是城市评价的唯

---

① 佛朗西斯克·卡斯特里、马尔科姆·哈德利：《生态系统的人》，《国际社会科学》（中文版）1984 年第 4 期，第 3～6 页。

② Yanitsky, O., "Integration of Social and Natural Science for Urban Planning," In DiCastri, F., Baker, F. W. G., Hadley, M. eds., *Ecology in Practice*, *eighth ed*. Tycooly International Publishing Ltd. and UNESCO, Paris, 1984: 30 – 46.

一或最重要的指标，建设可持续的、生态健康的、高效和谐的人居新环境应成为未来城市发展的方向。[①] 但是，致力于将城市环境与社会改良结合在一起的城市实践可以追溯到 1850 年巴黎城市大改造时期，当时的巴黎总督奥斯曼男爵在巴黎开辟大片绿地，尽管只是为了休闲娱乐，但也极大地影响了人们对于城市生活品质的思考。到 19 世纪末，高速工业化影响了城市发展，带来了城市环境恶化、大量城市问题滋生、水资源短缺、城市市政设施严重不足等一系列问题，此时，英国城市规划师霍华德（Ebenezer Howard）提出了"田园城市"思想，[②] 被公认为现代生态城市的原型。之后，"生态城市"的概念不断被发展和延伸，但都存在定义模糊不清的问题，一直到 20 世纪 70 年代理查德·瑞吉斯特（Richard Register）在美国加州伯克利开展了城市生态运动，重新定义了生态城市的内涵，即重建与自然平衡的城市。从此，生态城市理念才逐渐成为重要议题并在世界各地实践开来。

按照 Joss[③] 的观点，当代生态城市发展可以分为三个阶段。第一阶段从 20 世纪 80 年代至 90 年代初，生态城市的实践还非常少。第二阶段以 1992 年联合国颁布《地球宣言》为标志，形成了可持续发展行动计划——《21 世纪议程》。随后，一系列生态城市实践在此议程的影响下启动，如巴西的库里提巴、德国的弗来堡、新西兰奥克兰地区的怀塔科里。第三阶段是在 2000 年以后，随着气候变化问题和城市化问题越来越引起全球范围的关注，生态城市建议也逐渐成为讨论全球可持续发展的主要途径，因而在此阶段的生态城市实践也得到了极大的推进。至 2011 年，全球有超过 170 家生态城市启动或在建。[④]

尽管如此，关于生态城市的思想和理论一直都在变化与发展中，新问

---

① 佛朗西斯克·卡斯特里、马尔科姆·哈德利：《生态系统的人》，《国际社会科学》（中文版）1984 年第 4 期，第 3～6 页；Dominski, T., "The Three Stage Evolution of Eco-Cities: Reduce, Reuse and Recycle," In Walter, et al. eds., *Sustainable Cities*. EHM Eco-Home Media, Los Angeles, 1992: 16 – 18; Roseland, Mark, "Dimensions of the Eco-city," *Cities* 14.4 (1997): 197 – 202.

② Howard, E., "Tomorrow, a Peaceful Path of Real Reform (Reissued as Garden Cities of Tomorrow" in 1902. MIT Press, Cambridge, 1898.

③ Joss, S., Eco-cities: A Global Survey 2009. WIT Trans. Ecol. Environ. 129, 2010: 239 – 250.

④ Joss, S., Tomozeiu, D., Cowley, R., "2011. Eco-cities: A Global Survey 2011," University of Westminster, International Eco-cities Initiatives, London.

题往往会被纳入旧"名词"中，从而丰富概念内涵；另一种变化则是内涵不变，但是新名词不断出现，如"绿色城市""可持续发展城市""低碳城市""智慧城市"等，虽然引起各种争议，却让更多的人探讨人与自然、社会等的关系。接下来我们将从这一思想的起源进行梳理，试图理清这一理论的发生和发展过程。

一　生态城市思想的起源

生态（ecology）这个词出自希腊语 oikos，其意思是"家""房子"。这个词首先被德国生物学家黑克尔（Haeckel）在 1866 年所使用，指新发展出来的"自然环境的科学"（science of the habitat），主要分析生物间以及与它们生存地、土壤、气候特性间的关系。[①] 至 20 世纪以后，随着人与自然的关系越来越恶化，对责任、伦理等讨论将人也被纳入生态系统中，人能够为自己保留一个什么样的"家"、能够为生活于此的万物提供什么样的家园，成为当代生态研究必不可少的主题。但是，世界不同地区有不同文化历史，相应地其生态观也有不同的起源和基础，在全球化发展的今天，仍然有必要对生态城市思想进行梳理。

（一）东方的生态城市观

东方文化是混沌的生态文化，把人与自然作为一个整体系统来看，它隐含着"人是自然的一部分"的观念。生态智慧根植于古老的东方文化土壤中，而且绵延至今，成为天人合一的文化传统。比如，佛教认为生命与自然一样都不是实体，这样就保持了人与自然、社会的和谐关系，其实也是对生命的尊重。人的生命与宇宙的生命是联系在一起的，人类必须遵循生命大法，保护环境、善待生命。也就是说，关爱自然，就是关爱生命，反之亦然。再如，道家主张谦卑地对待自然，主张人与自然是同构的。老子说"人法地，地法天，天法道，道法自然"，就是这个意思。

---

① 〔德〕白舍客：《基督宗教伦理学》第 2 卷，静也、常宏等译，华东师范大学出版社，2010，第 793 页。

受此生态观的影响，中国文明主体价值观和行为准则是没有城乡差别的。因此，城市只是这个大文明体系中的一个节点，它也必须遵从天人合一、敬天拜祖这个"道"，即天意，比如，中国最早的城市规划记载大抵见于《诗经》，提及周文王的祖父于公元前 1552 年在岐山山脚建城的过程，在确定其天地方位之后还必须合乎《礼》（《周礼》），在城市规划与建设中符合执中、秩序和宗法关系。天地和谐、阴阳平衡、秩序井然，为农业经济服务的行政－宗教中心成为中国古代城市文明和规划的特点。[①]

这种风格还影响其他东亚国家，特别是中世纪以来，东亚国家借鉴中国的都城制度，如宫城、皇城、郭城"回"型相套等，主要建筑沿南北中轴线布置且左右对称，街区呈棋盘状；宫殿、城门等名称取象天地、日月星辰和四时，贯彻天人合一理念，追求人与自然的和谐。比较具有代表性的城市有高句丽平壤城、新罗王京、百济王城、高丽开城京、朝鲜汉阳城、日本藤原京、平城京、平安京、越南顺化等。[②]

（二）西方的生态城市观

西方在古希腊时期有着比较深厚的生态思想，其根源来自对"人"的重视，城邦、公民精神直接导致人本主义的生活形态，如在古希腊的宗教或是神话中，多神崇拜、神的人格化等，都表现了对人和自然的赞美，"希腊是泛神论的国土，它们所有的风景都嵌入……和谐的框格里……每个地方都要求在它的美丽的环境中有自己的神；……希腊人的宗教就是这样形成的"，[③] 因此，在古希腊的诸多公共建筑以及建筑群中，突出反映的特征是追求人的尺度、人的感受以及同自然环境的协调。它们并不追求平面视图上的平整、对称，而是乐于顺应和利用各种复杂的地形以构成活泼多变的城市、建筑景观。[④] 这可以说是最早的自然主义城市规划手法。

但是，在此之后，西方的生态观深受基督教的影响，人与自然的关系从《圣经》中即可得到解读：神创造了天、地和与自己相似的人，然后造

---

① 薛凤旋：《中国城市及其文明的演变》，世界图书出版公司，2010，第 102~110 页。
② 牛润珍：《古都邺城研究——中世纪东亚都城制度探源》，中华书局，2015，第 2 页。
③ 《马克思恩格斯选集》第 2 卷，人民出版社，1972。
④ 张京祥编著《西方城市规划史纲》，东南大学出版社，2005，第 12 页。

出了自然，并让人来管理自然，所以人与自然的关系不是相互依存关系，而是主从关系。这一传统人类中心主义可以追溯到古希腊哲学家罗泰戈拉。他指出"人是万物的尺度，是存在的事物存在的尺度，也是不存在的事物不存在的尺度"。①但真正导致人与自然的对立是在笛卡尔和牛顿之后的现代思潮。机械主义和唯物主义的态度占上风，而其后果是人们失去了对大自然的尊敬之情。② 尽管中世纪之后文艺复兴兴起，科学技术与人文精神都得到空前发展，但人与自然的关系更为对立。著名哲学家笛卡儿的名句"我思故我在"，强调理性思考是自我存在的根本，人与物是对立的，人的主体性是一切存在的前提，人之所在以比万物高明，是因为人有理性思维，能够感觉到喜怒哀乐。这一典型的人类中心主义观在哲学、科学发展的过程中曾经发挥了积极的作用，但也带来了许多负面效应。一方面，人类对自然的征服越来越强烈；而另一方面，人与自然的关系也越来越紧张。生态的破坏、气候的变化等都促使我们反思人类中心主义背后的人与自然的关系。

伴随人类中心主义的兴起，人文主义思潮或运动也此起彼伏。比如，欧洲文艺复兴时期的人文主义先驱托马斯·莫尔，他设想的理想城市乌托邦是这样一个神奇岛屿，那里有人人平等的、完美的田园社会；18 世纪，英国欧文的新兰那克村也在社会主义实践中建设其"理想城"，生产、生活与自然至今两百多年仍然维持着最初的和谐模样；一直到 19 世纪末，同样是英国人霍华德提出"田园城市"思想，追求人与自然和谐共处，对现代生态城市规划起到重要启蒙作用，③ 这一思想也被认为是现代生态城市思想的起源。④ 霍华德提出，大城市和乡村带给我们与众不同的东西，有好有坏，但是我们可以创造出一个全新的地方，即把城市和乡村中最好的东西结合在一起，并把随之而来的邪恶的东西排除在外。他的田园城市位于广袤乡野里的小镇，那里的居住场所和工作被紧密地布置在一起。当一座田

---

① 转引自北京大学哲学系外国哲学史教研室编《古希腊罗马哲学》，三联书店，1957，第133 页。

② 〔德〕白舍客：《基督宗教伦理学》第 2 卷，静也、常宏等译，华东师范大学出版社，2010，第 791 页。

③ 〔英〕埃比尼泽·霍华德：《明日的田园城市》，金经元译，商务印书馆，2000。

④ 黄肇义、杨东援：《国内外生态城市理论研究综述》，《城市规划》2001 年第 1 期。

园城市被建起，它不是无限地扩大蔓延，而是保持特定的规模，一座一座被"复制"，最终形成有机联系的区域城市群。从霍华德亲自参与莱切沃思、韦林等田园城市的建设，到后来的无数仿制品，这个"卑微的作者所写的一本卑微的书改变了我们对城市的认识方式，并且改变了我们规划这些城市的方式，……送给他一个不朽的名字'田园城市怪杰'（Garden City Geezer）"。①

二　生态城市思想的发展

（一）霍华德的田园城市——城市与乡村之外的第三种"栖居"

可以说，霍华德的"田园城市"开创了现代城市发展道路，不仅仅是从实体形态，还包括它的建造方式，其影响持续至今。在田园城市中，他正面提出了城市与乡村对于现代社会的意义与价值："城市是人类社会的标志——负面、兄弟、姐妹以及人与人之间广泛交往、互助合作的标志，是彼此同情的标志，是科学、艺术、文化、宗教的标志。"② 乡村虽然无法提供这些优势，但"乡村是上帝爱世人的标志。我们以及我们的一切都来自乡村。我们的肉体赖之以形成，并以之为归宿"。③ 基于当时的城市与乡村各自的问题，霍华德提出了第三种居住形式和生活方式，"城市和乡村必须成婚，这种愉快的结合将迸发出新的希望、新的生活、新的文明"。④

当然，霍华德真正的目的在于创造一个全新的、具有社会主义形态的城市，一个自下而上的、让无数普通人自愿加入的、无政府的"理想国"，但是这一社会主义实践最终都破灭了，"因为最终霍华德的田园城市实践都是由自上而下的由政府出资设立的都会开发公司来实际操作的，这些项目后来都证明是为了大多数民众的利益而进行的成功投资，这些项目又帮助

---

① 〔英〕彼得·霍尔、〔英〕科林·沃德：《社会城市：再造21世纪花园城市》，吴家琦译，华中科技大学出版社，2016。
② 〔英〕埃比尼泽·霍华德：《明日的田园城市》，金经元译，商务印书馆，2000，第9页。
③ 〔英〕埃比尼泽·霍华德：《明日的田园城市》，金经元译，商务印书馆，2000，第9页。
④ 〔英〕埃比尼泽·霍华德：《明日的田园城市》，金经元译，商务印书馆，2000，第9页。

建立了一套社会福利制度，这是一种由中央政府控制的，属于费边社会主义派性质的福利制度，而这正是霍华德所深恶痛绝的"。[①]

但是，霍华德的田园城市设计形式和生态理念又极大地影响了之后的现代城市规划和发展。30 年之后，美国社会学家、城市规划专家佩里（Clarence Perry）继承了他的思想，并发展了"邻里单位"（neighborhood units），并被陆续纳入世界各国的城市规划实践中，影响至今。

（二）莱特的广亩城市——反城市、回归自然

如果说霍华德的田园城市代表了一种平民的社会实践，那么莱特的广亩城市则代表了资产阶级的居住理想。美国建筑师莱特是一位纯粹自然主义者，在他的理想城市中，技术为人服务，并让人回归自然。道路系统分散在广阔自然中，人类的居住单元则分散布置其中。莱特将这种完全分散的、低密度的城市形态称为"广亩城市"（broadacre city），并认为这是"真正的文明城市"。广亩城市抛弃了传统的城市聚集模式和结构形态，强调真正融入自然乡土环境中，实际上是一种"没有城市的城市"。可以说，广亩城市思想极大地影响了欧美中产阶级的郊区化运动，也极大地促成了以小汽车为通勤工具，低密度蔓延、分散化的美国城市发展模式。

虽然莱特的广亩城市与霍华德的田园城市都强调对自然的回归，但与田园城市试图有机协调城市与乡村的关系不同，广亩城市则是反城市的。如果说田园城市是有限聚集的，那么广亩城市则是反聚集的；田园城市强调"合作"，而广亩城市则是解放和自由。借助电话、汽车等交流工具，莱特同样提出了他的理想城市图景——乌索里安图景（Usonian Vision）："每个市民在经自己家庭为中心的、半径 10~20 英里的范围内，根据自己的选择，每个人可以拥有所有形式的生产、分配、自我完善和娱乐，通过他自己的汽车或者公共交通，很快就能获得一切。这种与土地有关的生活设施的整体性分布，构成了我所看到的构成这个国家的城市。这就是明天的广亩城市，

---

① 〔英〕彼得·霍尔、〔英〕科林·沃德：《社会城市：再造 21 世纪花园城市》，吴家琦译，华中科技大学出版社，2016。

这是国家，民主实现了。"①

当然，建筑师的社会理想在政治面前化为乌有，莱特所反对的金融资本恰恰因他的"广亩城市"思想而蔓延全国的郊区化而进一步壮大，居住形态的"反城市"得到实现，但经济与社会秩序却在现实面前背离。

（三）生态城市——不断发展的生态观

1975 年，理查德·瑞吉斯特（Richard Register）和他的朋友们在加州伯克利成立了以"重建城市与自然的平衡（rebuild cities in balance with nature）"为宗旨的非营利性组织——城市生态组织，从那以后，该组织在伯克利参与了一系列的生态建设活动。比如，他们在伯克利建立"慢街道（slow street）"区域，恢复了涵洞、小溪，并沿小溪栽种果树、植被，设计并建造了太阳能住宅，颁布节能环保条例，建立公交线路和自行车和行为优先的交通系统，并召开一系列会议倡导相关项目等。② 随着雷吉斯特的《生态城市：伯克利》的出版、《城市生态家》杂志的创刊，城市生态组织真正开创了属于自己的新时代。1990 年，城市生态组织在伯克利举办了第一届国际生态城市会议，全球 700 多名专业人士共议当下的城市问题，并提出了关于未来城市发展的生态原则。之后，1992 年在澳大利亚阿德莱德举办的第二届国际生态城市大会和 1996 年在塞内加尔举办的第三届国际生态城市大会进一步扩大了城市生态组织和生态城市思想的影响力。

就在 1992 年第二届生态城市大会后，澳大利亚的社区实践家英格维特（Engwicht）出版了《面向生态城市》（*Towards an Eco-city*），③ 1993 年在北美再版。④ 他强调了生态城市如何最大化的创造交流空间和缩短交通时间，从而提高效率和增进生活的多样性。

---

① Wright, F. L. , *1945：When Democracy Builds*, Chicago：University of Chicago Press
② Register, R. , "Eco-cities：Rebuilding Civilization. Restoring Nature," In D Aberley（Ed. ）*Futures By Design：The Practice of Ecological Planning. New Society Publishers, Gabriola Island. BC, 1994.
③ Engwicht, D. , Towards an Eco-city：Calming the Traffic. Envirobook, Sydney, Australia, 1992.
④ Engwicht, D. , Rclaiming Our Cities and Towns：Better Living with Less Traffic. New Society Publishers, Gabriola Island, BC, 1993.

1996 年，城市生态组织提出了十条重建生态城市的方针，[①] 从而将城市、人与自然、经济与社会发展等明确结合起来，具有更强的操作性和指导性。2002 年，瑞吉斯特在其著作《生态城市——建设与自然平衡的人居环境》中综述了生态城市近 30 年来的理论和建设实践，简要介绍了世界各个角落生态城市建设的各种理念、模式以及设计和建设的具体案例，提出了城市、城镇和乡村建设的全新方法。[②] 时隔几年，全球气候变化危机越来越明显，世界经济增长缓慢，与此同时，中国的经济增长进入全新时代，中国的发展问题引起全球关注，这一切促使了《生态城市》中文版的修订和再版。2000 年后，欧盟也进一步推动了其成员间的生态城市研究和实践，如"生态城市——面向可持续交通的城市发展合理格局"研究、欧洲生态城市土地利用与交通研究等，并根据欧洲城市示范居住区的实践总结了生态城市建设的具体措施与方法指南。[③]

当然，不论是瑞吉斯特还是英格维特，以及他们倡导建立的城市生态组织，确实对生态城市思想的发展和实践起到了至关重要的作用，"生态城市"的概念也同样在随后的二十年里受到各种各样有关城市生态学思想和理论的影响而不断变化，正如 20 世纪上半叶影响现代城市发展的各种人本主义城市发展观一样。城市不再仅仅只是增长机器，更是人类追求幸福的家园。人是一切发展的核心，正是在工业革命后将社会发展从物质回归到人类自身的重要思想。洛斯兰德（Roseland）[④] 通过梳理过去 20 年生态城市研究范式和实践，认为生态城市至少包括以下领域：有效的技术、社区经济发展、社会生态学、绿色运动、生物区域主义和可持续发展。除此之外，还包括社区健康、环境正义、生态经济学、生态女权主义、新物理以及盖亚学说等。[⑤] 而生态城市思想与社会实践最突出的发展则体现在政治权利、

---

① Uban Ecology, "Mission Statement and Accomplishments," 1996.

② 〔美〕理查德·瑞吉斯特：《生态城市——建设与自然平衡的人居环境》，王如松、胡聃译，社会科学文献出版社，2002，第 167 页。

③ 〔德〕费林·加弗龙、〔荷〕格·胡伊斯曼、〔奥〕弗朗茨·斯卡拉：《生态城市——人类理想居所及实现途径》，李海龙译，中国建筑工业出版社，2016。

④ Roseland, Mark, "Dimensions of the Eco-city," *Cities* 14.4 (1997): 197 - 202.

⑤ Lovelock, James E., "Gaia as Seen through the Atmosphere," *Atmospheric Environment* (1967) 6.8 (1972): 579 - 580.

公平与正义上。如"绿色运动"包含四大原则，即生态主义、负责任的社会、基层民主以及非暴力运动，① 并且绿色运动在不同国家有着不同的政治诉求：在美国，绿色运动还要求权力分散，并致力于在联邦政府的施政过程中推动绿色观念的传播与实践；在西德，绿色运动已经发展为重要的政党组织，并在议会里占据相当多的席位，而它的目标则包含推广和支持性别平等、支持民主解放运动、与第三世界人民团结一致推翻种族主义等。又如生物区域主义思想，它强调人们的生活区域应该由自然环境承载力所决定，而非人为规定的，② 因此持这一主张自然要求以"地方"核心，推动分权和自主。所以，在评价一个地区是否环境友好、是否做到绿色发展，不应仅看表面的生态消耗，因为在其背后往往隐藏了"生态剥削"，将乡村甚至更远范围的生态资源输入以维持表面的"可持续"。③ 所以，真正的"绿色城市"应该是根植于生态区域主义，根植于地方增权运动。

总之，生态城市思想和实践从 20 世纪 70 年代开始，到现在已经取得了越来越多的共识。不可否认，从最初强调"环境保护"到现在经济、社会与环境的可持续协调发展，已日益成为主流的社会政策。如今随着全球气候变化的日益严峻，以及在发展中国家轰轰烈烈进行的城市化，已使全球成为城市的世界，人的可持续发展——不仅是当代还包括后代——迫使我们重新思考保护生态环境与更多数人的更美好生活应该以何种方式取得平衡。

（四）可持续发展的和谐城市——人的发展再次回归

可持续发展是 20 世纪 80 年代提出的一个新概念。1987 年，世界环境与发展委员会在《我们共同的未来》报告中第一次阐述了可持续发展的概念，得到了国际社会的广泛共识。可持续发展城市这一概念也自然而然成为城市发展的主要议题之一，尤其在 20 世纪 90 年代，在世界各地迅速推广

---

① Capra, Fritjof, and Charlene Spretnak, "Green Politics," *National Forum*, Vol. 64. No. 3. Honor Society of Phi Kappa Phi, 1984.

② Sale, K., *Dwellers in the Land: The Bioregional Vision*, Sierra Club, San Francisco, 1985.

③ Wackernagel, M. and Rees, W., *Our Ecological Footprint: Reducing Human Impact on the Earth*, New Society Publisher, Gabriola Island, BC, 1996.

开来，① 同时在社会实践上这一思想通过强调在社会、经济与环境的可持续发展，成为可操作的重要理论。但是，在可持续发展城市实践中越来越强调环境变量和指标，② 而经济和社会变量并没有得到足够重视。直到近些年来，才陆续有学者开始强调生态环境发展中还需要考虑社会公平。比如，为了保护环境而人为地牺牲人的发展权显然不是真正意义上的可持续发展，在快速增长的城市世界中，可持续发展城市不是以环境保护为理由限制城市，而是让更多的人分享城市进步，因此，可持续发展城市还应该提供更方便的可达性、可进入性，提供更多样化的生活方式与生活内容，从而使城市更加具有创造性，尤其是既可以降低单位能耗、提高运行效率，又可以带来更多的社交和联结，创造更多的就业机会，形成更多的产业集群，从而使城市实现真正的生态、经济与社会的和谐统一。闻名于世的全球创新中心——硅谷，就是可持续发展的和谐城市的最佳代表。因此，以硅谷为标杆的创新城市建设也日益强调人的发展。只有强调人的能动性和创造性，才能使文明成为可能、使生态发展成为可能。

2010 年，上海世博会以"城市，让生活更美好"（Better City, Better Life）为主题，进一步引发全世界对于我们所工作、生活和奋斗的城市生活的探索，并由此达成了共识，颁布了《上海宣言》，表达了城市时代全球公众对和谐美好城市生活的共同愿景。宣言指出，必须重新审视城市化过程中人、城市与地球家园的关系，并认为和谐城市应该是建立在可持续发展基础之上的合理有序、自我更新、充满活力的城市生命体；和谐城市，应该是生态环境友好、经济集约高效、社会公平和睦的城市综合体。随后，一系列新兴城市概念涌现在各种场合，试图影响和指导发展政策，如"可持续发展城市""绿色城市""宜居城市""信息城市""智慧城市""知识城市""低碳城市""精明城市""技术城市""弹性城市"等，事实上每一种城市概念都包含"和谐城市"里的若干要素，在城市规划管理、政策制定等不同语境下被相互使用。如澳大利亚的墨尔本被认为是"知识城市"

① Roy, Manoj, "Planning for Sustainable Urbanisation in Fast Growing Cities: Mitigation and Adaptation Issues Addressed in Dhaka, Bangladesh," *Habitat International* 33.3 (2009): 276 - 286.

② Meadows, D., "Indicators and Information Systems for Sustainable Development," In Satterthwaite, D. ed., *The Earthscan Reader in Sustainable Cities.* Earthscan, London, 1999.

的代表，但是其评价指标体系中却强调建成环境的"绿色"要素，① 而在其城市规划纲要（2013—2017）中又强调生态城市和知识城市的发展。② 究其本源，还是回到最基本的经济、社会与环境的平衡发展中，根本要素正是"可持续发展"的基本理念。可持续发展概念的明确提出，最早可以追溯到1980 年由世界自然保护联盟（IUCN）、联合国环境规划署（UNEP）、世界野生动物基金会（WWF）共同发表的《世界自然保护大纲》："必须研究自然的、社会的、生态的、经济的以及利用自然资源过程中的基本关系，以确保全球的可持续发展。"1981 年，布朗（Lester R. Brown）出版《建设一个可持续发展的社会》，提出以控制人口增长、保护资源基础和开发再生能源来实现可持续发展。1987 年，世界环境与发展委员会（WCED）发表了报告《我们共同的未来》。这份报告正式使用了可持续发展概念，并对之做出了比较系统的阐述，产生了广泛的影响。1992 年 6 月，联合国环境与发展大会在里约热内卢召开，通过了以可持续发展为核心的《里约环境与发展宣言》《21 世纪议程》等文件。

三　生态都市主义的兴起

进入 21 世纪，气候变化日益成为全球性的环境问题，随着由世界气象组织和联合国环境规划署共同成立的、具有官方意义的政府间气候变化专门委员会（IPCC）在国际层面上的影响力的迅速扩大，环境成为全球不同层面、不同语境、不同领域都不得不探讨的问题。因此，生态城市也进入更为广泛的讨论和实践之中。为了区别于传统的"生态城市"概念，生态都市主义（eco-urbanism）运动在之前生态城市内涵的基础上，结合了可持续发展思想和城市新陈代谢思想，③ 既要应对传统的城市发展的挑战，如人

---

① Ergazakis, Kostas, and Kostas Metaxiotis, "Formulating Integrated Knowledge City Development Strategies: The KnowCis 2.0 Methodology," *Knowledge Management Research & Practice* 9.2 (2011): 172 – 184.

② City of Melbourne, 2013. *Melbourne City Council Plan 2013 – 2017* (Melbourne).

③ Holden, M., & Li, C., "The Emergence and Spread of Eco-urban Developments around the World," The 4th World Sustainability Forum. ON, Canada: Multidisciplinary Digital Publishing Institute (MDPI). Available from. http://sciforum. net/conference/wsf-4/paper/2656, 2014.

口骤增、社会公平，又要积极应对气候变化和资源保护问题。① 其中关键的一点则是新能源、新技术的使用，如电子网格化管理技术、污水管理系统、太阳能技术、零碳建筑技术、智能交通管理等被纳入传统生态城市建设中。② 随着越来越多的国家和地区签订《联合国气候变化框架公约》，截至2016 年巴黎会议的召开，已有 170 多个国家和地区签署此公约。至此，全球绝大部分国家和地区、绝大部分人口都将以应对气候变化、节能减排作为发展的重要手段。如何降低碳消耗和碳排放，已成为生态城市建设的核心问题。

（一）生态都市主义实践的展开

生态都市主义实践在世界各个国家和地区积极开展，因为各个国家和地区的发展目标和方向存在差异，因而其侧重也各有差异。刘力从生态城市建设主导者的类型出发，将各类建设实践划分为以下四种生态城市。③ 第一类是政府型生态城市，中国所有的生态城市在一定程度上都可能属于这一类。这些生态城市是自上而下发展起来的，并侧重于行政职能。第二类是开发商型生态城市，它是政府与国际生态城市规划者或设计者合作的结果，由自上而下的反映国家或企业利益的指令驱动。越来越多的地方政府把城市建设目标提升到国际地位，国际规划者或设计者把中国视为他们的技术市场。然而，许多这样的新型生态城市在项目实施后都演变成以房地产开发为中心，启动下一轮新城开发，如苏州工业园区、天津生态城、曹妃甸国际生态城等几个知名的生态城建设项目。第三类是社会型生态城市，它们倾向于从地方政府和国际组织的合作中发展起来，如联合国人类住区

---

① Joss, Simon, Robert Cowley, and Daniel Tomozeiu, "Towards the 'Ubiquitous Eco-city': An Analysis of the Internationalisation Of Eco-city Policy And Practice," *Urban Research & Practice* 6. 1 (2013): 54 – 74.

② Joss, Simon, and Arthur P. Molella, "The Eco-city As Urban Technology: Perspectives on Caofei-dian International Eco-City (China)," *Journal of Urban Technology* 20. 1 (2013): 115 – 137; Yigitcanlar, Tan, and Sang Ho Lee, "Korean Ubiquitous-Eco-city: A Smart-Sustainable Urban Form or A Branding Hoax," *Technological Forecasting and Social Change* 89 (2014): 100 – 114.

③ Liu Lee, "A Sustainability Index with Attention to Environmental Justice for Eco-city Classification and Assessment," *Ecological Indicators* 85 (2018): 904 – 914.

规划署的可持续城市（中国）项目主要是促进中国城市的可持续化，重点关注社会公平，已于 2007 年在沈阳和武汉完成了实验。① 第四类是公民型生态城市，其最重要的特点是自下而上的发展过程。每个城市都有一个独特的发展过程，它们往往有不同的生态、经济和社会目标。虽然经济增长可能是它们的主要目标之一，但它们会倾向于不以牺牲生态环境或社会公平为代价。这些生态城市虽然规模小、面临经济负担，导致影响力小、进度缓慢，但仍然最有可能减少发展的成本和收益的不平等分配，改善公平。美国密苏里州的绿色影响区是密苏里州堪萨斯城的一个街区，经历了严重的经济衰退后，密苏里州堪萨斯城大学、当地的企业和劳工社区以及堪萨斯城的合作伙伴制定了一个全面详尽的相邻街区拓展项目。围绕这一项目采取了多项措施：修复房屋和道路、提供社区警务和服务、就业培训和安置以及健康和福利计划。该项目取得了很好的效果，预计会在降低房价、刺激房地产和商业方面对周边地区产生重要的积极影响，并通过可持续发展实现城市本身的转变。②

即使是同类的生态城市项目，其侧重点也不尽相同。韩国的生态城市项目虽然也类似于中国，具有极强的政府主导特色，但它更偏重于运用信息、通信技术和生态技术；日本的生态城项目侧重于振兴经济、再生资源开发与利用，有助于提升公众参与、培养环保意识以及实现社会公平公正；欧盟把环境政策作为重要的政策，指导其成员国家和地区的生态城市建设，使各种层次的生态城市项目在各地如雨后春笋般蓬勃展开。除此之外，在美国和东南亚等地，不同特点的生态城市项目也在积极推进。当然，也有不少学者和观察家批评这些生态城市项目还是过于强调经济，甚至批评一些地方政府将生态城市项目作为吸引投资的噱头，其实只是为了提高经济竞争力，并非真正做到可持续。③ 比如，阿布扎比附近的马斯达尔生态城，被认为因经济优先而忽视了社会发展。这也是欧美等发达国家地区的生态

---

① UN Habitat, The Sustainable Cities China Programme 1996 – 2007 Vol. 9 SCPDocumentation Series. http://www.unhabitat.org/pmss/list Item Details.aspx? publication ID = 2658, 2009.

② Liu Lee, "A Sustainability Index with Attention to Environmental Justice for Eco-City Classification and Assessment," *Ecological Indicators* 85 (2018)：904 – 914.

③ Béal, Vincent, "Selective Public Policies：Sustainability and Neoliberal urban Restructuring," *Environment and Urbanization* 27.1 (2015)：303 – 316.

城市实践侧重于社会发展的原因。但是，从生态发展思想提出以来，并没有任何一个实现初衷的成功的实践，只要由市场主导，追求公平、公正的社会理想必然被经济利益和效率所影响；而若让政府主导，必然又违背自由的理想。比如，"低碳"是非常昂贵的，不仅仅因为技术和建设成本昂贵，让人们真正具有低碳环保理念这一社会投入也十分昂贵。仅仅依靠规划专家的理想、政府的政策指引，这无疑是虚幻的。

（二）公平与正义理念的融合

美国学者莫斯塔法维指出，生态都市主义包含三个观点：一是环境保护观，关注自然的保育，抵制污染；二是生态平衡观，将人类视为环境系统的一分子，致力于优化人与自然的关系；三是社会公平观，衡量环境变化对社会弱势群体的影响，分析环境政策的分配影响。[①] 在他看来，环境问题更应置于人类社会本身考虑，以人为中心，关注环境变化带来的社会公平问题。生态都市主义正是基于城市对于人类社会的重要意义来探讨背后的城市环境问题。随着生态思想的发展，伴随着苏格兰地球之友会环境正义运动、美国环境正义运动[②]的兴起，以实用、坚固、美观为根本原则的维特鲁威品质正在向"公平、生物多样性和理智开发的可持续宣言演变"。[③]时代的发展要求城市的建设要满足人的需求、更多地为居民服务，这一点在生态都市主义思想中已经体现出来。莫斯塔法维特别强调了生态都市主义不是反城市的，而是强调城市的意义，强调城市对社会公平的积极作用。因此，生态都市主义除了提供了一套实践方法，即强调以技术的方式来减少城市运转产生的资源消耗和对气候变化的影响，关注绿色技术、景观改造、垂直城市等技术方法之外，还提供了一种新的理念——追求社会公平。社会公平是指"公平分配资源，避免排他性行为，让所有居民充分参与社会、经济和政治上的社会交往"。一个配备先进的 LED 建筑、绿色基础设施

---

① 〔美〕莫森·莫斯塔法维、〔美〕加雷斯·多尔蒂：《生态都市主义》，俞孔坚等译，江苏科学技术出版社，2014，第 300 页。

② Agyeman, Julian, "Global Environmental Justice or Le droit au monde," *Geoforum* 54 (2014): 236 – 238.

③ 〔美〕莫森·莫斯塔法维、〔美〕加雷斯·多尔蒂：《生态都市主义》，俞孔坚等译，江苏科学技术出版社，2014，第 136 页。

和运营更好的公共交通的城市，却不能通过这些设施使城市中的居民更加融合、更加有归属感，使人们能在这里更好地生活、工作和娱乐，这是不可持续的。可持续的城市不应该意味着为富有的人建立绿色城市，而是应该为全民建设。在今天看来，生态城市建设的目标不只是实现经济增长、减少耗能、提高效率，而是更好地服务于生活在其中的居民，使所有人获取同样的权利、享受同等的服务。因此，从社会角度出发研究生态城市建设项目的效果，正成为学者们新的兴趣点，两个国际知名的案例是哥本哈根和温哥华的城市绿化项目。而社会包容性则是在实施的项目中影响最弱势群体（包括穷人、病人、儿童、老人、移民等）的能力。建设生态高档化城市和社会包容性低都违背了社会公平，会造成严重的社会问题。

诚然，在生态城市建设过程中社会公平理念虽然非常重要，但最容易被忽视。基本上没有一个城市在整体上是不可持续的，但是仍然有一系列的城市的环境建设过程会消极地影响某一些社会群体，同时对另外一些群体有利。这在一定程度上说明了城市建设中公平理念的缺失是非常严重的。社会中较富裕的群体并没有那么脆弱，受气候变化的影响最大的是那些处于最边缘化的群体，其中包括城市贫民、儿童、妇女和老人。当最脆弱的社区承担不起不成比例的影响或负担时，往往以最少的或没有资源的能力应对不公平。[1] 生态城市建设所产生的影响也是如此，二氧化碳排放量在城市中心的减少程度往往是由郊区、农村等地区的负面影响程度所决定的。这是因为政府通过将污染行业从城镇居民搬迁到郊区、农村和其他城市来发展生态城市。[2] 观察这些利益受到损害的群体，可以发现，他们大部分是那些处于弱势地位的人。他们受到自身知识水平、技能水平的限制，没有能力或合法的途径发表自己的意见，维护自身的合法权益，使自己在生态城市建设过程中受益，只能被动地接受结果。无论是国际化的大都市还是小城市，总有一些人生活窘迫，处于贫困线以下的家庭或许还可以获得来自政府的救济，而那些处于贫困线边缘的家庭就没有这么"幸运"了，他

---

① Paavola, Jouni, and W. Neil Adger, "Fair Adaptation to Climate Change," *Ecological economics* 56.4 (2006): 594 – 609.

② Liu Lee, "Environmental Poverty, a Decomposed Environmental Kuznets Curve, and Alternatives: Sustainability Lessons from China," *Ecological Economics* 73 (2012): 86 – 92.

们因病致贫，生活在城市的边缘，在充满着美好、舒适、便捷的城市规划建设中，很少会有人为改善他们的境况加以考虑，甚至还会剥夺他们在城市居住的权利，使他们在城市建设中承担"牺牲品"的角色。边缘化生活的产生部分是由于广泛的有意或无意地忽略了受益者和决策者的接触。卡洛迪（Caprotti）还提出了"新型城市贫民"的概念，[①]"新型城市贫民"是指那些在生态城市边缘和其他发达的城市发展过程中产生的，以从偏远地区迁徙到城市的广大农村人口为主的人群。他提出中国和其他地方的生态城市都是城市资本流动、知识和意识形态具体化的过程。然而，兴建生态城市的建筑、道路和基础设施却是由大部分外出务工人员完成的。这些新兴的生态城市拥有闪闪发光的行政公寓和商业办公楼，并为中产阶级提供了优质的城市生活条件，这一切都是由低薪工作的工人建设的，而他们却很可能永远无法自给自足。他们建造了这座生态城市，但并不是这个"绿色田园"的未来居民。这一问题常常成为当前反对生态城市建设的有力证据。

即使在项目制定时考虑了处于边缘化的弱势群体，仍旧会存在潜在的不公平的问题。在欧盟所进行的"智慧城市"的生态创新项目中出现的技术障碍问题。大部分公民都会或多或少使用智能化工具，如个人电脑、平板电脑、智能手机等，但不可避免地会存在没有接触过这些智能工具的人。而且事实是，很难设计出一个非常"简化"的工具，提供给那些不熟悉计算机技术的人使用。在没有此类"扫盲"活动的情况下，如果欧盟认为生态创新的最终目标是提高全体公民的生活质量，那么提高计算机素养也应该是地方当局应该考虑的一个方面。智能工具是为了全体人民的福利而服务的，那么就必须创造条件使其得到普遍使用；否则，便会产生较差的社会包容性，形成甚至加剧社会的不平等。因此，环境公平要求的绝不仅仅是政府偶尔投资为贫穷社区修建绿地，而是总体投资的重新分配，以防政府预算向开发商和有钱社区倾斜。在目前的经济环境下，环境公平要求政府购地建设廉价住房，以及把更多的资金用在公共服务而非公路建设上。[②]

①　Caprotti, Federico, "Critical Research in Eco-cities? A Walk through the Sino-Singapore Tianjin Eco-City, China," *Cities* 36 (2014): 10 - 17.

②　〔美〕莫森·莫斯塔法维、〔美〕加雷斯·多尔蒂：《生态都市主义》，俞孔坚等译，江苏科学技术出版社，2014。

环境公平要求政府要为公民服务而不是为富人服务，但实现社会公平的目标任重而道远。

（三）公众参与的力量

环境公平理念不仅需要政府发挥主导作用，更需要的是公众参与的力量。公众参与是衡量和确保社会和经济平等、实现环境正义的有效方式，已成为环境治理的重要原则之一。[①] 生态城市保持可持续性，涉及一系列的实践和过程，包括参与地方事务的程度、人口更替的速度、信任、自豪感、城市社区的身份认同，以及居住空间的稳定性和满意度。[②] 社会各个阶层的认同感决定了城市建设中一些项目能否顺利、高效地进行，认同感高会推动项目的实施，而认同感低不仅会影响项目进程，甚至会使一个项目化为乌有。例如，生态都市主义倡导下的环境公平运动和自然环境保护主义运动，常常演变为邻避主义行为。环境保护主义者经常拿环境当幌子，去反对高密度的开发项目或将一些十分必要却不受欢迎的用地项目赶出自己的社区。而环境公平观点的拥护者则站在截然不同的立场上反对上述项目，理由是低收入社区已经承担了太多其他人避之不及的用地，这样对他们不公平，[③] 这样导致的结果是使许多项目因遭到反对而难以"落地"。

刘力（Liu Lee）在一项强调环境正义的、衡量生态城市建设可持续性的指标研究中发现，公民生态城市与政府型生态城市、开发商型生态城市相比，可能是可持续发展中生态城市发展的最佳形式。[④] 在与其他类型的生态城市对比过程中，公民生态城市在多项指标中优势突出，符合可持续发展的要求，这充分体现了公民参与的重要作用。在中国，公民参与是在政

---

① Rauschmayer, Felix, Sybille van den Hove, and Thomas Koetz, "Participation in EU Biodiversity Governance: How Far Beyond Rhetoric?" *Environment and Planning C: Government and Policy* 27.1 (2009): 42 – 58.

② Caprotti, Federico, and Ziyue Gong, "Social Sustainability and Residents' Experiences in a New Chinese Eco-city," *Habitat International* 61 (2017): 45 – 54.

③ 〔美〕莫森·莫斯塔法维、〔美〕加雷斯·多尔蒂：《生态都市主义》，俞孔坚等译，江苏科学技术出版社，2014。

④ Liu Lee, "A Sustainability Index with Attention to Environmental Justice for Eco-city Classification and Assessment," *Ecological Indicators* 85 (2018): 904 – 914.

治精英和经济精英之间进行的，但不涉及社区。① 因此，需要建立一套自下而上的机制配合公民型生态城市的建设发展。反思环境保护主义者、环境公平观点拥护者的行为，生态都市主义要做的是促使转变本能的消极态度，增强公众对环境公平理念的认同感，使之更容易配合各类项目的实施，自觉自愿地去提升环境质量、参与生态城市建设的各个环节中。

环境公平理念认同感的提升需要社会氛围的营造，继而改变居民的生活方式，但在有些情况下却很难实现。即使生态城市管理者提供了有吸引力的交通方式，甚至倡导居民进行这种更加可持续的生活方式，但不能保证会改变他们的日常习惯。而且，居民越感觉到他们的舒适度（如房间温度）、清洁度（如洗衣服的频率）和便利性（如在公共交通工具或私家车上花费的时间）是重要的，达到生态城市目标的难度就越大。因此，生态城市建设过程中，在保证听取城市居住者的看法、意见或建议的前提下，把握机会改变居民的生活方式至关重要。关键阶段是在他们刚刚进入新环境的时候，此时人们更加容易受到影响，因此要及时建立起更加绿色的行为模式，使人们更容易适应和接受。同样地，居民区内的硬件基础设施和服务提供模式也已经被证明会影响交通和生活垃圾管理的行为。②

四 结语

生态城市思想的发展是一个与时俱进的过程，从古代中西方朴素的生态观，到近现代霍华德的"田园城市"、莱特的"广亩城市"、理查德·瑞吉斯特的"生态城市"，再到更广义的"和谐城市"，一次次生态城市建设实践催生了更多生态之城的"理想"，但我们应当坚信："生态城并不是一个不可企及、尽善尽美的理想境界，而是一种可望可即的持续发展过程，

① Andrew Flynn, Li Yu, Peter Feindt, Chun Chen, "Eco-cities, Governance and Sustainable Lifestyles: The Case of the Sino-Singapore Tianjin Eco-City," *Habitat International*, 53 (2016): 78 – 86.

② Williams, Katie, and Carol Dair, "A Framework of Sustainable Behaviours that can be Enabled through the Design of Neighbourhood-Scale Developments," *Sustainable Development* 15.3 (2007): 160 – 173.

一场破旧立新的生态革命。"①伴随着技术革命的兴起，生态城市实践更加具有挑战性与革命性。在新技术不断涌现、人类改造自然的能力远远超出以往任何一个时期的情况下，人类必须清楚地意识到自身活动的任何场所都是地球生态系统的一部分，任何技术改造都必须放在更广域的生态环境中检验和审视其生态影响。生态环境的承受能力是有限的，人类必须克制私欲，严守生态红线并充分地贯彻在城市建设实践之中，这是真正实现可持续发展的前提，也是建立生态城市的根本保证。同样，社会影响是当代生态城市建设需要加强关注的方面。社会韧性的问题至关重要，社会体系和社区承受冲击并回到接近"正常"状态的能力影响着生态城市的可持续性。因此，需要在新的生态城市项目实施前对其进行社会内部适应力的评估，明确项目实施风险，做到未雨绸缪，这将关系到新建城市项目的未来形态，以及实现可持续发展的效果。

---

① 王如松、欧阳志云：《天城合一：山水城市建设的人类生态学原理》，载鲍世行、顾孟潮主编《城市学与山水城市》，中国建筑工业出版社，1994，第285~295页。

从伊托邦到智慧城市：信息技术革命
如何改变公共管理模式？

罗文恩

蒸汽技术造就了工业社会，工业生产让城市如雨后春笋般崛起，成为人类社会经济与文化的核心地带。信息和通信技术尤其是移动互联网的兴起和发展，打破了时间与空间的限制，让虚拟与现实得以联结，世界成为一个可以"穿越"时光的小小"村落"。如今，物联网、大数据、云计算展现出惊人能量，一场智能技术革命正在造就所谓的"智慧城市"。

移动互联技术的大规模应用，一方面极大地改变了城市样貌，另一方面改变了市民的消费与生活模式，有力推动了公共管理方式的创新。在全球范围内，越来越多的城市在电子政府的基础上，在 IBM 等科技巨头的协助下，开始构建自己的智慧城市项目。但大量在建和失败的项目也表明，智慧城市不仅仅是建立在信息技术基础之上，许多政府都是在利用这种技术指标标榜自己的"智慧"，而对智慧城市的理解、规划和管理其实还存在许多问题。

本文将重点探讨信息技术如何改变时间、空间和人的行为，从而对城市发展以及公共管理带来长远深刻的影响。早期学者们主要关注这些新兴科技如何影响城市的经济和社会结构。例如，曼纽尔·卡斯泰尔（Manuel Castells）的《信息化城市》一书，通过丰富的数据分析了信息技术对产业空间、劳动力和阶层、福利制度的影响以及这种影响如何因不同地区经济、社会、政治和文化的相互作用而有所不同。威廉·米切尔（William Mitchell）则在《伊托邦》一书中为芒福德（Lewis Mumford）和雅各布斯（Jane

Jacobs）笔下的传统城市唱响了挽歌，认为在数字网络时代城市的组织结构将被打破，因距离和时间约束而产生的公共场所、商业模式和工作方式都会被取代，无所不在的通信网络、智能建筑和机器，与高度发达的资源和能量传输系统相结合，将构成一个不分时间、不论地点的全球化互联世界，也就是众所周知的"地球村"。与卡斯泰尔、米切尔所表露的乐观期许不同，近期的一些学者，如罗伯特·荷兰兹（Robert Hollands）和安东尼·汤森（Anthony Townsend），则开始反思信息技术的强势崛起及其后果，尤其对智慧城市建设过程中的"技术至上主义"的担忧。他们的疑虑并非在于互联技术本身可能存在数字鸿沟、信息泄露乃至被黑客操纵等潜在风险，而是在于现阶段的智慧城市建设更像是由少数大型公司和部分地方政府一厢情愿推动的商业会演，过于强调各类新兴技术带来的美好后果，而忽视了市民作为主要"顾客"的真正需求以及城市在信息化过程中可能存在的弊端。因此，构建"以人为本"的智慧城市就显得尤为必要。

一 数字时代的城市想象

当人类的历史走向 20 世纪末期时，信息技术的大爆炸似乎突然加速了人类文明社会的演进，不仅带来经济与社会结构的巨大改变，同时也深刻地影响了每一个人和组织的日常行为，甚至改变了人们对时间与空间的认知。电子化、信息高速公路、互联网、虚拟空间、办公自动化等一系列概念让人目不暇接，尚未完全理解和消化，而近些年兴起的万物互联、人工智能、智慧城市、云计算、虚拟现实等新概念又开始成为主流话语中的高频词汇。这些五花八门的概念，尽管有些是商业公司或者其他利益相关方刻意夸大的宣传或者"噱头"，但确实带来许多意想不到的变化，突破了我们对城市营运与管理的传统想象。

（一）信息化城市

最早谈论"信息化"概念的是日本学者梅棹忠夫（Tadao Umesao），他在 1963 年的《论信息产业》的文章中提出了"信息产业""信息社会"和"信息化"这三个重要概念，他认为信息产业是在信息社会环境下产业进化的结果。但美国学者曼纽尔·卡斯泰尔认为信息技术革新并不必然带来社会变革，而必须与社会制度调整发生共同作用，共同推动城市的重组。他还提出信息化城市中存在着二元空间——原来的城市空间和由信息网络构成的流动空间，并且流动空间正逐渐取代城市空间的意义。

卡斯泰尔的研究对象是20世纪最后25年里美国的资本主义重组和信息化过程以及它们之间的关系。卡斯泰尔有许多重要发现，具体有以下六点。

第一，卡斯泰尔发现了计算机产业的空间分布特征："研究和创新集中在一些中心地带，并常常和其他电子产业垂直整合；世界范围内的大市场对运输成本不敏感，通过建立地区生产设施以便与客户建立直接联系和免交商业关税；在主要市场附近具有廉价技术劳动力的地区设立装配厂。"[①]这一发现帮助卡斯泰尔找到了信息技术产业的空间模式，即信息技术产业的空间逻辑取决于两个因素——创新性的劳动力位置和形成创新性社会环境的地域条件。但除了创新要素外，信息技术产业还具有相当的适应市场变动的灵活性。另外，信息技术产业内具有严格明确的劳动分工，但依靠其产品的优势，其管理并不受分散化生产的制约。该产业的一般模式可被称为："技术创新生成的集中化以及来源于这些技术发现的产品应用的分散化。"[②]

第二，卡斯泰尔认为"信息技术对经济、社会及其空间布局构成的影响，最直接、最明显地表现在信息处理领域……因为发达经济的生产、分配和管理过程越来越依赖于知识创新、信息交换和信息处理"。[③] 但"在经济、社会和制度发展要求下，技术仅仅是对组织进行重构的一种手段而已，尽管其作用重大"。[④] 他认为还有许多重要的因素调节着新信息技术与空间结构之间的关系。其一是服务型劳动的演变和信息经济的兴起。他认为在发达工业社会中，人们有着大量多元化的需求，借助于信息经济的发展，多样化的服务也应运而生。其二是办公自动化的出现和信息产业的组织变迁。大型企业和公共机构组织内外联系日渐加强，它们对信息技术的使用

---

① 〔美〕曼纽尔·卡斯泰尔：《信息化城市》，崔保国等译，江苏人民出版社，2001，第71页。
② 〔美〕曼纽尔·卡斯泰尔：《信息化城市》，崔保国等译，江苏人民出版社，2001，第81页。
③ 〔美〕曼纽尔·卡斯泰尔：《信息化城市》，崔保国等译，江苏人民出版社，2001，第136页。
④ 〔美〕曼纽尔·卡斯泰尔：《信息化城市》，崔保国等译，江苏人民出版社，2001，第136页。

直接推动办公室工作和组织机构的革新，一方面是提高了办公系统的信息处理和传输能力；另一方面是使办公室"一些高层次的工作集中于熟练员工、中层管理和专业人士手中"。① 其三是电信和信息处理产业的中心化。"信息密集型产业的集中引致电信投资，这又加强了以信息为基础的活动在空间上的集中趋势。"② 但要注意的是，这种集中并不仅仅体现在"公司服务及其服务网上，同时也表现在那些由于经济和社会的不平衡结构而产生的人口的贫穷和没落上"。③ 其四是信息技术、组织结构和办公室活动的空间扩散趋势。首先是"信息处理部门出现明显和服务型劳动整体变化一致的地区性变化"。④ 其次是商业和办公活动出现郊区化现象——"相对稠密的商贸次中心的形成，都市地区向新的'城市乡村'组织的多核、多功能的空间架构变革"。⑤ 最后是办公室工作分散化的趋势。新的通信技术使家庭办公、灵活工作时间和小型商业服务等成为可能。总的来说，在信息流空间中，集中与扩散的趋势同时存在。"高水平的决策越来越集中"，⑥ 而组织管理和服务的提供却越来越扩散，并且所有空间都通过信息流而相互联系、相互影响。

第三，卡斯泰尔认为是新技术促进了职业结构的改变和劳资重组并且推动了二元化的城市结构的兴起。他认为高科技本身并没有带来失业，却使职业结构趋向两极化："随着需求的增长，职业化、管理化、技术化雇佣呈快速增长趋势，而生产雇佣减少了。"⑦职业两极化带来的直接结果是收入的两极化和社会阶层的分离，这些因素导致并加速了"二元化"城市的出现。需要说明的是，"二元化的城市结构不是带来两个不同的社会区域，而是使城市多样化。多样化的基本特征是城市的分化、边界的严格定义以及与其他社区的低层次交流"。⑧

---

① 〔美〕曼纽尔·卡斯泰尔：《信息化城市》，崔保国等译，江苏人民出版社，2001，第152页。
② 〔美〕曼纽尔·卡斯泰尔：《信息化城市》，崔保国等译，江苏人民出版社，2001，第162页。
③ 〔美〕曼纽尔·卡斯泰尔：《信息化城市》，崔保国等译，江苏人民出版社，2001，第166页。
④ 〔美〕曼纽尔·卡斯泰尔：《信息化城市》，崔保国等译，江苏人民出版社，2001，第176页。
⑤ 〔美〕曼纽尔·卡斯泰尔：《信息化城市》，崔保国等译，江苏人民出版社，2001，第171页。
⑥ 〔美〕曼纽尔·卡斯泰尔：《信息化城市》，崔保国等译，江苏人民出版社，2001，第184页。
⑦ 〔美〕曼纽尔·卡斯泰尔：《信息化城市》，崔保国等译，江苏人民出版社，2001，第213页。
⑧ 〔美〕曼纽尔·卡斯泰尔：《信息化城市》，崔保国等译，江苏人民出版社，2001，第250页。

　　第四，高科技促进了政治经济重组，推动城市福利制度向郊区军备政策转变。"信息时代的国家转型，通过加剧地区之间发展的不平衡状态、社会的两极分化、培养新型的郊区化模式，深深影响着社会结构的空间布局。"① 另外，这种福利制度所引发的不满催生了新的地方政治联盟，而军备政策所带来的郊区化使"城市内部在社会化、文化、功能化方面出现裂痕"。②

　　第五，卡斯泰尔认为信息技术的兴起引发了新的竞争格局。"全球进程的多维性以及日益紧密的依存性，使得新科技的广泛应用成为可能……基于电信和计算机的信息体系的延伸，也为构成当今正在运转的世界体系提供了条件……此外，在新的全球性经济中，竞争力强弱主要取决于企业开发、利用新技术的能力，即在生产和管理过程中，开发和利用新技术。"③ 另外，"社会和政府性质的控制发展，工作和分配的传统方式，已经被信息流动方式所形成的经济一体化的空间逻辑所破坏"。④ 总而言之，"新的技术经济使得信息空间成为不可逆转的经济和实用组织的空间逻辑"，⑤ 那么如何将城市空间和新的流动空间联系起来呢？在卡斯泰尔看来，需要在文化、经济和政治三个层面上进行社会与空间规划的整合。

　　在文化上，首先要保护地方社会的个性，建立其历史根基；其次要建立与其他个性交流的代码，能识别并与更高层次的文化交流；最后要"把文化个性的表达与经济政策、政治实践相结合起来，由此，才能克服部落主义的倾向"。⑥在经济上，由于与信息空间的联结，城市和地区构成了"地域"。而在新的信息经济中，生产和管理系统依靠信息流运转，但社会再生产是与城市系统劳动发展相联系的，因此必须有社会力量的支持和地方政府政治力量的配合，才能使当地劳动力具备产生交流网络的生产系统需要的技能。在政治上，地方政府必须强化自身角色，才能对经济和政治组织施压，以恢复地方社会在新的实用逻辑中的意义。然而，要成为中心角色，地方政府还必须通过公民参与和国家或世界范围的地方政府网络来延伸功

----

① 〔美〕曼纽尔·卡斯泰尔：《信息化城市》，崔保国等译，江苏人民出版社，2001，第339页。
② 〔美〕曼纽尔·卡斯泰尔：《信息化城市》，崔保国等译，江苏人民出版社，2001，第340页。
③ 〔美〕曼纽尔·卡斯泰尔：《信息化城市》，崔保国等译，江苏人民出版社，2001，第345页。
④ 〔美〕曼纽尔·卡斯泰尔：《信息化城市》，崔保国等译，江苏人民出版社，2001，第389页。
⑤ 〔美〕曼纽尔·卡斯泰尔：《信息化城市》，崔保国等译，江苏人民出版社，2001，第392页。
⑥ 〔美〕曼纽尔·卡斯泰尔：《信息化城市》，崔保国等译，江苏人民出版社，2001，第392页。

能、增大权力。

第六，卡斯泰尔提出，我们一定要阻止信息流的单向发展，努力找到重建城市社会意义的政策，以阻止社会分裂为无法交流的地域部门，因为这会"导致毁灭性的暴力和历史进程的倒退"。①

（二）伊托邦

当卡斯泰尔呼吁努力寻找使城市空间和信息空间并存并能重建城市的社会意义的政策时，美国学者威廉·米切尔唱出了城市的挽歌："传统的城市模式无法与'网络空间'并存。但是，以网络为媒介、属于数字电子时代的新型大都市将会历久不衰。"② 在他看来，正在开展的数字革命，并不会让世界好很多，"数字精英所承诺的大多数东西并没有带来自由、平等和博爱"。③ 但也不必过于消极，"他们在创造着新的机会，同时也在清理一些旧事物"。④米切尔认为，数字时代是一个无法后退的发展趋势，"现在已经到了重新确定城市的规划和发展，重新审视建筑学作用的时候了。……我们必须学会建立'伊托邦'（e-topias）——提供电子化服务、全球互联的城市，以迎接新千年的曙光"。⑤

数字革命并非突然发生，而是由几个不断扩展的进程逐步汇合而产生的。这些进程包括技术革新、资本流动、社会重组以及文化变革等。而万维网只是提供了一颗"火星"，点燃了这次"创世大爆炸"。在这个大爆炸中，关键的因素是"数字信息的储存、传输、联网和用以处理的硬件，再加上相关的软件和界面"。⑥ 它们使得信息变得非物质化、非实体化，并且

---

① 〔美〕曼纽尔·卡斯泰尔：《信息化城市》，崔保国等译，江苏人民出版社，2001，第395页。
② 〔美〕威廉·J. 米切尔：《伊托邦——数字时代的城市生活》，吴启迪等译，上海科技教育出版社，2005，第81页。
③ 〔美〕威廉·J. 米切尔：《伊托邦——数字时代的城市生活》，吴启迪等译，上海科技教育出版社，2005，第9页。
④ 〔美〕威廉·J. 米切尔：《伊托邦——数字时代的城市生活》，吴启迪等译，上海科技教育出版社，2005，第11页。
⑤ 〔美〕威廉·J. 米切尔：《伊托邦——数字时代的城市生活》，吴启迪等译，上海科技教育出版社，2005，第8页。
⑥ 〔美〕威廉·J. 米切尔：《伊托邦——数字时代的城市生活》，吴启迪等译，上海科技教育出版社，2005，第12页。

"构成了一个不分时间、不论地点的全球化互联世界"。①

这个新的全球化互联世界具有许多特征，主要表现在：人与信息的关系被重建，信息将带来新的发展机遇；新的网络将对现有网络进行改进，重新分配活动；大容量比特管道使得信息处理和交换速度达到新的数量级，"精细、三维、共享的虚拟世界也能被创造出来"②；数字系统在城市内和城市间形成新的链接，催生新的发展机会，也带来新的全球共存关系；通过"把本地的数字网与高速远程骨干网上的 POP 连接起来，就可以使居民们直接接触到全世界"。③ 但同时，"正是这种非常一致而又自由的连接，在本地和外地的商品及服务供应商之间制造了竞争，并有可能动摇到本地的经济和文化基础"。④ 此外，居民区变得更加集中和网络化，人们可通过电子平台享受购物和到家服务，社区通过网络在内部成员之间创建了更为紧密的联系。农村地区通过远程通信基础设施获得更加优质的教育、医疗和其他服务，城乡之间的差别逐渐缩小。即使是边远地区，也可通过通信卫星系统获得及时性的服务。

米切尔认为，虚拟场所和互联网络虽然在逐渐打破城市的组织结构，但是城市之中长期形成的居住模式和社会布局也会对这种变革进行有力的遏制。"技术发展将与社会利益、政治利益、经济策略和文化价值以复杂有时甚至是令人吃惊的方式相互作用，从而产生了各种各样的住所和社区。"⑤ 数字革命之后的住所将实现生活与工作一体化，人们有了更加灵活的工作安排和空间布局，同时也使雇主成为了最大的受益者，但对于工会和政府来说，这使得他们的监督更加困难，更可怕的是"家庭工作区可能会变成

---

① 〔美〕威廉·J. 米切尔：《伊托邦——数字时代的城市生活》，吴启迪等译，上海科技教育出版社，2005，第 5 页。

② 〔美〕威廉·J. 米切尔：《伊托邦——数字时代的城市生活》，吴启迪等译，上海科技教育出版社，2005，第 165 页。

③ 〔美〕威廉·J. 米切尔：《伊托邦——数字时代的城市生活》，吴启迪等译，上海科技教育出版社，2005，第 20 页。

④ 〔美〕威廉·J. 米切尔：《伊托邦——数字时代的城市生活》，吴启迪等译，上海科技教育出版社，2005，第 21 页。

⑤ 〔美〕威廉·J. 米切尔：《伊托邦——数字时代的城市生活》，吴启迪等译，上海科技教育出版社，2005，第 74 页。

剥削人的'家庭血汗厂'"。① 另外，对于家的本来功能来说，数字网络将拓展而不是取代我们主要社会关系之间的交流，不受时间和空间的局限。对于社区来说，"远程通信网络可以大大增加其价值。它能去除过去阻碍其发展的各种限制"。② 但对于那些没有内在吸引力或者处于偏远地区的社区来说不会有什么帮助。从这点继续深入研究，米切尔发现数字革命将在社会和空间上带来严重的两极分化。那么我们将要建造一个怎样的城市，"最终还是要归结到一个基本的社会和政治选择问题"。③ 在不同的公共政策框架里，我们可能看到不同的城市景象。

除此之外，电子网络世界将重塑工作场所。在电子网络世界中，产品和服务的生产、营销和分配方式都将以更灵活的方式出现，并且消除许多地域限制；无形产品开始在市场进行交换交换，信息产品通过计算机网络更加大规模、廉价地发送；制造业有了分散化生产的可能性，而"先购买后制造"的新模式塑造出制造商和消费者之间新的关系；知识对于产品价值的相关贡献率不断增加；生产地点有了全新的、大规模、复杂的、更具现代工业特征的空间分布模式；全球经济更加强调快速回应；不具备自然资源优势的城市可以"开发利用它们独特的人力资源来吸收并留住那些原则上可以在任何地方发展的经济活动"。④

显然，数字革命引发了虚拟性和物质性之间的竞争。我们需要在旧的城市模式的基础上，创建以一个全新的伊托邦——一个运转更为智能化的、绿色的城市。其基本设计原则有五个：一是非物质化，设备更小、污染更少、耗能更低；二是减少机动，比特的移动效率要远远高于人和货物，因此通过比特可以节约大量资源；三是规模化定制生产，通过智能机器来追求更为精细的利益；四是智能操作，通过智能机器减少浪费，更有效地管

---

① 〔美〕威廉·J. 米切尔：《伊托邦——数字时代的城市生活》，吴启迪等译，上海科技教育出版社，2005，第77页。
② 〔美〕威廉·J. 米切尔：《伊托邦——数字时代的城市生活》，吴启迪等译，上海科技教育出版社，2005，第79页。
③ 〔美〕威廉·J. 米切尔：《伊托邦——数字时代的城市生活》，吴启迪等译，上海科技教育出版社，2005，第84页。
④ 〔美〕威廉·J. 米切尔：《伊托邦——数字时代的城市生活》，吴启迪等译，上海科技教育出版社，2005，第116页。

理需求和鼓励节约；五是柔性转变，数字革命对现有城市进行改造的过程是精心设计、逐步实现而且不具有破坏性的。总而言之，这种虚拟性和物质性之间应该是相互依存、互为补充而非相互替代的关系。

（三）智慧城市

信息化城市和伊托邦让人们看到了信息与通信技术可能给城市带来的巨大改变，但这并不是人类想象力的极限。随着移动互联技术的进一步发展，全球范围内不少城市都在尝试利用这些新技术在更深层次上和更大范围内改变城市与社区生活，于是"智能城市"（intelligent city）或"智慧城市"（smart city）的概念应运而生。这种日渐风靡的现象也引起了一些学者的反思。罗伯特·荷兰兹（Robert Hollands）曾质疑道："真正的智慧城市能够建立起来吗？"①荷兰兹之所以提出这个疑问，是因为"智慧城市"成为了一种自我标榜和宣传的手段，不少标榜自己"智慧"的城市，实际上连智慧城市的准确含义是什么也没搞清楚。在他看来，"智慧"这个形容词尽管在某种程度上是正面的、基于都市的技术创新与变迁，与诸如链接、数字化、信息技术、信息化或者智能城市等概念相似，但同时它也被用于与"电子政府"、沟通与社会化学习有关的场合，以及用于探讨与都市增长、社会与环境可持续性等议题。术语上的混淆进一步体现在讨论知识经济（knowledge economy）或者创意城市（creative city）时，我们很难区分清楚信息技术、知识和文化创意产业之间的关系。②此外，荷兰兹也认为"智慧城市"概念也暗含着这样一种假设，即信息技术能够自动地给城市形态带来正面的影响，或者说看似非常和谐的高科技未来。然而，对一些所谓"智慧城市"案例的考察却表明，实际情况是优先考虑信息商业的利益，刻意掩盖了日益增长的社会分化问题。③为此，荷兰兹提了"渐进式智慧城市"（progressive smart city）的概念，认为智慧城市的建设应该从人以及人

---

① Hollands, Robert G., "Will the Real Smart City Please Stand Up? Intelligent, Progressive or Entrepreneurial?" *City* 12.3 (2008): 303 – 320.

② Hollands, Robert G., "Will the Real Smart City Please Stand Up? Intelligent, Progressive or Entrepreneurial?" *City* 12.3 (2008): 304.

③ Hollands, Robert G., "Will the Real Smart City Please Stand Up? Intelligent, Progressive or Entrepreneurial?" *City* 12.3 (2008): 314.

力资本的平等性着手，而非盲目相信信息技术本身能够自动地改变和提升城市。同时，也需要真正改变不同的信息技术使用者之间的权力平衡关系，包括商业、政府、社区和城市普通居民等，以及寻求经济增长与可持续性之间的平衡。①

安东尼·汤森（Anthony Townsend）也表达了类似的观点。他认为，尽管人们一直在呼吁建设智慧城市，但其实建设出来的并非真正的智慧城市。他在《智慧城市》一书中提到："建设智慧城市的科技巨头大多注重技术，而不是人；大多关注成本、效益和效率，而忽视了基层人员驾驭技术创新的过程。"②管理者和官员们为了经济或者效率而忽略了"时间、耐心、对细节的热爱、对过去和未来相互关系注意、对人性尺度和人性目标的坚持"。③汤森认为，在智慧城市建设中"最重要的部分是应该留给与之联系最密切的最终消费者或公民"，④ 也就是把市民的需求置于首位。在汤森看来，我们需要建立一种适合于智慧城市的"新公民学"，使智慧城市有机地体现和反映出市民的意愿和选择。

新公民学的第一个原则是认识智能技术并非解决问题的首选办法。"智能技术应该像一个附属或一个升级，而不是一个目的。"⑤传统的办法足以解决许多问题。第二个原则是像普及电力那样普及网络，使互联网的使用成为一项公民权利。第三个原则是建立以人为本的、基于网络平台的、开放的操作系统，允许开发者甚至用户设计新的解决方案，那么分散至各社区社交网络中的服务将会取代集中式的管理。第四个原则是透明化建模。这样"不仅揭示了智慧城市各系统的内部运行方式、挑战了无效或不公平的设想并调试了代码，检测过程本身就是城市规划过程中最具有建设性的一部分"。⑥通过公开合作的方式完成建模，可以形成新联盟。此外，从新公民学的视角来看，智慧城市的建设还需要有长远的眼光，仔细斟酌成本与收

---

① Hollands, Robert G., "Will the Real Smart City Please Stand Up? Intelligent, Progressive or Entrepreneurial?" *City* 12.3（2008）: 315.
② 〔美〕安东尼·汤森：《智慧城市》，麦迪研究院专家组译，中信出版社，2015，第 120 页。
③ 〔美〕安东尼·汤森：《智慧城市》，麦迪研究院专家组译，中信出版社，2015，第 113 页。
④ 〔美〕安东尼·汤森：《智慧城市》，麦迪研究院专家组译，中信出版社，2015，第 113 页。
⑤ 〔美〕安东尼·汤森：《智慧城市》，麦迪研究院专家组译，中信出版社，2015，第 297 页。
⑥ 〔美〕安东尼·汤森：《智慧城市》，麦迪研究院专家组译，中信出版社，2015，第 308 页。

益，将风险降至最低，并让人人拥有参与建设的能力和机会。

简而言之，在荷兰兹和汤森看来，"智慧城市"的概念不应该过于强调技术的一面，即信息技术的创新和扩散如何改变城市面貌，而是要把人和社区的需求摆在首位，包括教育、居住、工作、社交、更平等的权利和更民主的生活等。这里涉及一个更为基本的问题：智慧城市究竟包括哪些组成部分或者维度？维托·阿比诺（Vito Albino）等学者在回顾了数十篇有关智慧城市的研究文献后，总结提炼了智慧城市最为普遍的几个特征，分别是能够确保政治效率及社会文化发展的城市网络化基础设施、强调商业导向的都市发展及促进都市增长的创意活动、不同都市居民间的社会融合及都市发展过程中的社会资本以及把自然环境视为未来战略的重要组成部分。①

帕蒂斯·隆巴迪（Patrizia Lombardi）等学者则提出了一个六维度分析框架来测量一个城市在多大程度上是"智慧"的，包括智慧经济、智慧公民、智慧治理、智慧移动、智慧环境以及智慧生活。② 智慧经济主要包括信息与通信技术产业的涌现以及在生成过程中采用信息与通信技术。智慧公民包含多个方面，诸如乐于终生学习、社会与伦理多样性、灵活性、创造性、世界大同主义（cosmopolitanism）、开放思维以及参与公共生活等。智慧治理意味着各种各样的利益相关者参与决策和公共服务，通过采用信息技术保持决策与执行过程的透明度。需要指出的是，智慧治理必须是以公民为中心并且是公民驱动的，需要突破都市居民在语言、文化、教育及身体残障等方面的樊篱。智慧移动指的是在现代运输体系中应用信息与通信技术从而改善城市的交通状况和提升物流行业的运作效率。智慧环境与自然资源有关，包括利用技术对各类自然资源和能源消耗量进行测量，提升资源和能源的使用效率和减少对环境的破坏等。智慧生活指的是都市居民的生活品质，如教育、医疗和文化生活质量的提高。简而言之，智慧城市必须把技术、系统、服务和人力资本整合起来，从而构成一张多部门组成的、灵活应对未来发展的、通道开放的有机网络。

---

① Albino, Vito, Umberto Berardi, and Rosa Maria Dangelico, "Smart Cities: Definitions, Dimensions, Performance, and Initiatives," *Journal of Urban Technology* 22. 1 (2015): 3 – 21.

② Lombardi, Patrizia, et al., "Modelling the Smart City Performance," *Innovation: The European Journal of Social Science Research* 25. 2 (2012): 137 – 149.

二 建立智慧城市：核心模块与方法

智慧城市的建立是一个复杂的过程，不仅涉及信息与通信技术如何有机地嵌入城市运行的各个方面，如通过高清摄像头和大数据分析预测降低交通拥堵、应用无人驾驶汽车让出行更加智能等，同时也涉及政府、商业公司和学术科研机构等不同部门之间如何通过合作普及新理念和新技术，提升城市公共管理的效率，更有效地解决公共问题。智慧城市的建立，在某种程度上看来有点像"搭积木"的过程——基于高科技而开发的各类应用软件是一块一块的"积木"，由这些软件整合而成的智能系统或者说针对某类公共需求或问题的一体化解决方案，则构成了智慧城市的组成"模块"。当然，这些各式各样的"模块"不会自动拼装成智慧城市，这需要跨部门行动者共同协作才能达成。下面将重点探讨城市电子政府和网络城市实践型社群这两个较为成熟的智能模块，以及推动智慧城市演进的一个重要理论模式——三螺旋模型（the triple-helix model）。

（一）城市电子政府

智慧城市模块中发展最早、最为人熟悉的是电子政府（e-government，又译为"电子政务"）。电子政府，简单来说是政府采用信息技术，尤其是基于网页的互联网应用来加强与公民、商业伙伴、雇员以及其他政府机构的联系，以及提升向他们传送政府信息的能力。[1] 卡恩·林内（Karen Layne）等学者提出了电子政府发展的四阶段模型，分别是目录化（cataloguing）、交互（transaction）、垂直整合（vertical integration）及水平整合（horizontal integration）。[2] 这些发展阶段勾勒了政府在被数字技术赋能过程中的结构化转型，以及基于互联网的政府如何与传统的公共行政融合为一体，从而带来政府形式的

---

① McClure, David. L., Statement of David L. McClure, U. S. General Accounting Office, before the Subcommittee on Government Management, Information and Technology, Committee on Government Reform, House of Representatives. Available： < http://www. gao. gov >, 2000.

② Layne, Karen, and Jungwoo Lee, "Developing Fully Functional E-Government：A Four Stage Model," *Government Information Quarterly* 18. 2 （2001）：122 – 136.

根本性变革。

在目录化阶段，政府的首要努力是建立在线展示（on-line presence），包括设计网页和在线表格等。在这一阶段，电子政府的功能大部分都局限于如何在网络上呈现政府信息，并且信息量非常有限。后期在公众需求的推动下，政府开始设立索引页（index pages）或者一个区域性的门户网站（portal site），从而使公众可以在上面搜索零散的电子文件、浏览相关信息和下载所需的表格。这一阶段之所以称为"目录化"，是因为其着力点在于对政府信息分类梳理并使之呈现在网页上。

在交互化阶段，电子政府建设的聚焦点在于把内部政府系统和在线交互界面链接起来，允许公众在网上与政府互动。在这一阶段，政府尝试把实时数据库（live database）与在线交互界面对接，这样公众就可以从事诸如在线更新执照或者付费等活动。随着电子交互数量的增加，政府将迫于外部压力而把机关系统和网页交互界面整合在一起，或者在某些情形下，直接将在线交互界面和内部职能网络对接起来。公众需求和社会需求将推动政府走得更远，这不仅源于不同层级政府的整合过程，也源于政府不同部门间的整合过程。随着政府在电子化过程中信息整合的深入，最终公众只需要联系其中一个接触点，就能够完成任何层次上与政府的互动活动——类似于"一站式购物"概念。同样，从所有层级政府的角度来看，这也能够帮助消除政府信息系统中的冗余和不一致的地方。

这种整合可能以两种模式进行，即垂直和水平。垂直整合指的是地方、州和联邦政府中功能类似的部门连接在一起为公众提供服务。例如，在州政府设立的司机驾照注册系统可能和全国的注册卡车司机数据库相连接以方便交叉检查（cross checking）。相反，水平整合指的是在同一层级政府之间不同职能和服务的整合。例如，一个商业机构可能在同一个系统中缴纳失业保险和办理税务。需要指出的是，在电子政府的整合发展阶段，相似功能间的垂直整合要早于不同功能间的水平整合，这是因为政府不同服务部门之间的差异性要大得多。

当然，林内等学者构建的是电子政府发展的理想蓝图，即使在美国这个信息技术最为发达的国家，电子政府的实践似乎也要比理念滞后很多。简·穆德（Jae Moon）通过对包括1471个市政府（municipal governments）

样本量的数据库分析发现，尽管在 2000 年前后大部分的市政府已经开始使用电子政府的各项技术，但总体而言电子政府建设仍然处于早期阶段并且尚未达到许多预想中的效果（如节约成本、缩减规模等）。① 穆德发现有两个制度因素影响了电子政府的普及程度。一个是市政府所管辖的人口规模，人口规模越大的市政府，电子政府的接纳程度也越高；另一个是市政府的类型，议会 - 经理制政府（council-manager governments）比市长 - 议会制政府（mayor-council governments）更乐于建设政府网站、局域网和制定电子政府的综合战略规划。

近年来随着移动互联技术的进一步发展，尤其是"网页 2.0 技术"（Web2.0 Technologies）的兴起与广泛应用，电子政府建设亦步入"政府 2.0"的新阶段。② "网页 2.0 技术"是指社会化媒体（social media）的集合，人们通过它们积极参与网页内容的创作、组织、编辑、合并、分享、评论和打分，并在互动与连接当中形成一个社会网络。③ 社会化媒体包括博客、维基、社交网络轴心（如"脸书"）、基于网页的聊天软件、照片分享、视频剪辑和分享、虚拟世界、微博等各种形式。这里需要强调的是，社会化媒体蕴含着一种新的"由外向内的群众智慧"方法（outside-in wisdom of crowds approach），也就是说数据和信息是由组织边界之外的人们通过在网络中合作的方式共同创造的。这明显区别于网页 1.0 时代典型的"由内向外的权威灵通人士"方法（inside-out authoritative know-all approach），该方法强调机构是核心的内容创造者和组织者，而人们仅仅被视为信息的消费者。④ 随着互联网络模式的根本转变，政府部门有可能通过采用各种社会化媒体而变成"开放型政府"（open government），也就是 2.0 版本的电子化政府。在政府 2.0 时代，以信息和服务供应、政策落实和内部决策为特征的传统政府，

---

① Moon, M. Jae, "The Evolution of E-Government among Municipalities: Rhetoric Or Reality?" *Public Administration Review* 62.4（2002）: 424 – 433.

② Chun, Soon, et al., "Government 2.0: Making Connections between Citizens, Data and Government," *Information Polity* 15.1, 2（2010）: 1 – 9.

③ Chun, Soon, et al., "Government 2.0: Making Connections between Citizens, Data and Government," *Information Polity* 15.1, 2（2010）: 1 – 9.

④ Chun, Soon, et al., "Government 2.0: Making Connections between Citizens, Data and Government," *Information Polity* 15.1, 2（2010）: 2.

将转型为一个吸纳公民和其他组织作为合作伙伴共同创造信息、提供服务和制定政策的参与型政府（participatory government）。这种共享治理模型和电子政府中的公民参与将朝向一个更加民主的过程。全颂爱（Soon Ae Chun）等学者认为，"这种新的方式将使政府更加透明、更易问责和更可信赖，因为公民、政府官员和其他利益相关者一起参与政策制定、内容创造、数据收集、知识分享与构建，以及合作决策"。[①]

另外一个相关的概念是"电子治理"（e-governance）。莎伦·达维斯详细回顾了20世纪90年代以来信息技术在政府等公共部门的应用过程，并指出随着信息技术的不断创新，公共部门实践的持续变革以及相应的法律和政策的调适，美国公共部门数字化过程开始由"电子政府"迈向"电子治理"阶段。[②] 也就是说，信息技术与公共部门的融合不仅仅体现在服务与行政领域，也包括民主化过程以及重构公民、公民社会、私人部门和国家之间的关系。[③] 具体而言，电子治理包含五个相互关联的目标：一是制定政策框架，与信息相关的法规和政策是电子治理合法化的基础；二是加强公共服务，采纳顾客导向、供应通道、便利性和公民选择等理念来取代科层组织观点；三是追求高质量及注重成本效益的政府运作，包括一系列涉及效率、基建、信息管理、风险管理、劳动力技能和绩效评估等领域的管理、专业和技术提升目标；四是鼓励民主化过程中的公民参与，包括信息内容的可获得性和可用性、政府与公众互动、对政治话题的公开讨论以及公众参与议题设置等；五是促进行政与制度改革，包括与政府结构与过程相关的改革，以及政府授权私人部门和非营利部门承担公共职责的角色和责任方面的改革，强调问责和透明。通过评估美国州政府和地方政府的电子治理状况，达维斯发现最大的投资和进步体现在公共服务品质的改善和政府运作力的提升，而在民主建设和探索电子治理对行政及制度改革的潜在意义方面则进步有限。

① Chun, Soon, et al., "Government 2.0: Making Connections between Citizens, Data and Government," *Information Polity* 15.1, 2 (2010): 5.

② Dawes, Sharon S., "The Evolution and Continuing Challenges of E-Governance," *Public Administration Review* 68.s1 (2008): S86-S101.

③ Dawes, Sharon S., "The Evolution and Continuing Challenges of E-Governance," *Public Administration Review* 68.s1 (2008): S87.

简而言之，过去 20 余年来随着信息与通信技术的不断发展和创新，电子政府建设也呈现三个鲜明的特征：其一是"普及性"，无论是地方政府还是中央政府，都积极采纳各种各样的移动互联技术来提升公共行政效率和改善公共服务品质；其二是"互动性"，从早期以信息传播与分享为主要模式，逐渐转变为政府与公众、组织的双向互动模式，尤其是注重门户网站为利益相关者提供便捷的公共服务；其三，也是电子政府当今及未来发展的一个重要方向，即强调"分权"和"参与"，通过创新技术让公众和其他组织参与政策制定和决策过程，推动多中心治理和民主化进程。

（二）网络城市实践型社群

实践型社群（community of practice）是由埃蒂安·温格（Etienne Wenger）等人提出的，有别于正式工作小组、项目团队及非正式网络等组织形态的一种新型组织，其目标在于发展会员们的能力，以及创立和交换知识。[1] 根据温格的定义，实践型社群是共同关心或者对某事物有热情的一群人，他们时常保持互动以及学习如何做得更好。[2] 实践型社群得以维系的基石是热情、承诺以及对所在群体专业性的认同。[3] 它具有以下三个显著的特征。首先，实践型社群不仅仅是由朋友组成的一个俱乐部或者一张网络，它还具有共享兴趣领域所界定的特质。因此，会员身份意味着对该领域的承诺，以及把会员和其他人区别开来的共有能力。其次，在追求他们所在领域的兴趣时，会员们参与联合活动和各类讨论、相互帮助并且共享信息，从而建立有助于相互学习的关系。此外，实践型社群也不仅仅是一个兴趣社区，因为其会员都是实践者（practitioners）。他们开发了一整套的共享资源，如经验、故事、工具以及处理常见问题的方式，尽管耗时却使互动得以持续。在温格等人看来，实践型社群之所以重要是因为它能够产生知识、自我更

---

① Wenger, Etienne C., and William M. Snyder, "Communities of Practice: The Organizational Frontier," *Harvard Business Review* 78. 1 (2000): 139 - 146.

② Wenger, Etienne. C., "Communities of Practice: A Brief Introduction," (2011): p. 1.

③ Wenger, Etienne C., and William M. Snyder. "Communities of Practice: The Organizational Frontier," *Harvard Business Review* 78. 1 (2000): 139 - 146.

新，"不仅仅给你金蛋，而且把下蛋的鹅也给你"。①

实践型社群作为一种学习组织，打破了行业、职业和专业的划分，它们之间的互动可以实现知识的相互转移乃至再创造。② 这种学习网络不仅仅适用于传统的组织内部或者面对面的交流，同样也能够延伸至虚拟网络之中。阿明（Amin）和罗伯茨（Roberts）提出了行动学习（knowing in action）的四种方式，分别是手艺或基于任务的学习、认识或高创造性学习、专业学习以及虚拟学习。③ 两位学者指出，尽管直到最近虚拟空间都不被认为是一个能够提供实践和产生知识的场所，但是随着复杂软件和可视化技术的普及，远距离的实时交流变得越来越便利且手段也更加丰富，人们对新环境如何支持知识产生的兴趣愈加浓厚。尤其是在线社区的蓬勃发展进一步激发了这一兴趣，有关虚拟社区知识产生机制如何有别于传统社区的探究日益增加。阿明（Amin）和罗伯茨（Roberts）区分了两种典型的在线互动方式：一是能够容纳大量参与者的创新型项目（如开源软件开发）；二是相对封闭的兴趣团体，面对特定的问题，有意识地组成一个知识社群。在前人研究的基础上，马克·迪金（Mark Deakin）等人把实践型社群的内涵拓展到智慧城市建设过程中，提出了"网络城市实践型社群"（intel cities community of practice）概念。④

网络城市实践型社群由研究机构、信息与通信技术公司和城市组成，它们彼此合作并就如何开发集成式电子政府模式达成共识。这种实践型网络支持设立平台（有时称为电子城市平台）的行动，通过集成智能来满足在社会包容的、参与式的城市更新项目中的电子学习需要、知识转移要求以及

① Wenger, Etienne C., and William M. Snyder, "Communities of Practice: The Organizational Frontier," *Harvard Business Review* 78.1 (2000): 143.

② 〔英〕马克·迪金、〔英〕帕特里亚·隆巴迪、〔英〕伊恩·库珀：《网络城市社区实践》，载〔英〕马克·迪金编著《智慧城市的演化：管理、模型与分析》，徐灵等译，华中科技大学出版社，2016，第37~57页。

③ Amin, Ash, and Joanne Roberts, "Knowing in Action: Beyond Communities of Practice," *Research Policy* 37.2 (2008): 353-369.

④ Deakin, Mark, Patrizia Lombardi, and Ian Cooper, "The Intel-Cities Community of Practice: The Capacity-Building, Co-Design, Evaluation, and Monitoring of E-Government Services," *Journal of Urban Technology* 18.2 (2011): 17-38.

兑现能力建设承诺。① 迪金等人认为，作为实践型社群发展的一种实践，这种组织能够成功的原因在于它所寻求的嵌入城市和集成在电子政府服务平台的智能是跨组织的、网络化的、虚拟的，并且是作为高度分散化的、基于网络的学习环境的一部分而加以管理。②

由开源软件群体、专家和普通人共同组成的网络城市实践型社群从某种意义上来说是独特的，因为它提供了虚拟组织的一种形式，能够管理学习需求以及技术性平台的知识要求。网络城市实践型社群具有以下三个功能：其一，提供各种方式和手段以满足学习需求、知识转移需求和兑现组织的能力建设承诺；其二，它是社会包容的并且是参与式的，允许使用者了解服务是否可以获取、获取这些服务的通道，以及提供机会让每个人在城市更新项目中能够满足知识转移需求和兑现能力建设承诺；其三，允许监督和评估这些活动。上述三大特征定义了网络城市实践型社群并赋予其意义和目的，简而言之可概述为：为共享企业提升能力、联合设计在线服务以及监督与评估这些服务。③

从理想类型来说，网络城市实践型社群包括三个核心模块，即前端的电子学习平台（e-learning platform）、中间的知识管理系统（knowledge-management system）以及后台的数字图书馆（digital library）。电子学习平台为公众提供各种教材和课程，并针对不同层次的使用者采用量身定做的教学方法，从而让他们能够快速了解某个议题的知识。知识管理系统则能够进一步响应和匹配使用者对某类知识的深层次需求，从数字图书馆（也就是电子储存库）中搜索、标记和整合这些相关知识，并反馈给使用者。这里

---

① Deakin, Mark, Patrizia Lombardi, and Ian Cooper, "The Intel-Cities Community of Practice: The Capacity-Building, Co-Design, Evaluation, and Monitoring of E-Government Services," *Journal of Urban Technology* 18. 2（2011）：17 – 38.

② Deakin, Mark, Patrizia Lombardi, and Ian Cooper, "The Intel-Cities Community of Practice: The Capacity-Building, Co-Design, Evaluation, and Monitoring of E-Government Services," *Journal of Urban Technology* 18. 2（2011）：18.

③ Deakin, Mark, Patrizia Lombardi, and Ian Cooper, "The Intel-Cities Community of Practice: The Capacity-Building, Co-Design, Evaluation, and Monitoring of E-Government Services," *Journal of Urban Technology* 18. 2（2011）：20.

以马克和莎拉的"社区安全问题"探究和政策参与为例加以简要说明。① 假设，马克和莎拉对社区安全和预防犯罪议题感兴趣并希望参与该项事务，他们首先可以运用电子城市平台，了解当前邻里社区信息，包括政策、战略规划和目标等；然后运用搜索工具，了解有关当地犯罪预防和环境保护方面的信息，并在城市论坛上与其他同样感兴趣的人进行交流；接着，他们可以和志同道者设计一个网页，加在城市学习平台上，以表现他们对犯罪的关心，鼓励其他人作为在线社区成员加入他们的行动之列，讨论邻里社区面临的迫切问题，并通过城市之间比较找到合适的解决方案；最后，马克和莎拉向主管机构提交正式请愿书，为这些邻里社区问题的处理设定日程，从而争取城市更新改造项目朝着他们所感兴趣的方向进行，保证社区安全。

（三）智慧城市建设的三螺旋模型

三螺旋模型（the triple-helix model）是由伊兹科维兹（Etzkowitz）和兰多斯多夫（Leydesdorff）提出的、有别于国家创新体系（national system of innovation）和"模式2"（Mode 2）② 的一种创新机制。③ 该模型认为除了公司和政府两大创新驱动力外，在日渐成型的知识社会（knowledge-based society）中，大学在推动创新方面也发挥越来越重要的角色。"市场拉动"或"技术推动"的线性模型在诱发知识和技术转型方面并不充分，大学、工

---

① 参见〔英〕马克·迪金、〔英〕帕特里亚·隆巴迪、〔英〕伊恩·库珀《网络城市社区实践》，载〔英〕马克·迪金编著《智慧城市的演化：管理、模型与分析》，徐灵等译，华中科技大学出版社，2016，第54页。

② 所谓"模式2"是指与"模式1"相对应的、描述和解释知识产生或者科学发现的一个新范式。一些学者指出，随着各类机构（包括国际机构、政府和大学）越来越倾向于"掌管"研究优先领域，研究的商业化以及对科学问责方式的转变，知识生产的旧范式（模式1）将被新范式（模式2）所取代。在模式1中，知识生产被理论科学或者实验科学所主宰，由不同的学科系统内部驱动，并且源自科学家及其所寄居的大学的自主性。而在模式2中，知识的生产则是分散化的、应用导向的、跨学科的，并且服从于多种问责机制。参见 Nowotny, Helga, Peter Scott, and Michael Gibbons, "Introduction：'Mode 2' Revisited：The New Production of Knowledge," *Minerva* 41.3（2003）：179 – 194。

③ Etzkowitz, Henry, and Loet Leydesdorff, "The Dynamics of Innovation：From National Systems and "Mode 2" to a Triple Helix of University-Industry-Government Relations," *Research Policy* 29.2（2000）：109 – 123.

业、政府三者之间复杂的互动关系和制度安排才是当今知识经济发展的真正驱动力。需要指出的是，在三螺旋模型中，政府、学界和工业之间并非是泾渭分明、彼此独立的关系，而是相互之间存在重叠和交叉，"共同目标是实现一个由大学附属公司，推动知识经济发展的三方倡议，公司之间的战略联盟，政府实验室以及学术研究团体所组成的创新环境"。① 三螺旋模型是一个高度抽象的创新机制，其复杂性首先体现在分析视角的多层次性。不同的创新系统以及它们之间的关系，可以体现在组织、地方、区域、国家以及跨国的层次上。这些互动的子机制（subdynamics），诸如市场与技术创新等具体操作被持续地重构，只是在不同层次上的表现有所差异。同时，这些不同层次的子机制通过三螺旋中的讨论和谈判被反思性地（reflectively）重构。故此，何谓"工业"、何谓"市场"是不能被理所当然地断定或者被赋予明确所指。每一个被定义的"系统"随着研究项目的设计也可能被重新定义。此外，三螺旋模型的复杂性也体现在非线性的创新机制。非线性意味着创新资源的投入与产出之间并没有直接关联。在三螺旋结构当中创新资源不再被先验地整合在一起或以提前给定的次序进行排列，而仅仅是引发了参与者、分析家和政策制定者需要解决的"难题"（puzzles），然后通过他们之间的反思和互动才有可能达成创新目标。非线性也意味着因果关系的复杂性。三螺旋模型中的每一条"轴"自身处于不断演化之中，同时也受到另外两条"轴"及它们之间的互动关系的影响。同时，整个系统本身由于受到外部和内部环境的影响，也处于动态演化过程。简而言之，由大学、工业和政府组成的三螺旋模型包括三个相互交织的机制，即制度转型，演化机制以及大学的新定位。②

　　兰多斯多夫和迪金等学者认为智慧城市是一个基于信息与通信技术的

① Etzkowitz, Henry, and Loet Leydesdorff, "The Dynamics of Innovation: From National Systems and "Mode 2" to a Triple Helix of University-Industry-Government Relations," *Research Policy* 29. 2 (2000): 112.

② Etzkowitz, Henry, and Loet Leydesdorff, "The Dynamics of Innovation: From National Systems and "Mode 2" to a Triple Helix of University-Industry-Government Relations," *Research Policy* 29. 2 (2000): 114.

复杂创新系统，故而三螺旋模型能够很好地阐述智慧城市的构建机制。[①] 在他们看来，城市可以被理解为大学智力资本、工业财富创造以及市民社会中的民主政府等三个相关机制之间的网络维度。基于对蒙特利尔和爱丁堡等世界级城市"复兴"经验的考察，两位学者指出基于创业精神和依赖市场的知识生产支持者们正在被由政策制定者、学术领袖和企业战略家等组成的共同体所取代。[②] 这个共同体具备把城市从被锁定的停滞中解放出来的潜力，并为社区提供创意观念的各种手段，从而推动城市迈向重塑阶段并使城市变得"更加智慧"。为此，城市不仅仅需要运用智力资本满足市场经济中财富创造的效率要求，而且应该成为创意中心，也就是说城市中的共同体应当是开放进取的、自省包容的以及能够在发展过程中塑造政府管理的维度。简单来说，智慧城市的三螺旋模型强调了智力资本在推动文化再造活动方面的重要性，以及揭示了这种更新过程如何能够发挥宏观稳定机制的功能并把城市融入新兴的创新系统之中。

三 信息技术如何重塑城市公共管理？

从早期的信息化城市到充满想象力的"伊托邦"，再到当今大行其道的"智慧城市"，信息与通信技术的兴起和广泛应用正在逐步"蚕食"乃至"摧毁"旧的城市管理模式。在移动互联乃至万物互联的时代，时间与空间的定义被重新改写，虚拟与现实之间的界限不再分明，城市民众的社交方式、工作方式、生活与消费方式和出行方式都在不知不觉间发生改变，城市的公共管理已经步入一个"新时代"。

（一）重新创造公共空间

在传统的城市模式中，人口稠密、交通发达、商业兴盛的市中心往往是一个城市最为重要的公共空间，人们在广场、酒店等聚会场所交换各类

---

① Leydesdorff, Loet, and Mark Deakin, "The Triple-Helix Model of Smart Cities: A Neo-Evolutionary Perspective," *Journal of Urban Technology* 18.2 (2011): 53 – 63.

② Leydesdorff, Loet, and Mark Deakin, "The Triple-Helix Model of Smart Cities: A Neo-Evolutionary Perspective," *Journal of Urban Technology* 18.2 (2011): 54.

信息和进行各种社交活动。但是，无所不及的万维网和虚拟社区的流行从根本上改变了这一切。人们现在坐在家里或者在世界上任何一个地方，只要能够连接互联网，就能够方便地组成一个在线社群，利用文字、语音、视频以及其他工具进行互动和交流。虚拟社区出现和普及带来两个变化：一方面是去中心化，距离不再是影响人们相聚的一个重要变量，散落在郊区的居民不必再花费大量的时间和金钱前往市中心区的社交空间去获取信息，这意味着地理意义上公共空间将走向衰落；另一方面，随着沟通成本的降低，人们的社交圈比以往更大了，有着共同习惯和爱好的陌生人通过网络搜索、朋友介绍或者其他电子渠道很容易聚合在一起。当然，不同类型虚拟社区的"公共性"或"公开性"存在明显差别。有些虚拟社区属于具有明确身份标识的会员们的私人领地，有些是绝对保密的，有些则是面向所有人开放的真正意义上的公共场所。①

和真实世界相比，虚拟网络空间有如下特性。首先，不需要面对面的接触和交流，这意味着人们在网上高谈阔论乃至和意见向左的人针锋相对，都不必担心在身体上受到攻击和伤害，因此网上社交似乎更安全一些。不过这也意味着丧失了面对面交流的一些积极意义，一些线下交流才能展现的有价值的信息在虚拟世界的互动中会有意或者无意地被过滤掉。其次，交流者之间相互匿名。人们不必不情愿地展示年龄、性别、外貌等常见特征，以及真实姓名等个人信息，而是"可以隐藏在你的头衔或化身后面，随意地进行伪装和角色扮演。……这些网络交流空间给人们提供了必要的机会去经历自我表现、改变身份或短暂的角色转换"。②这种虚拟社交场所赋予的自由在一定程度上可以更好地保护个人隐私，但也有不尽如人意的地方。匿名不大可能受到惩罚，有可能纵容人们去欺骗。因此，我们不能简单地认为网上聚会场所可以直接替代现实中的聚会场所。相反，"应该把它们看作是对建筑师和城市规划师应有技能的有用的新补充——它们所具有的优点和缺

---

① 〔美〕威廉·J. 米切尔：《伊托邦——数字时代的城市生活》，吴启迪等译，上海科技教育出版社，2005，第89页。
② 〔美〕威廉·J. 米切尔：《伊托邦——数字时代的城市生活》，吴启迪等译，上海科技教育出版社，2005，第89页。

点使之适合某些方面而不适合另外一些方面"。①

公共空间的另一个变化是生活场所和工作场所的融合。正如米切尔所言："工业革命使家和工作场所分离，而数字革命正将它们合二为一。"②移动互联技术的广泛应用，使越来越多的工作可以在家里完成。人们可以利用在线社群分派工作、参与讨论、与项目组成员进行远程沟通和协作，从而共同完成工作任务。无形的产品和服务可以通过互联网快捷地传递出去。即使是一些有形的产品，也可以利用当今四通八达的物流系统进行快速配送。当然，这并不意味着大多数人将成为留守家中的全职远程工人，也不意味着诸如商业区的办公室等传统工作场所将会消失，而是向我们展现了"更灵活的工作安排和空间布局"。③ 这种趋势性变化，可能推动生活、工作一体化住宅的建设。传统的城市规划方法是假定工作区会产生噪声、交通拥挤和环境污染，因此必须把工作区和居民区分隔开来。但实际上，基于互联网的工作已经几乎没有这类负面影响，因而有可能将工作区和生活区以一种非常简单的方式加以组合。生活与工作一体化意味着生活区和办公区的距离不再是择居的一个重要考量，也就是说人们不必为了缩减上下班通勤时间而屈身于嘈杂、环境普通的商务中心周边，而是有了更加自由和多样化的选择，如气候适宜、风景优美或者人文气息浓厚的地方。

（二）提供更加便利的公共服务

米切尔指出，在通过集中化获得规模效益和通过分散化贴近消费者之间存在着一种矛盾，破解这种矛盾的一种方法是建立分布式分支系统。④ 这种总部生产、分支机构销售的模式尽管有诸多优势，但是因其建设成本高昂从而限制了分支机构的数量。信息与通信技术的兴起则似乎完全消解了

---

① 〔美〕威廉·J. 米切尔：《伊托邦——数字时代的城市生活》，吴启迪等译，上海科技教育出版社，2005，第 91 页。

② 〔美〕威廉·J. 米切尔：《伊托邦——数字时代的城市生活》，吴启迪等译，上海科技教育出版社，2005，第 75 页。

③ 〔美〕威廉·J. 米切尔：《伊托邦——数字时代的城市生活》，吴启迪等译，上海科技教育出版社，2005，第 75 页。

④ 〔美〕威廉·J. 米切尔：《伊托邦——数字时代的城市生活》，吴启迪等译，上海科技教育出版社，2005，第 120 页。

这一矛盾，每个人通过电脑或者手机终端都可以随时随地链接到一个相同的、集中提供信息与服务的主页。上文提到，随着移动互联技术的不断发展，电子政府建设也开始迈向"一体化政府"阶段，也就是市民只需要通过政府门户网站就能链接和搜索到浩瀚的公共电子资源，甚至通过电脑或者手机终端在网上办理各项事务。一个典型的例子是办理旅行证件。以前，市民必须亲自到市政服务厅办理各类旅行签证。如果碰巧遇到排队的人很多，只能打道回府，从而耗费大量的时间和精力。电话出现之后，市民可以通过打电话来预约办理证件日期，减少了不确定性。随着政府网站建设日趋完善，现在市民可以随时随地在网上查阅和预定能够办证的日期，甚至在某些情形下可以在网上"下订单"，让与政府部门有合作关系的快递公司直接上门收取办证材料，等证件办妥后再由快递公司送回家中，从而享受足不出户的公共服务。除了旅行证件，如今很多服务都可以直接通过移动互联终端办理，例如缴纳企业或个人税款、处理交通违章案件、缴纳水电气费用等。

除了交互式服务外，移动互联网的广泛应用也大大降低了政府等公共部门披露信息的成本，打造"透明政府"似乎变得容易了。当然这里仅仅从建设与传播成本角度去考虑公共信息披露问题，而没有涉及民主化、问责机制建设等与之有重要关系的议题。当今不少政府部门都制定了信息披露的办法，规定了必须公开披露的事项，从而让市民通过网络就能够了解政府的基本运作情况。人们不必再去资料室、图书馆和档案室查阅政府的历年工作报告，或者通过报纸等大众媒体了解政府部门的财政预算和决算情况，只要登录政府网站，就能简单便捷地获取所需的信息。

（三）促进科学决策，降低城市资源消耗

城市是人类最密集的居住地，也是能源消耗和废弃物排放最严重的空间，如何通过高科技手段采集数据和减少资源消耗成为智慧城市建设的一个重要领域。其中，最重要的一个贡献是 IBM 公司提出的"智慧星球 – 更智慧的城市"（smart planet-smarter cities）解决方案。[1] IBM 公司提出城市智

---

[1]　参见 Komninos, Nicos "Intelligent Cities: Variable Geometries of Spatial Intelligence," *Intelligent Buildings International* 3. 3 (2011): 172 – 188。

能方案是建立在网络、仪器和数据模型（data modelling）三者结合的基础上的。通过让城市系统相互链接（interconnected）、工具化（instrumented）和智能化（intelligent），数字技术能够改变城市并且使基础设施和有限资源得以最优使用，从而驱动效率和提升效果。这里的相互链接，是指一个核心系统的组成部分能够相互链接和沟通，把数据转化为信息；工具化则意味着城市系统的运营能够在关键的绩效指标上产出数据，从而使这个系统能够被工具和智慧仪器所测量；智能化意味着能够应用所采集的数据来创建行为模型，开发能预测有可能发生的结果的模型，从而依据充分的信息进行决策和行动。根据尼科斯·考姆尼诺斯（Nicos Komninos）提供的数据，这种工具智能可以使城市交通流量降低20%、节约15%的能源、降低高达90%的医疗费用以及可持续性地减少城市在公共安全方面的预算开支。①

IBM公司已经开始与全球城市中的合作伙伴一起测试上述概念。在不少城市里，该公司与地方政府协作，在能源和水资源管理、交通等领域提供服务，尝试减少城市对环境的负面影响。其中一个典型的例子是荷兰的阿姆斯特丹市。在那里，智慧设备和无线仪器利用宽带网络传送数据，为市民和机构提供智能从而使他们的实践活动最优化。人们能够依据由智能设备或周围群体提供的及时、准确的信息来进行决策。基于上述逻辑的不同解决方案在阿姆斯特丹的各个区域得以实施，包括住房和日常生活、工作、移动及公共空间等多种主题。例如，在哈尔勒姆（Haarlem）地区，250家用户能够对能源管理体系进程测试，深入了解设施的能耗情况，随时监察能源使用情况并远程启动或者关闭相关设施。在格泽威第（Geuzenveld）邻里社区，500个家庭获得了智能仪器以提升管理能源使用的意识，并通过头脑风暴方法来讨论节约能源问题。② 简而言之，通过智能仪器采集数据和移动互联网络传送数据，在智慧城市系统中城市居民、企业和公共机构更好地了解、分析和预测各类资源的使用状况，从而调整与改变消费行为、提升资源的使用效率和效果。

---

① Komninos, Nicos, "Intelligent Cities: Variable Geometries of Spatial Intelligence," *Intelligent Buildings International* 3.3（2011）: 185.

② Komninos, Nicos, "Intelligent Cities: Variable Geometries of Spatial Intelligence," *Intelligent Buildings International* 3.3（2011）: 186.

（四）人人成为城市管理的参与者

城市规划著名学者简·雅各布斯（Jane Jacobs）在其经典著作《美国大城市的死与生》中指出："只有在所有人都参与建设的前提下，城市才能为所有人提供一些东西。"①信息与通信技术的广泛应用，让这种设想成为一种可能。上文提到的"网络城市实践型社群"就是一个很好的例证。发起方无论是个人、公共机构还是其他组织，都可以利用这一技术模型构建一个虚拟社群，邀请感兴趣的公众加入，围绕某一公共议题（如环境保护、公共安全、中小学教育等）展开讨论，大家集思广益提出一个公共政策议案并提交给决策部门参考。汤森提出智慧城市的"新公民学"，实际上也是强调公众参与的重要性，让智慧城市有机地体现和反映市民的意愿和选择。同样地，帕斯卡里娃认为，"假如要真正实现包容性、创新性和可持续发展，智慧城市同样需要'智慧市民'……这就需要一种新方法，在通向智慧城市的过程中，在数据流、信息管理和服务开发转变方面，把市民参与作为最优先的、最重要的、最基本的催化剂"。②

当然，就现阶段来看，"人人成为城市管理者"仍然是一种理想状态。首先，在技术应用上存在一定的挑战，尤其是如何把数据采集、信息搜索、虚拟社群、在线学习等模块整合在一起，组成一个高效的公共议案"生产流水线"，仍然缺乏鲜活的、有说服力的案例。其次，并不是每一个人都能够同等地运用这些技术和机会。例如，欧盟发起的一些研究电子政府和电子包容性的项目，尽管在弥补"数字鸿沟"方面做了大量的工作，但最终发现邻里社区的持续不平等剥夺了许多市民的参与机会。③此外，"电子民主"离不开线下民主的制度支持和文化传承，如果市民缺乏参与公共生活的意识、习惯和配套政策，那么即使移动互联技术再发达也难以让"电子民主"真正落地。不过，从智慧城市发展趋势来看，在市民、公司、政府和社区开发商之间建立合作关系，让

---

① 转引自〔美〕安东尼·汤森《智慧城市》，麦迪研究院专家组译，中信出版社，2015，第15～16页。

② 克拉西米拉·帕斯卡里娃：《智慧城市：开放性创新的纽带》，载〔英〕马克·迪金编著《智慧城市的演化：管理、模型与分析》，徐灵等译，华中科技大学出版社，2016，第87页。

③ 克拉西米拉·帕斯卡里娃：《智慧城市：开放性创新的纽带》，载〔英〕马克·迪金编著《智慧城市的演化：管理、模型与分析》，徐灵等译，华中科技大学出版社，2016，第87页。

各个利益相关方在设计阶段和服务传递阶段都能够贡献他们自己的智慧和精力，可以使"合作生产"产品和服务成为未来智慧城市实践的一个主流方向。

四　对城市信息技术应用的反思

很多人对信息技术改革给城市带来的影响都怀有积极、乐观的预期，从前文分析中我们可以看到，信息技术的应用，尤其是"智慧城市"这个概念，确实给城市管理带来许多预想不到的美好变化。但正如荷兰兹等学者所担忧的那样，移动互联技术以及其他高科技产物并非万灵药，倘若认为技术进步能够清扫所有长期困扰我们的城市管理难题，显然是过于乐观了。信息技术的大规模应用，一方面有助于解决一些具体的问题，但另一方面也产生了新的困境。概括来讲，这种困境体现在两个层面：一是由于新技术的不成熟或者自身缺陷而带来的种种风险；二是信息技术的渗透可能给城市与社会发展带来负面影响。

汤森在《智慧城市》一书中专门提出了"大数据时代的难题"，论述智慧城市所面临的技术风险。一是组成智慧城市的计算机程序不可避免地存在一些漏洞。智慧城市是多个模块的组合产物，由于系统极其复杂，不可能进行全方位的测试，只能在投入应用之后慢慢加以优化和完善。汤森指出，"城市及其基础设施人类建立的最复杂的系统结构，一旦同样复杂的信息处理系统与它们交织在一起，只会成倍增加产生漏洞的概率以及不可预知的相互作用"。[①]故此，我们很难避免智慧城市运作中的常态性意外，尤其是一些东拼西凑、匆匆上马的智慧城市项目，由于设计者和建造者的简化操作而存在技术缺陷，将面临更大的漏洞风险。这种不可预知性和不确定性，会给城市管理带来巨大的挑战，并引发超出想象的后果。正如汤森所感慨道："谁能预料到 2012 年，发生在加利福尼亚州普莱瑟县 80 号州际公路的重大交通阻塞，竟然是由于法院陪审团终控程序中的漏洞，错误地召集了 1200 人在同一天参加陪审而导致的呢？"[②] 二是智慧城市所依赖的云

---

① 〔美〕安东尼·汤森：《智慧城市》，麦迪研究院专家组译，中信出版社，2015，第 267 页。
② 〔美〕安东尼·汤森：《智慧城市》，麦迪研究院专家组译，中信出版社，2015，第 268 页。

服务面临崩溃的风险。"云服务"是现在流行的一个概念，简单来说就是通过移动互联网可以随时随地上传和下载数据。这些所谓的"云"，实际上就是分布在各地的大型数据存储中心。尽管互联网的"分布式通信"特征有效地提升了信息传输过程中的抗干扰和抗打击能力，保证系统的稳定性，但是云系统并非我们想象中的那样可靠，"大规模服务器的崩溃还是很常见"。① 例如，在工程界以高质量的数据中心为傲的谷歌公司，2008 年却遭遇了 10 多起停机事故，最长持续时间长达 30 多小时。② 当智慧城市越来越多的功能植入少数大型但不稳定的数据中心时，云系统的脆弱性更需要引起人们的警惕。此外，"云"端的 GPS 卫星网络系统，也可能由于设备老化问题成为智慧城市中最大的单一故障点。由于更新换代计划滞后，当导航技术深入商业和消费经济领域后，GPS 服务中断风险也会日益加大。

除了技术风险外，另一个值得探究的问题是信息与通信技术应用所带来的负面影响。首先是数字鸿沟问题，即技术创新究竟是有助于解决贫困问题，还是实际上扩大了贫富差距？不少研究都发现，并非所有人都能从技术进步中获益。无论是发达国家的贫困地区还是发展中国家，似乎都未完全准备好接受宽带、使用宽带并从中获益。主要原因在于贫困地区和贫穷家庭由于基础设施、收入和知识储备等诸多因素，并不能掌握技术、享受移动互联网带来的种种便利，而发达地区的人们则能够利用网络更好地获取信息和搜寻机会。更为重要的是，即使技术普及后，贫困家庭的面貌也未必发生改变。汤森指出，"让穷人学习技术是第一步。……但是不能想当然地认为，只要能获取技术就能创造机会。帮助穷人掌握技术并支持他们使用技术是一项更大的挑战"。③因此，信息时代的城市"二元化"一直以来是一个争论的焦点，单纯依靠技术变革，非但不能解决贫困问题，还有可能加剧社群之间的两极分化。

其次是大数据给城市管理带来的数字困惑。移动互联技术的大规模应用，无论是个人的衣食住行，还是城市日常运行的方方面面，都在网络之

① 〔美〕安东尼·汤森：《智慧城市》，麦迪研究院专家组译，中信出版社，2015，第 272 页。
② 〔美〕安东尼·汤森：《智慧城市》，麦迪研究院专家组译，中信出版社，2015，第 274 页。
③ 〔美〕安东尼·汤森：《智慧城市》，麦迪研究院专家组译，中信出版社，2015，第 195 页。

中留下痕迹，源源不断地产生各式各样的数据，于是基于大数据的决策应运而生。但是，大数据决策真的是如某些人宣称的那样科学和可靠吗？基于强大的数据收集和整合技术，很多互联网企业都建立了浩大的、关于消费与日常生活行为的数据库，政府以及城市中的其他公共机构也正在做这方面的尝试，但是这些看似精确的数字究竟有何含义？代表着哪些变量、概念和理论？如何反映或者预测某一趋势？这些并非出于某一研究目的而收集和产生的数据，尽管个案数量极其浩大，但由于一些重要变量（如控制变量、人口统计基本信息）的缺失，实际应用价值需要检验和反思。另外，在数据与决策之间存在不可忽视的沟壑。正如汤森所言，"通过数据发现问题是一回事，通过数据通知响应又是另一回事。大数据非但不能减少猜测和直觉的作用，可能还会带来更大的不确定性。……更糟糕的是，在危机中，果断采取行动的压力可能会导致误用未成熟的数据，匆忙得出不恰当的结论"。[①]

最后是监管与个人隐私问题。无论是大型企业还是政府部门，出于某些目的都在不遗余力地采集公众的个人信息。目前已经有大量的隐形监管系统被广泛使用，由于人们越来越依赖移动互联网络进行消费和生活，在很多不知情的情况个人的行为信息已经被收集、筛选和归类。网络监管无处不在，"在奇妙的权力与控制的地远分布中，市民的一举一动、交易和信息都通过光纤传播出去，成为城市远郊的服务中心进行模式匹配算法的信息来源。大都市一度是匿名的天堂，如今它正快速成为透明的'玻璃缸'"。[②]尽管在通常情形下这些隐形监管系统并没有给市民生活带来负面影响，或者披上了正义的、合法的外衣（如为了追踪恐怖分子、维护公共安全等），但是我们仍然要追问：这些事先没有告知的监测行为符合道德伦理吗？如何尊重市民个人的知情权和意愿？如何保证这些个人隐私信息不被泄露或者滥用？监管者无论是企业还是政府，需要承担哪些义务和责任？唯有把上述问题思考清楚并出台相关的个人隐私保护措施，我们每一个人才有可能避免成为在智慧城市中穿着"皇帝的新衣"的那个人。

---

① 〔美〕安东尼·汤森：《智慧城市》，麦迪研究院专家组译，中信出版社，2015，第196页。
② 〔美〕安东尼·汤森：《智慧城市》，麦迪研究院专家组译，中信出版社，2015，第280页。

跋

六月，荔枝红了。

一颗颗圆润的荔枝挂满了枝头，红彤彤、沉甸甸，煞是好看。树梢上的各色鸟儿则在叽叽喳喳的欢歌中迎接一年中最丰盛的时节。深圳大学别名"荔园"，据称有数百棵荔枝树散布在缓坡、草坪与湖畔之周围，用一片片翠绿渲染着这个校园的清雅与恬静。

校园之外，则是另外一番景象。车水马龙的深南大道，鳞次栉比的科技公司大楼。日夜不息的行车喧嚣声，地铁口和天桥上如工蚁般匆匆行走的年轻人群，以及子夜时分灯火通明的腾讯大厦，无不彰显着这座城市的躁动与生机。是的，这就是深圳。四十年前还是一个名不经传的小渔村，如今出落成为一座颇具影响力的国际大都市。

园内红荔依旧俏，园外却早已经历了沧海桑田的变化。深圳的兴起，是我国改革开放以来快速的、大规模的城镇化的一个缩影。成百上千的城市在春天的故事中破土而出、用力生长，成为承载中国迈向现代化国家梦想的最重要的容器。然而，灵魂的成熟往往追不上身躯的成长。我们还来不及思索城市的内涵，它已经耸立在那里。于是，繁华的背后交织着多重的成长困境：污染与生态破坏，公共品供应不足，社会阶层分化，冷漠与破碎的家园文化，以及经济体系的脆弱性。

从公共管理人的视野来看，这些困境的破解，有赖于我们更深入地认识城市、城市管理和城市价值。这也是编撰本书的初衷，我们希望在回顾西方城市研究学术著作的基础上，寻找到这样一个"棱镜"，它可以折射城市事实与规范之间的多维镜像。因此，细心的读者将会发现，本书的标题虽然盖了一顶"城市管理"的帽子，但探讨的话题却远远超出了城市管理和治理本身。我们的目标不在于分析城市管理或者治理的技术性问题，而是期待从多学科的源流之中，探寻通往美好城市的可能路径。

本书是深圳大学管理学院公共管理学科教师集体劳作的结晶，尤其是杨龙芳教授和马卫红教授为本书立意和选材注入颇多心血。全书分工如下：马卫红负责序言章和第二章书稿撰写，杨龙芳负责第一章书稿撰写，邹树彬负责第三章书稿撰写，梁雨晴负责第四章书稿撰写，刘筱负责第六章书稿撰写，本人负责第五章、第七章书稿撰写以及全书资料收集、统筹讨论等工作。受水平所限，本书难免存在诸多不足和缺陷，敬请同行不吝赐教与海涵。

罗文恩

2018 年 6 月 19 日于荔园文科楼

图书在版编目（CIP）数据

西方城市管理思想与流变／罗文恩等著. -- 北京：
社会科学文献出版社，2018.8
ISBN 978 - 7 - 5201 - 3192 - 6

Ⅰ.①西…　Ⅱ.①罗…　Ⅲ.①城市管理 - 研究 - 西方
国家　Ⅳ.①F299.1

中国版本图书馆 CIP 数据核字（2018）第 174548 号

西方城市管理思想与流变

著　　者／罗文恩 等

出 版 人／谢寿光
项目统筹／曹义恒
责任编辑／曹义恒　胡雪儿

出　　版／社会科学文献出版社 · 社会政法分社（010）59367156
　　　　　　地址：北京市北三环中路甲 29 号院华龙大厦　邮编：100029
　　　　　　网址：www. ssap. com. cn
发　　行／市场营销中心（010）59367081　59367018
印　　装／三河市龙林印务有限公司

规　　格／开 本：787mm × 1092mm　1/16
　　　　　　印 张：14.25　字 数：225 千字
版　　次／2018 年 8 月第 1 版　2018 年 8 月第 1 次印刷
书　　号／ISBN 978 - 7 - 5201 - 3192 - 6
定　　价／79.00 元